THE RESEARCH REPORT ON
DIGITAL GOVERNMENT DEVELOPMENT
IN CHINA (2023)

中国数字政府发展研究报告（2023）

孟天广　张小劲　著

中国财经出版传媒集团

经济科学出版社
Economic Science Press

·北　京·

图书在版编目（CIP）数据

中国数字政府发展研究报告.2023/孟天广，张小劲著.－－北京：经济科学出版社，2024.12
ISBN 978－7－5218－5682－8

Ⅰ.①中…　Ⅱ.①孟…②张…　Ⅲ.①电子政务－研究报告－中国－2023　Ⅳ.①D63－39

中国国家版本馆 CIP 数据核字（2024）第 054484 号

责任编辑：胡成洁
责任校对：杨　海
责任印制：范　艳

中国数字政府发展研究报告 （2023）
ZHONGGUO SHUZI ZHENGFU FAZHAN YANJIU BAOGAO（2023）
孟天广　张小劲　著
经济科学出版社出版、发行　新华书店经销
社址：北京市海淀区阜成路甲 28 号　邮编：100142
经管中心电话：010－88191335　发行部电话：010－88191522
网址：www. esp. com. cn
电子邮箱：631128408@ qq. com
天猫网店：经济科学出版社旗舰店
网址：http://jjkxcbs. tmall. com
北京季蜂印刷有限公司印装
710×1000　16 开　19 印张　320000 字
2024 年 12 月第 1 版　2024 年 12 月第 1 次印刷
ISBN 978－7－5218－5682－8　定价：90.00 元

本 书 主 创

孟天广　清华大学社会科学学院副院长、政治学系长聘教授
张小劲　清华大学国家治理研究院副院长、长聘教授

以下作者为清华大学数据治理研究中心成员，排序不分先后

赵　娟　北京化工大学文法学院副教授、中心特聘研究员
赵金旭　山东大学法学院（威海）研究员、中心特聘研究员
严　宇　北京师范大学政府管理学院讲师、中心特聘研究员
李　熠　中国社会科学院政治学研究所助理研究员、中心特聘研究员
常多粉　中国农业大学人文与发展学院副教授、中心特聘研究员
戴思源　中国人民公安大学国家安全学院讲师、中心特聘研究员
黄种滨　中国社会科学院社会学研究所助理研究员、中心特聘研究员
李珍珍　清华大学社会科学学院博士后、中心项目研究员
方鹿敏　清华大学社会科学学院博士后、中心项目研究员
门钰璐　清华大学社会科学学院博士后、中心项目研究员
杜玉春　清华大学社会科学学院博士后、中心项目研究员
徐　晶　清华大学社会科学学院博士后、中心项目研究员
徐恺岳　清华大学社会科学学院博士后、中心项目研究员
张渝西　清华大学社会科学学院博士后、中心项目研究员
黄敏璇　清华大学社会科学学院博士后、中心项目研究员
王翔君　清华大学数据治理研究中心项目研究员
郑伟海　清华大学数据治理研究中心数据工程师
刘文清　清华大学数据治理研究中心助理工程师
郑思尧　清华大学社会科学学院博士生、中心助理研究员
宋文佳　清华大学社会科学学院博士生、中心助理研究员
张竞衔　清华大学社会科学学院博士生、中心助理研究员
曹迥仪　清华大学社会科学学院博士生、中心助理研究员

目　录

I 理 论 篇

第一章　数字政府建设的理论热点*

一、数字政府的理论发展

新兴数字技术正在型塑着国家治理的形态与意涵，技术的快速迭代以前所未有的速度推进人类社会的数字化进程。作为这场革命的"大社会试验场"，中国各地涌现丰富多样、各具特色的数字政府创新实践，与此同时，数字时代的政府治理理论呼之欲出。当前学者们对于数字政府理论体系构建与发展的探讨，聚焦于治理论、职能论、信息论、模型论、权责论等研究视域。

治理论视角基于中华民族伟大复兴战略全局和世界百年未有之大变局中中国治理现代化自身定位及其对全球数字政府治理的影响。鲍静教授立足宏观视角，分析了数字化转型与中国式现代化。① 一方面，国家治理现代化的重要基础之一是治理理论与实践的统一。② 从治理现代化视角深刻阐释中国式现代化的内涵，厘清中国式现代化（信息化、城镇化）与人类文明新形态的关系、国家治理体系和治理能力现代化的实践意蕴、数字治理行动与思维的互联共生显得必要且紧迫。另一方面，在万物皆可互联、互联成全生态的时代发展格局下，数字政府建设应重点从国家制度和国家治理体系、国家行政体制、市场与社会的关系、全球（区域）治理四个维度深入考量，并应遵循"发展与安全并重""国内与国际同构"③"系统性、协同性与整体性三者并重发展"以及"共商共建共享"四个原则。④ 与此同时，有学者强调应关注数字化转型中的技术安全、数据安全、技术伦理、法律问题等科技治理议题，

---

* 门钰璐，严宇，赵娟等. 中国数字政府建设研究热点述评——"2023 第一届数字政府40 人论坛"概览［J］. 公共管理学报，2023，20（03）：155 - 163，176.

① 引自鲍静教授主题报告《大变局与治理现代化》。

② 薛澜. 顶层设计与泥泞前行：中国国家治理现代化之路［J］. 公共管理学报，2014，11（04）：1 - 6，139.

③ 鲍静，贾开. 数字治理体系和治理能力现代化研究：原则、框架与要素［J］. 政治学研究，2019，146（03）：23 - 32，125 - 126.

④ 鲍静教授在其已有研究提出"发展与安全并重""国际与国内同构"两个治理原则基础上，结合其有关数字治理体系与治理现代化研究的最新思考，凝练出数字政府建设应遵循的四大原则。

包括算法漏洞、数据滥用、隐私泄露、算法歧视和法律规制等，① 认为政府部门应实现传统监管与敏捷治理的双向转型，并积极参与数字化转型中科技治理的公私对话，以有效方案应对因数字技术应用而产生的潜在风险。

职能论视角主张通过数字时代政府职能转变的角色、领域、环境、工具等方面的系统性重塑，全面建构数字政府宏观理论。有学者从宏观视野全面审视和分析了数字时代的政府职能转变、组织重构以及工具创新。② 当代中国数字政府建设的重点是深入探索政府作为元治理者的基本原则与能力建设、政府作为技术采纳主体的组织变革与工具创新，以及如何以包容性治理促进包容性发展。数字政府经历了工具论、空间论、平台论、结构论、系统论③的概念迭代进程，其未来将以营造良好数字治理生态④为战略目标，构建出涵盖组织变革、制度优化、技术赋能、系统转型的数字政府宏观理论体系。

信息论视角主要强调第四次工业革命的信息革命本质及其对国家治理数字化转型的信息政治学意义。孟天广教授分析了如何从信息视角理解国家治理的数字化转型，并探索构建数字政府的信息基础。⑤ 第四次工业革命的本质是信息革命，数据是信息的载体，人工智能则是识别和提炼信息的工具。在此背景下，国家治理现代化就是将制度、组织与技术相结合，利用科技推动治理的数字化转型。因此，信息政治学的研究主要聚焦于两个问题：一是信息不对称，包括跨部门、跨层级、跨领域的信息汇聚和反馈；二是信息协同，包括国家和社会之间的信息交换与汲取问题。科层制为国家信息处理提供了专业化能力，而信息本身也是一种国家能力。⑥ 有别于传统国家通过建构自身自主性提高治理能力实现有效治理的传统机制，以及通过建立与国家合作的自治社会的社群机制，进入数字时代，信息机制本身成为一种新的治

---

① 引自朱旭峰教授主题报告《数字政府发展和科技治理问题》。

② 引自郁建兴教授主题报告《建构数字政府宏观理论》。

③ 孟天广，张小劲等．中国数字政府发展研究报告（2021）［M］．北京：经济科学出版社，2021．

④ 孟天广．数字治理生态：数字政府的理论迭代与模型演化［J］．政治学研究，2022（05）：13 – 26，151 – 152．

⑤ 引自孟天广教授主题报告《信息政治学：数字政府构建的理论探讨》。

⑥ 孟天广教授认为韦伯的科层论将国家定义为对合法使用暴力保持垄断的政府，科层制为国家信息处理提供了专业化能力，信息将增强塑造国家能力；而福柯的知识论将国家视为使个体服从的组织化实践，权力的重要内涵之一是在知识上获得垄断地位，国家能力通常意味着国家获取及运用知识的能力，因此信息本身是一种国家能力。

理机制，不同治理主体通过"信息"连接在一起并构成一个动态系统。与此同时，信息机制也成为政府决策、绩效评价、政治传播和资源汲取的核心机制。因此，在国家和社会运行过程中如何汲取充分多维信息，建立信息汲取的渠道和机制，并通过建立"行政＋社群"的信息处理机制有效处理已有信息，成为数字政府理论体系发展中秉要执本的关键。

模型论视角主要探讨以 ChatGPT 为代表的人工智能大模型的革命性迭代跨越及其赋能数字政府的互动过程与可能结果。2022 年 12 月 ChatGPT 横空出世，引起了人们对其技术基础、应用前景和发展影响的广泛讨论，甚至引发人们对其在数字政府建设中的潜在价值的无限期待和想象。[1] 刘挺教授分析和预测了大模型对数字政府建设和发展的影响，并指出数字政府的理论建构与实践演化可从大模型对数字政府带来的积极推动上深入探索，主要包括：一是辅助决策制定，表现为助力快速收集分析数据，了解公众需求、提升行政效率，以及提高决策质量；二是优化业务流程，表现为自动化与智能化处理程序性事务，使有限行政资源专注处理更复杂和高价值的非程序性工作；三是促进公众参与，表现为通过强大的语言理解和生成能力提升政府与公民之间的信任度和亲近度；四是提升治理质量，即为政府部门提供更多创新解决方案和便捷高效服务。[2]

权责论主张数字政府建设中数据部门和业务部门对数据权责的清晰厘定与适配协同。构建全国一体化政务大数据体系是中央加强数字政府建设的重要部署，而部门分管关联弱、跨级管理协调难、垂管系统共享难、自上而下回流难等突出问题成为横亘其中的最大阻力。有学者基于"职责 - 业务 - 数据"的框架，设计出一条业务应用与数据在技术管理上由"强耦合"转向"弱耦合"、而业务应用与自身数据仍是"强关联"关系的破解路径。[3] 首先，在一级政府的部门间，数据部门应为业务部门提供共性数据资源整合归集的

---

① 黄璜. 赋物以"智"，赋治以"慧"：简论 ChatGPT 与数字政府建设 [J]. 学海，2023（02）：35 - 40.

② 引自刘挺教授主题报告《大模型时代的数字政府》。

③ 引自孟庆国教授主题报告《一体化推进政务数据体系建设的思考：基于数据权责的视角》。孟庆国教授认为，构建一体化政务大数据体系过程中存在的首要难题是一级政府部门间的数据共享问题。在目前集约化建设和政务云建设背景下，很多人认为业务和数据可以分开，即数据让数据部门管、业务让业务部门管。这个思路是有偏的，虽然业务应用与数据在形式上分离，但二者依然是强耦合关系。

基础，基于三定（定职能、定机构、定编制）方案对职能部门的数据确权定责，则可为业务部门的数据采集、维护、管理、提供、使用等明确责任。其次，在跨层级政府间，上下级政府应构建适配的统筹协调机制、系统对接机制、资源统筹机制，如构架跨层级的数据管理协调机制，明确各层级数据主责部门，明确跨层级的数据平台系统对接标准和互操作性要求，明确跨层级政府数据管理部门间的数据提供和维护责任。再次，在垂管部门和地方部门间，应为垂管部门匹配一定资源（编制、资金），激励其与地方部门间共享数据。最后，在垂直系统所属上级部门和地方部门间，应在垂直系统的地方本级部门获取数据后，激励垂直系统的属地上级部门按需"回流"数据。

二、数字政府的职能转变

数字化转型对政府职能产生了深远影响，重新定义了政府的角色和职责，系统重构了政府的职责边界、组织方式和治理工具，推动政府从传统的行政管理模式转变为数据驱动的服务型政府模式。基于此，学者们就数字时代政府职能转变的权责关系、组织变革、数字领导力等方面展开探讨。

数字政府建设为优化政府纵向职责配置体系带来契机，实现从"条块分散"到"同构分责"的转换。不同于传统的中国纵向政府职责体系，数字政府主管部门已由"职责同构"变为"同中有异"，下级数字政府主管部门已不只是上级政府的"腿脚"。有学者基于广东省数字政府建设的创新实践，指出广东省的数字政府建设已经历了三个历史阶段，即"条块分散、市区统筹"的电子政务建设时期，"省级统筹、同构分责"的数字政府 1.0 时期，"省统强化，分责细化"的数字政府 2.0 时期。[①] 同时，数字政府建设改革的背后受纵向间政府职责配置的"以效统构、以用分责、因时异责"三重逻辑影响：一是以效统构，即"成本－效益"驱动的机构统一，包括以集约统筹提升省域数字政府建设效能和以规模效应降低省域数字政府建设成本；二是以用分责，即层级任务差异导向下的责任分工，具体指以用分责、基于不同层级政府的任务定位"分类确责"，差异化地调整"省－市－区"在数字政府建设中的履责重心；三是因时异责，即服务于阶段任务转换的职责调整，以

---

① 引自吴晓林教授主题报告《数字政府建设的纵向职责关系》。

"省域统筹"因应"流程再造"的改革需要，前期侧重于政务信息化建设，后期偏重政府治理整体效能提升。总之，数字政府建设中纵向间政府职责配置呈现从"条块分散"到"同构分责"的转换，为之前纵向府际关系的"权力统合、服务引导、财力所限"等因素补充了新的要素，地方数字政府建设应制定权责清单和时序路线图，形成"分类确权"的纵向政府职责体系。①

数字时代政府职能转变的主要任务表现为数字技术支持、组织机构变革以及数字领导力的培养。其中，组织机构变革保障数字技术得以应用，数字技术应用催生组织机构变革，而数字领导力是保障前两者得以实现的能力因素。有学者从微观机制、中观视角以及宏观视野聚焦数字政府组织变革。② 其中，中观视角认为政府的数字化转型过程是技术与组织的双向互构过程，"数字技术与科层组织在交互作用中呈现螺旋式发展的关系形态"；③ 微观机制着眼于技术的应用可能带来组织内部权力结构的变化，如决策权从街头官僚转移到系统官僚和算法官僚、电子监督遏制了街头官僚的自由裁量权；④ 宏观视野着眼于平台经济、直播电商、电信诈骗、网络犯罪等新场景对政府职能产生了新的要求。此外，进入数字时代，领导干部的数字素养和数字化水平对于数字政府建设至关重要，政府的数字化转型需要领导者具备一定的数字领导力。⑤ 有学者通过半结构化的深度访谈，收集了102位访谈样本数据，发现技术部门、业务部门以及战略决策部门呈现不同的数字领导力特征。⑥ 其中，技术部门数字领导力是一种T形数字能力组合，业务部门数字领导力是一种V形数字能力组合，战略决策部门数字领导力是一种A形数字能力组合。数字领导力是一场认知和思维的变革，也是一场以"组织变革导向"为核心特征的能力维度组合，同时，"关系导向"的数字化领导行为呈现出内部数字团队建设和外部数字跨界协调共同发展的趋势，"任务导向"

---

① 吴晓林，邢羿飞．同构分责：数字政府建设中的纵向间政府职责配置——对广东"省－市－区"三级的调查研究［J］．中国行政管理，2023，39（04）：14－21．
② 引自高翔教授主题报告《宏观视角下的政府组织变革》。
③ 郁建兴，周幸钰．数字技术应用与政府创新的双向互构——基于浙江省"三张清单"数字化改革的分析［J］．经济社会体制比较，2023，225（01）：133－143．
④ 高翔．决策权集中与行政科层化：数字时代的政府组织变革［J］．广西师范大学学报（哲学社会科学版），2023，59（01）：8－19．
⑤ 马亮．数字领导力的结构与维度［J］．求索，2022，334（06）：100－110．
⑥ 引自杨开峰教授主题报告《数字时代的公共部门领导力》。

的数字领导行为要求数字领导者持续学习数字知识和技术。

当然，数字时代政府的职能转变也面临着一定的机遇与挑战。数字技术的兴起与发展，提高了政府的回应性和透明度，保障并提升了公民的信息权利。有学者采用实地实验方法，在上海市在线申请平台背景下，以"路长制"工作实施方案为实验内容，分析了制度压力对政府的回应型透明的影响。① 研究发现，规制性压力能够显著提高政府对信息公开申请的遵循程度，但模仿性压力对政府遵循信息公开申请的正向影响不显著，同时政府在回应信息公开申请过程中会使用选择性提供、讨价还价和回避三种回应策略。有学者聚焦数字生态文明建设，探讨政府在其中的角色、功能定位以及挑战。② 数字生态文明建设面临复杂系统的数字化协同挑战，它既是数字中国建设的子系统，也是一个涉及多主体、多目标、多机制的复杂系统。数字生态文明建设智慧化包括要素要数据化、数据要融合化、规则要算法化、机制要共治化，需要同时考虑政府数据与社会数据以及市场数据的融合、数据使用效率、数据安全等问题。政府的数字化转型应符合政府自身改革要求，坚持真实务实，解决机构自身堵点难点问题。江小涓教授聚焦数字政府建设与政府职能转变的关系并展开探讨。③ 数字政府与市场社会的边界划分问题需要用符合数字时代的新理念和新逻辑予以分析和思考，数字政府建设不能替代政府的自身改革与职能转变。只有不断深化政府自身改革，转变政府职能，健全政府职责体系，数字政府建设才有可靠基础。与此同时，政府监管要求和相关法律法规应该明确和相对稳定，能够对所有企业一视同仁，能够确保各地条件一致，从而形成稳定可预期的营商环境。在数字政府建设过程中，应关注快速变化社会中的受损群体，这既是公平公正角度的政府基本功能，也是社会稳定角度的政府公共服务。

三、数字政府的模式创新

当前，数字技术已成为推进国家治理、政府治理、社会治理不可或缺的

---

① 引自樊博教授主题报告《制度压力会提高政府的回应型透明吗？》。
② 引自褚松燕教授主题报告《数字生态文明推进中的政府治理角色与功能》。
③ 引自江小涓教授主题报告《数字政府建设与政府职能转变：在线、离场与到位》。

科技驱动力。在中央顶层设计指引下，各地政府加速推进数字化转型之路，形成了相互借鉴、竞相发展的良好局面，探索出诸多独具特色的创新经验和优秀成果。通过将数字技术嵌入到治理过程，我国已涌现一批具有引领性、示范性的创新模式和应用。学者们基于各地数字政府的实践创新，凝炼出不同类型的数字政府建设模式。

　　北京市接诉即办改革作为以政务热线为牵引的超大城市治理改革，紧紧围绕市民诉求，通过组织改革、流程再造和法治建设增强政府感知、回应和决策能力，形成了数字政府的创新模式。[①] 有学者基于北京市接诉即办改革，提出了数字技术驱动实现全周期基层治理的新模式。[②] 第一，技术增强组织协同运行。一是街道内设机构的协调化和协同化，表现为集合现有组织机构资源、提升整合内部治理资源，以回应民众诉求；二是内设机构围绕民众诉求形成的管理流程再造进一步完善和优化；三是加强组织内外部"跨部门"协同，表现为街道内设部门之间、街道与委办局、街道与驻地单位、街道与社区的沟通互动，街道的属地统筹功能作用得到一定程度的增强。第二，技术推动政社互动。一是以解决属地公共治理问题为撬动，围绕民众诉求的解决方案，采取了多项主动性的治理行动；二是街道工作人员主动上门，走访居民，分类应对不同诉求；三是政府、民众、社会组织等多元主体的协商共治，如圆桌会议、协商对话等，共商共讨问题处理之道并达成共识；四是以数字技术作为平台，与民众协力完成相关的公共治理任务，形成共同生产关系。第三，技术优化治理方法。一是信息化工作的拓展，比如区级网络平台的应用及其对问题信息的收集和研判辅助、AI系统对问题的刻画等；二是诉求办理过程的工作法创新，包括分类事务和重点问题督办（专项治理）、精细化的运行机制设计等；三是与原有系统的联动或衔接，如与网格化管理的融合发展。第四，技术促进公职人员思维变革。一是"以人民为中心"，夯实基层政府治理的根基；二是建立问题意识，激发前瞻力和主动性；三是增强基层政府公职人员发现和分析问题的能力；四是推进基层政府在竞争中的相互学习，借鉴其他街道经验，推动政策扩散。

---

　　① 孟天广，黄种滨，张小劲. 政务热线驱动的超大城市社会治理创新——以北京市"接诉即办"改革为例［J］. 公共管理学报，2021，18（02）：1-12，164.
　　② 引自孙柏瑛教授主题报告《技治何以驱动城市基层治理改变？——北京接诉即办运行中的街道观察》。

　　人类社会充斥着各种不确定性因素，数字技术为我们提高风险感知和防御能力的同时，也需要我们增强城市治理韧性。"韧性治理强调扁平化的组织结构和跨部门联结、危机应对中的富余能力、多源的信息和多主体的参与，以及不断试错和学习的能力，"① 它是推动风险治理范式变革的一剂良方。有学者以成都为例，分析和总结了韧性治理模式以及推进韧性社区的建设路径。② 韧性治理具有冗余性、全周期、简约化等内涵特质，其核心场域是韧性社区。数字技术的发展有利于推动韧性社区的建设，主要途径包括增强数智驱动未来社区的结构韧性、系统韧性、机制韧性、情感韧性、技术韧性以及伦理韧性。其中，结构韧性强调在权力限度、结构密度、价值温度、目标精度等多重张力中寻找平衡；系统韧性强调全域型、共生型、精细化、平台型、敏捷性社区治理体系的构建与完善；机制韧性强调多元化主体联动、全景式社区安全防控、社会互动协作等机制的构建与完善；情感韧性强调激发人内心的善念、开发人的潜质是数智驱动社区治理的本质；技术韧性强调治理数据的应用、预防治理变数以及建构风险防控的数字化治理闭环等；伦理韧性强调"以人为本""智能向善"的理念，增进对数智驱动社区治理的伦理审查，以提高人民生活品质。此外，在数字技术赋能风险治理的模式创新方面，有学者基于长三角的实践经验，探讨了信息技术驱动公共安全治理模式的转型。③ 目前各地实践逐步呈现出两类模式，第一种是 2003 年"非典"之后发展形成的危机响应模式，强调政府在公共危机（如地震）发生后进行快速响应。这一过程涉及信息的收集、交换与共享，最核心的是应急通信保障。第二种是当前东部地区正在探索的风险预警模式，以南京、合肥、上海、杭州等地的探索较为典型。

　　各地推进数字政府建设的实践探索中，关于数字政府的平台模式涌现出多种创新做法。目前，数字政府的平台模式可分为三种形式：一是基于宣传部门的"融媒体建设"，二是基于电子政务的行政服务平台建设，三是基于

　　① 樊博，贺春华，白晋宇．突发公共事件背景下的数字治理平台因何失灵："技术应用－韧性赋能"的分析框架 ［J］．公共管理学报，2023，20（02）：140－150，175.
　　② 引自姜晓萍教授主题报告《迈向数智驱动的韧性社区》。
　　③ 引自张海波教授主题报告《信息技术驱动公共安全治理模式转型——基于长三角实践探索的调研与思考》。

社会治理的管理平台建设，而上海"一网统管"平台①和鄂尔多斯"多多评"平台②则属于第三类模式。上海"一网统管"平台以城市运行管理中心为依托，建立以"高效处置事件"为中心的协同机制，打破了科层制的常规运行方式，通过技术与组织的互动、信息与资源的共享，妥善处理了"集中"与"分工"的关系。"一网统管"本质上是将部门化运作与平台化运作相结合，以实现高效协同。不同于以往以权威为中心的跨部门协同模式，"一网统管"强调以事件处置为中心，其本质在于通过实现政府内部的流程再造来提升政府回应民众诉求、感知社会运行、开展应急管理的能力。"多多评"平台是鄂尔多斯市康巴什区自主研发的集基层治理、城市管理、民生服务、商贸服务于一体的智能综合服务平台，以用户、流量、平台等互联网思维为导向，以积分驱动、信息共享、全民参与为支撑，涵盖政策咨询、民情沟通、投诉建议、协商议事等功能，不断推动治理模式由以部门为中心向以用户为中心转变，实现群众需求"一网通办""码上即办"，让政府与民众的沟通更顺畅，让民众办事更便捷。"多多评"模式对数字政府建设具有四方面启示：一是数字化破解基层治理难题，克服官僚制瓶颈；二是平台化实现扁平化管理，提高治理效能；三是数字化平台为基层赋能，优化社会治理；四是平台化管理通过"数字财政"反哺"数字治理"，创造经济价值。

四、数字政府的场景应用

数字政府的建设和发展过程中，一个个具体且鲜活的应用场景是数字化推进政府职能转变和改革的真实写照，展现了政府如何利用数字技术进行场景化治理。基于此，学者们围绕不同的应用场景，分析数字技术如何赋能政府治理。

对于数字技术赋能基层社会治理，有学者基于大数据技术和社会治理各自的特征构建起社会治理全景式大数据的多元共建机制。③ 其中，大数据技术具有三个主要特征和优势：一是通过大数据技术可以识别社会经济属性，

---

① 引自熊易寒教授主题报告《数字技术与组织变革双轮驱动超大城市治理现代化》。
② 引自燕继荣教授主题报告《数字政府建设的路径及创新性》。
③ 引自刘鲁宁教授主题报告《大数据赋能基层社会治理》。

为政策的制定和执行提供信息支撑；二是利用大数据传递公共服务，降低居民与政府互动过程中的行政负担；三是大数据技术为多元社会主体的协同治理提供了技术平台。相比传统的社会治理工具而言，大数据具有一些独特优势，为解决部分社会治理疑难问题提供了新的思路。与此同时，根据党的百年奋斗重大成就和历史经验总结提炼的社会治理经验，围绕共建共治共享的社会治理理念，应打造多元社会主体共同参与的社会治理新格局，其与大数据技术的结合将有效赋能基层社会治理，具体体现在以下三方面：在共建方面，通过建成全景式居民大数据为大数据赋能社会治理奠定数据基础；在共治方面，通过大数据赋能构建政府统筹领导机制、企业参与治理机制以及居民参与自治机制在内的多元共治机制；在共享方面，通过构建大数据平台和多元共治格局推动大数据赋能多元共享机制，以实现城乡融合发展。

对于数字技术在信用治理领域的应用，有学者分析和探讨了区块链技术如何赋能信用治理机制。[①] 第一，通过分布式账本技术获得完备信息。区块链技术本质上是分布式数据系统，每一个节点所用的数据与其他节点完全相同，系统中任何一个节点的数据发生变化，其他节点数据将同步更新，使得社群中任何成员与其他成员完全一致，以保证整个数据信息公开透明。第二，通过加密技术与时间戳技术保障信息的真实性。加密技术使得区块链信息读取和修复需要获得授权，只有授权的一方才能进行信息的查看、读取和修改。此外，时间戳技术对每一个区块进行封装和盖戳，不仅使得数据的非法篡改几乎不可能，而且可以对数据进行溯源和追踪。第三，通过共识算法实现有效监督。共识算法不仅保障数据公开透明，而且使得任何数据变化过程都被有效监督，只有获得全体成员同意以后的数据才能纳入区块链中或者被合法修改。第四，通过智能合约及分叉技术实现自动约束。无论交易对象的意愿是否发生改变，智能合约在满足触发条件的情况下自动执行契约；即便在数据被非法改变以后，通过分叉处理技术和共识算法可以重新创造一条新的区块链，而被非法改变的区块链在社群中不再有效。

对于数字技术在多样化场景中的应用，不仅涉及具体场景中数字技术如何赋能，还涉及一些共性问题，如宏观层面数字治理的理论问题、中观层面平台建设问题以及微观层面数据开放和应用问题。在数字治理的理论探讨上，

---

① 引自张毅教授主题报告《数字治理如何替代制度治理：以信用治理为例》。

有学者展望了数字治理的研究议题，提出从三个维度予以区分和确认。① 在理论维度上，一是界定数字治理、大数据、移动政务、智慧城市等概念及时代特征，二是辨析数字治理理论与传统公共治理理论，三是关注政务服务绩效评估、公共价值创造、数字伦理等。在技术维度上，学者们可研究技术对政府内部运作和外部施政等方面的影响以及技术对公众参与和政社协同等方面的影响。在制度维度上，学者们可探讨数字治理的创新实践、数字治理的影响因素以及困境与对策等内容。此外，有学者辨析了数字治理与传统治理之间的关系。② 数字技术的兴起和发展引起了人们的广泛关注，他们迫切希望通过数字治理这种新型治理形式来解决传统治理形式产生的难题。③ 传统治理是一种对行为主体以及行为主体之间关系进行调节的过程，是涉及价值制度、知识和机制的完整系统。传统治理的治理机制是制度治理，即运用法律、契约等一系列制度进行治理。制度治理对治理权限与治理方式作出规定，从而使治理主体可以对治理客体进行规范和约束。而数字治理则是对传统的制度治理进行优化、迭代和嬗变的过程，它包括数字赋能和数字赋权两方面。从数字赋能视角来看，数字技术增强了治理主体的能力，提升了治理效能；从数字赋权视角来看，数字技术改变了治理主体间的组织结构和权力关系，也会对治理效能产生影响。数字治理和制度治理的基本逻辑是基于规则进行治理，规则在制度治理环境中是以文本、条文、法律的形式来表现，而在数字治理过程中更多是以算法、代码、数字的形式呈现。因此，数字治理是一种不同于制度治理的新型治理机制，其通过数字赋能和数字赋权达到与制度治理等同的效果。有学者基于治理角度提出了数字治理过程中应该注意"填空"与"留白"。④ 数字治理是技术问题，更是治理问题，应该针对公众的真实需求、市场和社会主体的广泛参与、全面可持续的成本收益意识等方面"填空"补齐，同时为主体参与、隐私保护以及市场和社会等留出适度空间。⑤

---

① 引自肖滨教授主题报告《数字治理的研究与未来》。

② 引自张毅教授主题报告《数字治理如何替代制度治理：以信用治理为例》。

③ 陈振明，黄子玉. 数字治理的公共价值及其实现路径 [J]. 郑州大学学报（哲学社会科学版），2022，55（06）：9-14，124.

④ 引自郑磊教授主题报告《数字治理的"填空"与"留白"》。

⑤ 郑磊. 数字治理的"填空"与"留白" [J]. 人民论坛·学术前沿，2021，231（23）：106-112.

在数字平台建设问题上，米加宁教授以国家社会保险为例，探讨了建设数字政府统一大平台的必要性及其路径。① 碎片化状态的数字政府只是数字政府发展的初级阶段，是加强版的传统政府，存在诸多发展问题，主要表现在三个方面：一是容易导致各地区间政务服务供给不均等，二是容易导致政府的内部管控能力发挥不充分，三是极易放大"自由裁量权"。因此，数字政府建设的关键是打通数据孤岛，推动数据和信息通过数字平台实现汇聚融合，而数字政府统一大平台的建设路径包括两个维度和三种模式。其中，两个维度包括纵向维度和横向维度，前者主要考虑行业一条线，以实现数据在行业内完全打通；后者主要考虑省域一张网，以实现数据在省域范围内打通，各省市通过向国家数据库申请数据实现流通。三种模式主要包括"集中管控"模式、"通盘合一"模式和"汇而不限"模式，且不同模式适用于不同行业。具体而言，"集中管控"模式适用于民生行业，如社保、医保、民政等领域，政策发展和民生需求都趋向于全国统一的方向，最终目标是让各地区的公众都能享受到公平均等的服务。"通盘合一"模式适用于海关、税务等部门的建设模式，这些部门本身具有垂直管理的特点，并且数据规模适中，因此非常适合建立统一且唯一的大平台的模式。"汇而不限"模式涉及林业、水利等与自然环境相关的行业部门，中国地域辽阔，各省市之间的自然禀赋存在较大差异，导致政策和发展程度也存在差异。完全统一的政策可能不利于地区的发展活力和实际管理，业务系统建设应尊重差异性，采用"汇而不限"模式。

数字技术赋能场景化治理过程中会产生出丰富而海量的数据资源，其中既有政府部门自身运行所产生的数据，也有政府与市场、社会等主体互动而产生的数据，推动数据的汇聚融合有利于实现政府的整体性治理。与此同时，政府开放数据有利于促进数据的有效开发利用，释放数据红利和价值，推动多元主体共同参与数字政府建设。有学者聚焦微观层面的数据开放问题，分析政府开放数据的质量及其影响因素。② 由于开放政府数据在促进创新、刺激经济、反腐败、提高透明度、保障正义和改善医疗绩效等方面发挥重要作用，因而其数据质量影响着数据的利用效率和价值释放。这一研究提出了构

---

① 引自米加宁教授主题报告《建设数字政府全国统一大平台的必要性》。
② 引自孙涛教授主题报告《开放政府数据的数据质量及其治理》。

建开放政府数据质量评估的四个指标，即原数据完整性、可访问性、可机读性、可获得性，并综合样本选择和数据可采集性后，使用爬虫采集到 106 个城市的开放政府数据。从评估结果来看，杭州、成都在开放政府数据质量上排在前两位，四川、浙江的很多城市相对排名比较靠前。106 个样本城市的完整性和可机读性普遍表现比较好、可访问性表现一般、可获得性表现比较差。地方数据管理条例的出台和数据管理经验有利于提高开放政府数据的质量，而数据安全风险则与开放政府数据的质量负相关。这一研究有利于地方政府提升开放数据质量，促进数据得以有效利用，推进数字政府发展。

五、数字政府的学科意义

随着以数字技术为代表的第四次科技革命向纵深发展，加强数字政府建设成为国家的重大战略部署。面对时代发展的新趋势、新阶段，中央政府审时度势、因势利导，地方政府顺势而为、乘势而起，学术界深度参与、创新发展。现实发展需求与知识积累驱动，使得数字政府领域成为一个既具有鲜明的时代特点又具有长远发展前景的重要研究和发展领域。一些学者关注到了新学科建设的必要性和迫切性以及研究新范式的兴起，通过令人信服的证据和鞭辟入里的分析，展望了交叉学科建设的重要性及其未来发展。

现如今，数字政府已成为多个学科、多个领域的重要议题，需要立足更宏大的历史背景和更长期的发展目标来理解。张树华教授基于数字政府理论与实践发展需处理的四组关系展开探讨。① 一是数智时代与世界变局的关系，主要是立足世界变局大视野，立足历史变迁和内外环境，把握当下推进数字政府建设、创新数字政府应用的重要意义和关键路径。二是数智时代与中国之治的辩证关系，主要是数智时代研究应以中国之治为观照，中国之治的创新和发展必须以数智转型为抓手。三是数智技术与治理实践的协调整合关系，主要是正确处理思想理念与方针政策、制度规定与政策创新、发展为先与治理为要、管治思维与创新导向、秩序规范与活力效率、成本与成效、全面整体推进与重点突破、治理有为与有所不为的关系，将数字政府发展与治理传统有机融合。四是数智应用创新与建构中国叙事的互促关系，主要是利用好

---

① 引自张树华教授主题报告《数智时代与中国之治：论数字政府建设需处理的若干关系》。

中国数字化转型中起步早、场景多、经验足的多元优势，提供丰富生动的经验叙事，打造新兴学科、学术、人才、知识的增长点。

　　针对数字政府领域的新学科建设，张小劲教授通过对中外文献计量学分析以及课程设置的考察，分析和解读了一个新的知识领域和学科门类的形成过程。① 近年来，有关数字政府研究的快速成形和广泛积累，成为一个知识现象。在政治学和公共管理学近几十年的学科发展中，第一次出现了由现实的政府转型和改革驱动、学界全程深度参与且生成学术提炼和理论创新的知识推进。这种可传授的知识推进及新学科的形成和建设过程，涉及多方面因素的共同作用。其一，现实发展的牵引。随着全面深化改革与大数据时代的并行发展，我国从信息化步入电子化，并迅速进入数字化改革的浪潮，在这一快速发展的进程中，我国数字政府的相关政策文件也不断地快速迭代并顺应时代发展。从"十四五"规划中数字政府、数字经济和数字乡村的三维叠加，到《关于加强数字政府建设的指导意见》中七项政府数字化履职能力的提出，以及《数字中国建设整体布局规划》中数字技术与经济、政治、文化、社会、生态文明建设"五位一体"的深度融合，表现出数字政府政策的时代回应性和前景规划性，同时，这也从宏观布局上推进和牵引着新学科的发展。其二，知识积累的驱动。数字政府领域是一个知识快速迭代和更新发展的领域，以数字政府为主题词查阅与其相关联的词汇，可以发现政务服务、政府治理、数字治理、数字中国等作为高频词都进入其讨论范畴，研究主题的不断升维和拓展、学术成果的持续深化和关联，以及经验案例的深描和比较，成为数字政府研究文献的群体特征，从而形成新的理论增长点，并驱动着新学科的建设。其三，课程设置方兴未艾。据统计，截至2023年年底已有30多所大学开始教授数字政府概论这一课程，有60多所大学开始教授与数字政府相关的课程，如数字治理课程。在此基础上，一些学校设置了相关的专业方向，公共管理学也将"数字公共治理"增列为新的二级学科。这些课程设置在一定程度上深化了数字政府的相关理论研究，并为数字政府这一新学科的建设发展开辟了良好的开端。鉴于此，在推进新学科发展道路上，相关专家学者不仅应关注数字政府的研究热点和前沿发展问题，还应重视数字政府基础理论的构建和发展。数字政府不仅是一个研究的热点领域，更是学

① 引自张小劲教授主题报告《作为可传授知识的数字政府研究》。

科的未来发展动向，相关学科的建设和发展关系我国数字政府乃至数字中国的发展步伐。

从科学研究视角出发，陈振明教授指出了目前交叉学科领域的发展前景以及科研新范式的兴起。① 毫无疑问，技术与政府、科技与社会的相关研究是重大的时代课题，其既是国家与地方的重大战略需求领域，也是重要的交叉学科领域。技术或科技在哲学、社会学、政治学、法学、经济学、公共管理和公共政策等学科发展出诸多的相关分支学科或主题，如科技哲学、科学学、知识社会学、科学技术与社会、科技政策、技术政治学、科技法学、科技经济学、科技伦理等。与此同时，近年来，一门名称显得有些奇特的交叉学科悄然兴起并快速发展，即"量子社会科学"。该学科将属于现代物理学并且用于刻画微观现象的"量子"概念与研究人类认知和行为的社会科学相关联，用于解释人类社会的现象和人类行为。目前，量子社会科学作为一门新的交叉学科已经得以确立并持续发展，该学科不仅具有重要的认识价值和实用价值，还为我们认识社会和展开行动提供新的思维方式，但需要形成具有自身特色的研究纲领。② 另外，数字化、智能化的发展也催生了新的科研范式。当前科学方法论的新进展及其新范式突出地表现为"第四范式""第五范式""融合科学""开放科学"以及复杂性科学、社会计算等。其中，"第四范式"又称数据密集型科学发现或数据驱动的知识增长，即"eScience"，它为社会科学提供了精确数据并推动社会科学内外部学科之间的融合。③ "第五范式"又称"人工智能驱动的科学研究"或"科学智能"，即"AI for science"。它是以"机器学习为代表的人工智能技术"与"科学研究"深度融合的产物，代表了机器学习和自然科学领域最激动人心的前沿方向之一。综合而言，技术革命及工业革命驱动政府治理变革，推动了公共行政学的形成与发展，催生了不同的学科研究范式和知识形态及知识图景。数智化及量子化正在催生公共治理研究的新范式，并改变或拓展公共管理和公共政策的研究主题及内容。更进一步地说，当前科学研究范式正处于转变之中，必须高度重视作为一个交叉学科和知识融合的技术与政府领域研究，增强公共治

---

① 引自陈振明教授主题报告《学科交叉视野中的技术与政府》。
② 郦全民. 量子社会科学的兴起和挑战 [J]. 人民论坛·学术前沿, 2022, 235 (03)：76 – 83.
③ 米加宁, 章昌平, 李大宇等. 第四研究范式：大数据驱动的社会科学研究转型 [J]. 学海, 2018 (02)：11 – 27.

理研究的数智化路径与方法的应用，驱动公共治理以及数智政府的知识增长，助力国家治理现代化以及中国式现代化。数字技术的发展使得当前社会科学呈现出交叉性、跨域性等发展趋势，并催生新的科研范式，同时也使我们更关注数字技术为政府治理、学科建设、研究范式等带来的变化和发展。

六、数字政府的未来发展

鉴于我国数字政府建设取得的丰硕成果，学者们对其未来发展高度期待，指出应在顶层设计、技术赋能、生态协同、安全保障等关键点持续发力，构建出整体性、协同性、包容性、可持续性的数字治理生态。一是健全制度的顶层设计，包括政府部门业务协同、公共数据开发利用、政务服务水平提升、公众参与政府治理等维度。二是深化技术赋能作用，积极探索大数据、人工智能、数字孪生等新兴技术在政府治理领域的应用推广，尤其是结合治理领域和工作任务开展场景化治理，充分发挥技术的赋能作用。三是构建数字治理生态，搭建政府、科技企业、社会组织、民众、媒体等多主体协同的网络生态关系，形成政府主导、市场运作、社会参与的合作共赢互补格局，为数字政府建设贡献力量和智慧。四是夯实安全保障体系，围绕数字基础设施、数据要素流通、人工智能伦理等主要议题，从组织机构、制度体系、技术手段等维度开展建设，为数字政府建设提供坚实的安全保障。

第二章　数字政府的理论迭代：数字治理生态理论[*]

一、政府数字化转型的社会实验

21 世纪以来，互联网、大数据、人工智能等新兴科技快速迭代，第四次科技革命促使人类社会迈入数字文明。不同于历次科技革命，第四次科技革

---

[*] 孟天广. 数字治理生态：数字政府的理论迭代与模型演化［J］. 政治学研究，2022（05）：13 - 26，151 - 152.

命给人类社会带来了"加速主义"系统性革命的深远影响，新兴科技不仅嵌入经济与社会系统形成数字经济与数字社会等新生社会现象，更对国家治理发挥着"破坏性创设"效应，治理需求的复杂性和治理技术的不确定性从根本上决定了传统治理体系难以实现治理现代化目标。① 党的十九届四中全会明确提出将数字政府建设作为国家治理现代化的重要战略，"十四五"规划出台"数字化发展"篇章，提出数字政府、数字经济、数字社会与数字生态协同发展的战略规划。这为我们重新思考数字政府的理论范式提供了理论需求与实践基础。

新兴科技对国家治理的影响已经得到了学界长期关注，并陆续形成了强调技术治理、数据治理、平台治理、多元治理和虚拟治理的理论视角。这些理论视角从不同角度阐述了政府数字化转型的目标、要素、机制和模式，围绕新兴科技对政府内部组织结构、规则制度和治理技术的影响，以及对政府与市场、政府与社会关系的重塑，进而经由"技术赋权"和"技术赋能"双重机制实现治理现代化进行了充分论述。在上述理论视角的影响下，世界各国认识到数字政府是数字时代治理转型的必然趋势，诸多国家结合本国特色与资源禀赋，围绕政府数字化转型开展了多样化实践探索，掀起了一场全球数字政府建设的超大规模"社会实验"。

现阶段，全球数字政府建设已经进入新阶段。从横向比较而言，数字政府模式选择受到国家治理体制的约束，东西方国家源于不同的政府（行政）制度、国家—社会关系而选择建设不同形态的数字政府；从纵向趋势而言，数字政府已经从早期信息化工程发展到"系统性、综合性"② 数字政府建设阶段；从宏观结构而言，数字政府已超越单一领域发展阶段，逐步迈入数字政府、数字经济、数字社会等全面数字化转型的协同发展阶段。相关理论视角总体上从技术与治理两个视角展开，要么关注新兴技术对国家治理的"赋能"作用，要么关注新兴技术如何影响治理结构和治理模式的转变，③ 然而，强调特定主体、

---

① 鲍静，贾开. 数字治理体系和治理能力现代化研究：原则、框架与要素 [J]. 政治学研究，2019（03）：23–32，125–126.

② 郁建兴，黄飚. 超越政府中心主义治理逻辑如何可能——基于"最多跑一次"改革的经验 [J]. 政治学研究，2019（02）：49–60，126–127.

③ 孟天广. 政府数字化转型的要素、机制与路径——兼论"技术赋能"与"技术赋权"的双向驱动 [J]. 治理研究，2021，37（01）：2，5–14.

特定要素或机制的理论难以回应数字政府实践迈入深化阶段的理论需求。

　　政府数字化转型是我国国家治理现代化的重要战略。我国从 20 世纪 90 年代起就陆续启动了政府信息化工程、政府上网工程、互联网 + 政务服务、互联网 + 监管、互联网 + 督查等数字政府实践。伴随实践进展逐步形成了电子政务、数据治理、平台政府、整体智治等数字政府建设理念及模式。在中国特色社会主义制度语境下，上述理论视角与党政体制、政企合作型产业政策和统合型国家—社会关系交互融合，不断推进着中国特色数字政府理论模型的形成，进而影响着我国数字政府的实践演进。尽管上述理论视角为数字政府建设提供了有效解释和理论启示，然而，近年来我国数字政府建设中凸显出诸如技术韧性、数据壁垒、数据过载、条块协同、政企合作、政社协同等实践挑战，仍然迫切需要理论迭代以理解实践进展。

　　现阶段，数字政府不仅要应用数字技术或数据资源提升治理能力，而且要用数字技术全面推进政府内部跨层级、跨领域、跨地域、跨系统的整体协同以及政府与外部市场和社会主体的包容协同，以此来破解数字政府建设的实践困境。因此，本节基于"全景视角"（panoramic view）① 综合分析政府数字化转型的实践演进及理论迭代，结合我国制度语境考察数字政府理论模型演化的方向——"数字治理生态"理论。作为理解数字政府的新范式，数字治理生态理论是对上述理论视角的反思和融合，来源于对技术治理、数据治理、平台治理和多元治理等理论视角的批判性吸收。数字治理生态蕴含着数字治理主体和数字治理资源两大存在内生关联的要素系统，数字政府建设强调治理主体和治理资源的协同和共享，进而构建数字政府、数字经济与数字社会互相依存、深度关联的生态系统。

二、政府数字化转型的理论迭代：从技术治理到治理生态

　　数字治理生态是数字政府理论发展的必然趋势。伴随着信息技术对国家治理的持续影响，尤其是传统电子政务的发展和逐步成熟，数字治理在 21 世纪初成为公共治理的新兴概念和理论视角，不断推进着政府信息化进程。进入数字时代，新兴数字和智能技术通过技术赋权和技术赋能双重机制改造着

---

① 蓝志勇. 全景式综合理性与公共政策制定 [J]. 中国行政管理，2017（02）：17 – 21.

国家治理的宏观结构、中观能力和微观机制，数字治理理论也伴随着政府数字化转型的进程不断迭代，经历了从技术治理、数据治理、平台治理、多元治理到虚拟治理的理论迭代。上述理论迭代实质上反映了政府数字化转型实践的变迁，不同理论视角之间并非互斥或替代关系，而是呈现了学界围绕数字政府的知识积累过程。基于数字治理理论的发展，数字治理生态成为新兴理论范式，为全面地理解政府数字化转型乃至数字政府与数字经济、数字社会的同步演化提供了理论框架。表 I-1 对数字治理生态理论和既有数字治理理论视角进行了比较分析，阐述了各理论视角的主要观点，并分析了其主要特点和局限性，进而阐述了数字治理生态的理论起源。

表 I-1　　　　　数字治理生态理论和其他理论视角的比较

主要认识	核心观点	数字政府要素	实践挑战
技术治理	将数字技术视作治国理政的治理技术，强调数字技术的工具价值	强调垂直信息系统、治理技术嵌入，重视效率导向	缺乏政府理念变革、组织机构变革，形成部门主义、数据孤岛效应
数据治理	将数据视为生产要素和治理要素，认为其可以安全生产、有序流动、合规交易、高效使用	构建一套关于数据治理的规则体系，强调数据开放、数据权利和隐私保护	基于工业文明思维，将数据作为生产要素，重视数据汇聚多于数据开发和开放
平台治理	引入平台理念，由科技企业支撑政务平台，关注平台监管和规制，将数字政府等同于平台治理	强调平台赋能作用，依托政务平台建设整体性政府，优化业务流和信息流	本质上是供给侧管理思维，重视政企协同但缺乏社会参与，重视服务效率而忽视公共性和普惠性
多元治理	将公共行政或治理理论引入数字治理，强调多元参与、协商、自治等理念	重视公共空间建设和多中心治理，强调政企社协同和公民的公共精神	强调数字空间的参与和自治，忽视数字空间的公共权威和秩序构建
虚拟治理	对数字或虚拟空间的治理，治理对象是数据主权、数据跨境流动、数字犯罪、数据安全等	强调数据主权、数字秩序，重视数字空间的公共权威和秩序构建	公共权威和秩序优先，约束了数字空间的开放参与，区分了数字空间与物理空间治理，但未能构建协同机制
治理生态	数字治理依赖于汇聚多元治理主体和共享关键治理资源，融合物理空间与数字空间的治理，推进数字政府与数字经济、数字社会的协同演化	强调数字治理主体的协同性、治理资源的包容性、治理场景的系统性，基于技术赋权和技术赋能构建政企社协同的有序治理格局	从治理理念、组织结构、治理资源和治理技术进行全方位转型，构建数字治理生态是一项系统性工程

（一）技术治理

技术治理视角强调利用新兴技术丰富治理工具箱，进而提升治理能力，其核心主张是通过科技进步不断优化治理技术体系。技术治理视角起源于"电子政务"时代，电子政务是指政府将信息通信技术（ICTs）应用于自动办公和政务流程之中，以改变政府与外部之间的关系，使政府办公和服务的效率、效力和效能得到提升。[①] 1993 年年底，我国正式启动了政府信息化起步工程——"三金"（金卡、金桥、金关）工程。此后陆续推出"政府上网""两网一站四库十二金"等电子政务工程，其实质都是利用信息技术，强化政府信息化管理和服务能力。承袭电子政务的工具论视角，诸多学者仍然从工具视角看待数字治理，将数字智能技术视作治国理政的新生工具。[②] 数字政府从治理效率和提升效能出发，关注技术革新如何赋能政府治理，尤其是聚焦治理技术层次，重点关注新技术条件下政府治理的新特征、新功能和新手段等。[③] 然而，该模式主导的数字政府建设工程也由于强调效率导向和专业主义，而较少关注组织机构和规则体系的适应性变革，引起了约束整体性数字政府建设的垂管化信息系统、数据孤岛、数据壁垒等实践挑战。[④] 简言之，从技术治理视角而言，数字政府等同于"技术 + 政府治理"。

（二）数据治理

数据治理视角强调数据要素之于国家治理的独特价值。大数据时代来临是数据治理兴起的重要语境。2010 年前后，人类社会逐步进入大数据时代，海量数据成为经济增长和社会进步的重要新生资源，人们逐渐认识到数据资

---

① 陈振明. 政府治理变革的技术基础——大数据与智能化时代的政府改革述评［J］. 行政论坛，2015，22（06）：1 - 9.

② 陈水生. 技术驱动与治理变革：人工智能对城市治理的挑战及政府的回应策略［J］. 探索，2019（06）：34 - 43.

③ 陈剩勇，卢志朋. 信息技术革命、公共治理转型与治道变革［J］. 公共管理与政策评论，2019，8（01）：40 - 49；韩志明. 技术治理的四重幻象——城市治理中的信息技术及其反思［J］. 探索与争鸣，2019（06）：48 - 58，157，161.

④ 袁刚，温圣军，赵晶晶等. 政务数据资源整合共享：需求、困境与关键进路［J］. 电子政务，2020（10）：109 - 116.

源的治理价值。英国政府提出"数据权（right to data）"概念，认为数据权是信息社会公民的一项基本权利，[①] 要求将政府数据公开与全民共享。[②] 联合国启动了"全球脉动计划（Global Pulse）"，为各国提供实时数据分析，以便更准确地分析人类福祉状况。2015 年国务院出台的《促进大数据发展行动纲要》，明确了大数据在提升政府治理能力方面的关键作用，政务数据资源整合、汇聚和开放都是其中要务。从技术治理到数据治理的转换简单地说是从"如何借助技术来帮助解决治理问题"转换到"如何提高数据的利用能力来提升治理效益"。[③] 党的十九届四中全会及此后出台的《关于构建更加完善的要素市场化配置体制机制的意见》将数据界定为生产要素。政务数据既是生产要素更是治理要素。生产要素论视角下的数据治理强调数据权利、数据价值和数据本位主义，由此产生了一系列妨碍数据作为治理要素的新挑战，如部门间数据共享难题、政府数据开放难题等。[④] 这些现象严重地限制着数据资源作为治理要素的价值，"十四五"规划中"数字政府"篇用大量篇幅阐述政务数据共享开放的优先性正是通过顶层设计破解这一难题的体现。数据治理已经成为数字政府的必要构成，其重点在于讨论数据要素对理解社会经济运行规律、研判社会风险和精准化施策的赋能作用，进而实现"面向数据、基于数据、经由数据"[⑤] 的治理体系。

（三）平台治理

"平台"起源于电子商务领域，其功能在于促成双方或多方之间的交易，连接各种各样的用户和资源。随着数字技术对公共治理的影响不断加深，平台理念也被引入政府治理。英国政府在《政府转型战略》文件中提

---

① 丁晓东. 什么是数据权利？——从欧洲《一般数据保护条例》看数据隐私的保护 [J]. 华东政法大学学报，2018，21（04）：39 - 53.

② 郑磊. 开放政府数据研究：概念辨析、关键因素及其互动关系 [J]. 中国行政管理，2015（11）：13 - 18.

③ 黄璜. 对"数据流动"的治理——论政府数据治理的理论嬗变与框架 [J]. 南京社会科学，2018（02）：53 - 62.

④ 郑磊. 开放政府数据研究：概念辨析、关键因素及其互动关系 [J]. 中国行政管理，2015（11）：13 - 18；袁刚，温圣军，赵晶晶等. 政务数据资源整合共享：需求、困境与关键进路 [J]. 电子政务，2020（10）：109 - 116.

⑤ 孟天广，张小劲. 大数据驱动与政府治理能力提升——理论框架与模式创新 [J]. 北京航空航天大学学报（社会科学版），2018，31（01）：18 - 25.

出"政府即平台"(government as a platform)理念,将平台概念引入到政府治理语境。① 2016 年,国务院启动"互联网＋政务"服务,标志着我国迈入政务平台建设的新阶段。平台治理理念认为政府基于新型数字基础设施,构建广泛联系政府、公众、企业等主体的虚拟平台,并在平台中持续地实现数据资源的共享化和数字能力的普及化,对外提供优质政务服务,对内提供高效协同办公,进而促进政府治理能力。② 政务平台不同于传统信息化工程,而是将以往强调纵向业务系统转为强调横向联通的能力,由条块分割转为全局化部署、平台化协作的整体型政府。如浙江省"最多跑一次"就是政务平台的典型应用。可以说,平台治理既强调技术集成和资源共享,也强调优化条块关系提升系统性治理。一方面,平台是一种技术实现,通过云计算、大数据等技术实现政务数据汇聚的集约化、政务服务的整体性和公共服务的便捷化,数字政府的一些共性的技术、服务、工具以平台方式交付;③ 另一方面,平台也是一种组织结构和治理模式,如平台可以整合政府条块职能,还可以促进政府和科技企业等多元力量协同。尽管以"互联网＋政务"服务为代表的平台政府切实推进了政府内部部门间业务流和信息流的整合,对外面向社会和市场主体搭建整体性政府增进了便捷性和服务效率,然而,政府主导的平台政府实践仍然面临包容性难题和技术韧性难题。④ 现有研究已经发现诸如数字鸿沟引起的适老化问题、技术刚性限制了政府治理的敏捷性、政企合谋引起的平台韧性问题,例如疫情期间多个城市出现健康码崩溃等。

(四)多中心治理

治理理论强调公共治理的多元主体参与以及主体间的协同。治理理论的兴起基于传统以政府为垄断行动者、以科层制为主要组织特征的治理模式所

---

① 张晓,鲍静. 数字政府即平台:英国政府数字化转型战略研究及其启示 [J]. 中国行政管理,2018 (03):27－32.

② 黄璜. 平台驱动的数字政府:能力、转型与现代化 [J]. 电子政务,2020 (07):2－30.

③ 赵震,任永昌. 大数据时代基于云计算的电子政务平台研究 [J]. 计算机技术与发展,2015,25 (10):145－148.

④ 郑磊. 数字治理的效度、温度和尺度 [J]. 治理研究,2021,37 (02):2,5－16;史晨,马亮. 互联网企业助推数字政府建设——基于健康码与"浙政钉"的案例研究 [J]. 学习论坛,2020 (08):50－55.

面临的困境,① 主张政府在治理过程中要从垄断行动者到网络参与者的角色转化。② 该理论认为政府、社会组织、私人组织以及公民都是不可或缺的治理主体。从多元治理的角度出发,新兴技术赋权社会主体成为政府数字化转型的重要机制,③ 强调治理主体的多元化和多边关系,主张治理主体间基于平等协商而达成共识,重视治理主体的自主性和自愿性。④ 技术赋权是多元治理视角下的热点议题,它指的是社会成员通过数字化渠道获取公共信息、参与表达和采取行动,以实现自我增权。⑤ 可以说,数字技术强化了普通大众的信息能力、参与能力和组织网络,普通人在公共议题上拥有了生产、选择和传播信息的能力,个人既是信息的接受者,也是信息的传播者,既是公共服务的享用者,也是优化政务服务的反馈者。⑥ 同时,数字技术也增进了日常性的政民互动,促成公众自下而上表达参与与政府自上而下吸纳回应的良性互动,⑦ 形成政社协同治理格局。多元主体参与数字政府运行在增进数字参与、政民互动的同时,也面临数字空间无序参与、虚拟信息、网络集体行动等困境,⑧ 以及由此引发的数字空间公共权威和多主体协同规则匮乏所引起的信任与合作困境。

（五）虚拟治理

虚拟治理关注的是如何对网络或数字空间（cyberspace）进行治理,在数字空间构建公共权威实现公共价值。虚拟治理将数字空间视为一种区别于物

---

① Guy P B, John P. Governance Without Government? Rethinking Public Administration [J]. Journal of Public Administration Research and Theory, 1998, 8 (02): 223 – 243.

② 田凯. 治理理论中的政府作用研究: 基于国外文献的分析 [J]. 中国行政管理, 2016 (12): 118 – 124.

③ 孟天广. 政府数字化转型的要素、机制与路径——兼论"技术赋能"与"技术赋权"的双向驱动 [J]. 治理研究, 2021, 37 (01): 2, 5 – 14.

④ 郁建兴, 黄飚. 超越政府中心主义治理逻辑如何可能——基于"最多跑一次"改革的经验 [J]. 政治学研究, 2019 (02): 49 – 60, 126 – 127.

⑤ 杨嵘均. 论网络空间草根民主与权力监督和政策制定的互逆作用及其治理 [J]. 政治学研究, 2015 (03): 110 – 122.

⑥ Meng T G, Yang Z S. Variety of Responsive Institutions and Quality of Responsiveness in Cyber China [J]. China Review, 2020, 20 (03): 13 – 42.

⑦ Jiang J Y, Meng T G, Zhang Q. From Internet to Social Safety Net: The Policy Consequences of Online Participation in China [J]. Governance, 2019, 32 (03): 531 – 546.

⑧ 董天策. 从网络集群行为到网络集体行动——网络群体性事件及相关研究的学理反思 [J]. 新闻与传播研究, 2016, 23 (02): 80 – 99, 127 – 128; 单勇. 跨越"数字鸿沟": 技术治理的非均衡性社会参与应对 [J]. 中国特色社会主义研究, 2019 (05): 2, 68 – 75, 82.

理空间的特定场域，将数字治理运用于数字虚拟空间的治理。① 早在互联网时代，虚拟空间治理就广受国际社会关注，认为互联网治理是"政府、私营部门和民间社会根据各自的作用制定和实施的旨在规范互联网发展和运用的共同原则、规范、规则、决策程序和方案"。② 美国还专门提出了网络空间概念及其治理原则。以"虚拟空间治理"为代表的数字治理理论便是对上述现象的回应。随着网络空间跨国属性日益凸显，各国纷纷将数据跨境流动纳入政策议程，并将其与国家安全、隐私保护等治理目标紧密关联。③ 网络空间成为各国战略博弈与数据资源争夺的新场域。随着数据产权、网络安全、数字犯罪、网络暴力等问题的出现，虚拟空间治理出现了强化公共权威的趋势，也就是国家的回归，④ 或者虚拟空间的"再主权化"。虚拟治理破解了数字空间公共权威和秩序构建的难题，但也在实践中产生了数字空间治理与物理空间治理的兼容及协同问题，如社交媒体、短视频等数字社群治理难题。

(六) 数字治理生态

上述五个理论视角反映了数字政府发展不同阶段的核心议题及其理论主张。总结起来，相关理论总体上从技术与治理两个维度展开，要么从科技革新维度关注新兴技术对国家治理的"赋能"作用，注重治理技术或治理资源 (数据、平台) 的作用；要么从国家治理维度关注新兴技术如何"赋权"社会、"赋能"国家，以及由此带来的治理结构和治理模式转变。⑤ 作为数字时代政府治理的新形态，数字政府运用数字智能模式，基于技术赋能重塑政府组织结构、丰富治理模式，基于技术赋权协同社会主体，同时提升政府治理能力和社会协同能力。⑥

---

① 米加宁，章昌平，李大宇等."数字空间"政府及其研究纲领——第四次工业革命引致的政府形态变革 [J]. 公共管理学报，2020，17 (01)：1－17，168.

② 王明国. 全球互联网治理的模式变迁、制度逻辑与重构路径 [J]. 世界经济与政治，2015 (03)：47－73，157－158.

③ Lessig L. The Architecture of Privacy：Remaking Privacy in Cyberspace [J]. Vanderbilt Journal of Entertainment and Technology Law，2016，56.

④ 王明进. 全球网络空间治理的未来：主权、竞争与共识 [J]. 人民论坛·学术前沿，2016 (04)：15－23.

⑤ 于文轩，许成委. 中国智慧城市建设的技术理性与政治理性——基于 147 个城市的实证分析 [J]. 公共管理学报，2016，13 (04)：127－138，159－160.

⑥ 孟天广. 政府数字化转型的要素、机制与路径———兼论"技术赋能"与"技术赋权"的双向驱动 [J]. 治理研究，2021，37 (01)：2，5－14.

在这个意义上，数字治理生态理论是融合上述理论视角形成的理解政府数字化转型的模型演化，尤其是融合治理论和生态论形成了数字政府在元治理（meta-governance）层面的全新理论范式。① 该理论范式阐述了政府、社会、市场、技术等机制在数字政府建设中的角色和作用，② 在狭义上从行动者—资源视角阐述了多元化治理主体和多样化治理资源的构成及其作用，从广义上厘清了数字政府、数字经济与数字社会相互依存、协同演化而形成的全社会数字化转型宏观系统。图 I-1 阐述了数字治理生态理论的结构与要素，如果从行动者—资源视角来理解数字治理生态的结构，可以看到其涵盖了数字政府、数字经济与数字社会三个子系统，包括数字治理主体（行动者）和数字治理资源两大要素体系。

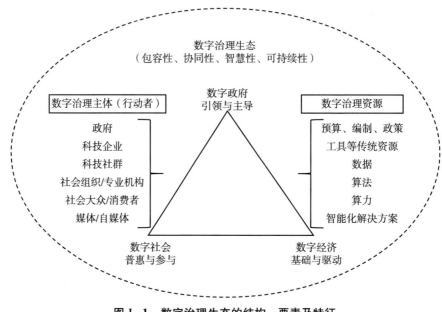

图 I-1 数字治理生态的结构、要素及特征

---

① 鲍勃·杰索普，程浩. 治理与元治理：必要的反思性、必要的多样性和必要的反讽性［J］. 国外理论动态，2014（05）：14 - 22；Kooiman J，Jentoft S. Meta-governance：Values，Norms and Principles，and the Making of Hard Choices［J］. Public Administration，2010，87（04）：818 - 836.

② 高翔. 建立适应数字时代的政府治理新形态［J］. 探索与争鸣，2021（04）：141 - 146，179 - 180.

数字治理行动者包括政府、科技企业、科技社群、社会组织/专业组织、媒体/自媒体和社会大众，分别拥有不同的治理资源，在数字治理生态中发挥互补性作用，数字治理资源包括预算、编制等传统治理资源，以及数据、算法、算力和智能化解决方案等新生治理资源。行动者和资源两大要素系统存在互相依存的内生关系，因此包容多元数字治理主体是汇聚和共享多样治理资源的前提条件，而共享多元治理资源是激励多元治理主体有效协同的动力机制。

基于数字治理生态，社会数字化转型的多个子系统得以协同演进。数字政府是数字治理生态的引领者和主导者，实体政府的数字化转型依托政府自身运行及与社会的互动过程中数字技术的深度嵌入，作为规则制定者和协调者激励其他治理主体并激活多样化治理资源。数字经济发挥基础与驱动功能，通过科技创新和市场机制成为数字治理生态的关键生态伙伴（eco-partnership），不仅为政府数字化转型提供社会需求，更为其生产数据、算法、算力等关键治理资源。数字社会则致力于实现普惠与参与价值，通过技术赋权促进数字红利的普惠化，逐步消减"数字鸿沟"、弥补信息落差，培育数字治理生态的关键参与者和协同者——具备数字素养的社会力量。概言之，数字治理生态蕴涵着全社会数字化转型的多元行动者和各类要素资源，并在促使行动者之间形成平等协商和有序协同关系，进而共享和激活各类要素资源的治理价值，成为支撑数字政府、数字经济与数字社会同步演化的生态系统。

三、数字治理生态的理论框架：结构与特征

进入数字时代，新兴科技对国家治理发挥着"破坏性创设"影响。一方面，治理需求的复杂性和治理技术的不确定性从根本上决定了传统治理体系难以实现治理现代化目标。① 另一方面，人类社会政治文明的进步离不开科技革命的基础性作用。科技革命作为生产力进步的动力源驱动着国家治理体系的转型，如第一次和第二次工业革命造就了韦伯式科层制，第三次工业革

① 鲍静，贾开. 数字治理体系和治理能力现代化研究：原则、框架与要素 [J]. 政治学研究，2019（03）：23 - 32，125 - 126.

命驱动着电子政务和无缝隙政府变革。[①] 以大数据、人工智能为代表的第四次科技革命给传统国家治理体系带来一系列挑战，深刻地影响着国家治理绩效。首先，治理对象（客体）的复杂性。数字时代的新生治理对象日趋复杂并快速演化，伴随着数字技术应用，电子商务、社交网络、虚拟生活等数字化生活方式层出不穷，这显著地增加了国家治理的尺度和复杂性。其次，治理理念面临挑战。伴随技术赋权，数字时代的治理主体渐趋多元，社会组织化程度和参与能力显著提升，治理结构更加扁平化和协同化，政府与企业、社会等治理主体要建立平等互惠关系。再次，治理模式面临挑战。传统上国家治理强调"自上而下"单向度的管理或规制模式，注重管理规制而弱化服务回应，追求结果导向而忽视过程质量，而数字时代技术赋能机制下跨层级整合、政社协同、政民双向互动成为变革趋势；最后，治理技术面临挑战。传统国家治理强调组织转型和制度变革是国家治理现代化的驱动力，第四次科技革命为国家治理提供了科技驱动力，数据决策、精准治理、数字规制、智慧城市等新兴治理技术兴起，如何实现传统治理技术与新兴治理技术的有效融合就成为政府数字化转型的题中之义。

新兴科技革命也为国家治理带来诸多新机遇，如提供新兴治理技术、数字治理资源、政企社协同新模式等，不断驱动着政府数字化转型，下面将结合数字治理生态理论予以系统阐述。面对第四次科技革命对国家治理的深刻影响，构建"系统性、协同性、包容性"的数字治理生态成为数字化改革驱动现代治理体系构建的破题关键。数字治理生态蕴含着数字治理主体和数字治理资源两大要素系统，这两大要素系统存在互相依存的内生关系，包容多元数字治理主体是汇聚和共享多样数字治理资源的前提条件，而共享多元治理资源是激励多元治理主体有效协同的动力机制。

（一）数字治理生态的结构：行动者—资源视角

数字技术嵌入政府、社会、市场中形成数字政府、数字社会与数字经济三大治理场域，三者借由数字治理主体和数字治理资源两大要素系统共同构成数字治理生态。伴随着社会数字化转型的深入，数字治理生态逐渐形成，

---

① 孟天广. 政府数字化转型的要素、机制与路径——兼论"技术赋能"与"技术赋权"的双向驱动 [J]. 治理研究，2021，37（01）：2，5-14.

成为驱动数字政府、数字经济和数字社会各个子系统依存发展、协同演化的基础性机制。

数字政府是数字治理生态中以公共部门为代表的公共治理子系统，与以科技企业和数字消费者为代表的数字经济子系统，以科技社群、数字公民为代表的数字社会子系统并存且深度融合。表Ⅰ-2 从行动者—资源视角阐述了数字治理生态的结构，分别阐述了党委政府、科技企业、科技社群、社会组织、公众和媒体等行动者所拥有的治理资源，以及其在数字政府、数字经济和数字社会各个子系统中扮演的角色。例如，科技企业既是数字经济子系统的创新力量，也是数字社会子系统的服务供给者和社会责任承担者，更是数字政府子系统的产品开发者和运营主体；党委政府既是数字政府子系统的主导力量，也是数字经济子系统的规划者和监管者，更是数字社会子系统的服务者和组织动员者。

表Ⅰ-2　　　　　　　数字治理生态的结构：行动者-资源视角

治理主体	治理资源	数字政府子系统	数字经济子系统	数字社会子系统	生态角色
党委政府	预算、编制、政策、政务数据	决策者、供给者	规划者、监管者	服务者、组织动员者	主导与引领
科技企业	经济与社会数据、算力、算法	开发与运营、技术支撑	创新者、运营者（厂商）	供给者、社会责任	创新与科技支撑
科技社群	算法、智能化解决方案	算法开发、志愿力量	创新者、人力资本	志愿力量	创新与科技支撑
社会组织/专业组织	专业技能、组织文化和志愿精神	智库支撑、动员力量	行业协会、规范标准	志愿力量、服务者	专业主义、链接资源
公众	用户生成数据、合法性资源、社会反馈	使用者、参与者、反馈者	消费者、消费生产者	参与者、使用者	数字参与、政策遵从、社会反馈
媒体/自媒体	公共信息、舆论	凝聚监督力量	推广者、监督者	舆论采集和引导	公共空间、监督作用

数字治理生态是全社会数字化转型的公共产品，尽管具有显著的公共价值和正向外部性，但市场主体和社会主体缺乏充分激励和统合能力来自发构

建，可以说，数字治理生态中存在市场失灵和志愿失灵。因而，作为公共产品的提供者，政府是数字治理生态构建的核心力量，发挥着建设数字基础设施、构建行动者网络和激活新兴治理资源的主导和引领作用。在政府主导和引领数字治理生态的过程中，数字政府一方面要促成实体政府与数字空间"政府"的融合，另一方面则通过重构政府—社会关系和政府—市场关系以吸纳市场主体、社会组织和社会大众等多元主体的参与，并通过体制机制创新激发市场和社会活力。数字经济是数字治理生态的经济基础和创新动力，激发市场机制和创新活力；数字社会则致力于实现数字普惠与包容性，提升全民数字素养，通过治理知识普及化、治理参与普遍化、服务享受普惠化构建共建共治共享的社会治理格局。

数字政府是融实体（政府/社会/经济）与虚体（网络/平台/应用）于一体的系统治理，是运用数据和算法理解经济社会运行状态，并形成精准解决方案的虚实融合性治理。[①] 数字经济和数字社会运行产生的海量多源数据资源，在体现其行为痕迹的数字表征下具有重要的治理价值。政府一方面可以通过数据挖掘和关联分析把握公共需求，实现从网络服务、"指尖"服务到"音控"服务的精准化供给；另一方面，基于大数据对经济运行和社会治理形成决策辅助，推进精准化决策和靶向性治理。同时，数字政府还可以驱动政府运行"经由数据"进行即时和跨时评估，通过对政府行为及其治理绩效的评估和诊断，重构政府内部业务流程和组织结构，推进政府治理目标和运行模式的转型。

（二）数字治理生态的特征

数字治理资源的多样化与数字治理主体的协同化促使数字治理生态成为数字时代的国家治理的新型结构，呈现出包容性、协同性、智慧性和可持续性四个特征。

1. 包容性

数字治理生态构建是一场全方位、系统化的治理转型，其包容性体现为多样化治理资源在多元治理主体中的共享和协同。随着数字化转型，国

---

① 江文路，张小劲. 以数字政府突围科层制政府——比较视野下的数字政府建设与演化图景 [J]. 经济社会体制比较，2021（06）：102－112，130.

家治理日趋复杂化，这促使国家治理主体由单一的政府主体向多元主体转变。在数字时代，数字治理资源以开放和共享为宗旨，这就促使数字治理生态充分容纳各类治理主体，① 因为不同治理主体供给不同类型的治理资源，如科技企业生产着算法和算力，社会大众生产着数据，科技社群开发算法和智能化解决方案。在治理实践中，公共治理需要政府将议程设置、政策制订、施策监督及考核反馈等治理过程面向多元主体公开透明，实现公共治理以可记录、透明化、扁平化、规范化的一套程序来运行。运用数字智能技术，我们可以通过数据资源的集中式存储、处理与运算，拓宽数字化参与渠道激发社会公众参与热情，推进政府与科技企业、科技社群在数字化基础设施建设和智能化解决方案的开发上协同合作，形成一种包容、扁平化治理结构。

2. 协同性

国家治理是一项庞大而复杂的系统工程，对政府内部机构的整合和与外部组织的协同要求不断提升。政府数字化转型基于两种协同治理：一是政府内部机构围绕特定治理场景或政策领域实现跨系统、跨层级和跨业务的部门间协同；二是政府与外部主体如市场主体、社会组织、网络社群、社会公众之间的协同共治，后者主要存在于公共服务和社会治理领域。数字治理生态要求政府、科技企业、公众、媒体和社会组织等多元主体的协同共治。其中，政府在数字政府建设中处于主导地位，发挥理念转变、制度变革与重塑业务流程等引领作用；科技企业和科技社群作为数字智能技术创新的中坚力量，为政府数字化转型提供技术与智力支持；公众和社会组织是数字社会的基础单元，通过社会自组织、协商自治和公众参与介入数字政府建设，不仅为数字政府供给着丰富而价值密度高的"人感数据"，更发挥着社会监督作用。对于政府而言，数字治理技术提升了政府感知、理解社会复杂性的能力，有助于对公共需求进行深刻理解和精准回应，进而驱动"以人民为中心"的回应型政府建设。

3. 智慧性

智慧性体现为依靠数字化智能化应用实现敏捷治理。随着国家治理复杂

---

① 高翔. 建立适应数字时代的政府治理新形态［J］. 探索与争鸣，2021（04）：141–146，179–180.

性的增加，移动互联网、大数据、人工智能等技术的发展为分析和理解复杂系统提供了可能。在没有移动互联网的时代，随时随地的多端协同是难以想象的；在算力基础设施无法支撑人工智能的深度学习时，智能化决策辅助也难以实现；没有物联网、传感器的普遍植入，城市大脑就失去了感知系统。即时感知、精准滴灌、精准决策、主动服务、智能研判等新型治理技术正在成为现实，提升复杂治理的智慧性和综合治理的精准化。具体地，智慧性包括决策的智能化、部署的智能化、执行的智能化及反馈的智能化。决策的智能化是指决策过程从议程设置、问题诊断、预测分析到政策模拟和优选全流程的智能化。部署的智能化是指软硬件配套设施将决策标准及流程付诸具体治理环节的智能化。执行的智能化是指信息接收及输出终端普及，辅助政策执行和精准干预的智能化。反馈的智能化是指政策反馈系统在对反馈信息进行收集、分类、预处理及信息提取方面的智能化。

4. 可持续性

数字治理生态一旦形成就具有自我生长的内生能力，这源于数字治理生态的两大要素系统的内生关联。一方面，随着数据的海量积累、算力的更新提升、算法的迭代优化，数字治理资源日益丰富，智能化解决方案愈加精准有效。得益于技术赋能与技术赋权的双向驱动，数字治理的技术工具和解决方案越发多元和有效，由此治理能力得以持续提升。另一方面，数字治理生态将政府、企业、公众和社会组织连接起来，通过数字化链接形成有机互动、协同共治的格局。这客观上促进数字政府与数字经济、数字社会的深度融合和同步发展，并不断形成交互与正向反馈，数字政府发挥着引领和牵引数字经济与数字社会的作用，而数字经济为数字政府和数字社会提供了经济基础和科技支撑，数字社会通过激发社会创新活力反哺数字政府建设，这使得数字治理生态具有一种可持续的自我生长和同步演化能力。

四、数字治理主体：数字治理生态的行动者网络

从根源上来讲，"治理"概念强调治理主体的多元化，即多元主体共同参与公共治理并承担不同的责任。在我国语境下，数字治理生态的关键治理主体包括党委政府、专业机构、科技社群（科技企业、数据科学家）、媒体（自媒体）和人民群众（消费者），在数字治理生态中协同共治，共

同支撑着数字政府的高效运行。在公共治理实践中，各治理主体追求不同的价值原则，遵循不同的运行逻辑，如政府与市场主体、社会组织的组织结构和激励机制均存在巨大差异。因此各治理主体之间并不会自发地形成有效协同，甚至会出现治理的有效性不足或治理偏离公共性，也就是产生所谓的"治理失灵"，由此导致诸如健康码系统崩溃、智慧城市失灵等技术韧性问题，数据孤岛、数据安全和数据开放等数据治理问题，以及条块协同、政企合作、政社协同等治理结构问题。可以说，我国国家治理体系具备数字治理生态形成的制度优势，有助于从三个维度破解数字治理生态建设的实践困境：一是强调"政治统领"的党政体制有效地推进了政府内部治理主体协同和治理资源整合的行政能力；二是统合主义国家—社会关系通过国家嵌入社会强化数字政府包容社会主体和动员社会力量的社会统合能力；三是政企合作型产业政策促使政府和企业实现激励相容，既提升地方治理能力又反馈产业创新。

以下进一步阐明数字治理生态中各治理主体的特征及其发挥的核心功能。

第一，党委政府在数字治理生态中处于主导地位，无论从转变治理理念、重塑治理结构等维度，还是创新治理技术等维度，政府在数字智能技术与公共治理相结合过程中发挥引领作用，而中国特色党政体制一方面通过党建引领在体制内凝聚政府数字化转型共识，[①] 另一方面借由政治统领行政破解政府内部跨层级、跨部门治理主体之间的协同难题，进而实现体制内治理主体的有效协同及相关治理资源的整合。党委政府作为数字治理主体的关键功能有三：一是不断完善数字治理的体制机制，为政府数字化转型制定战略规划和路线图，营造面向其他治理主体的包容性治理结构；二是政府要围绕技术赋能驱动组织结构重塑。[②] 传统治理模式依赖于科层制的组织结构，而数字治理则要求政府组织结构更加扁平化和协同化。[③] 由于数字治理所依赖的数

[①] 王浦劬，汤彬. 当代中国治理的党政结构与功能机制分析 [J]. 中国社会科学，2019（09）：4 – 24，204；孟天广，黄种滨，张小劲. 政务热线驱动的超大城市社会治理创新——以北京市"接诉即办"改革为例 [J]. 公共管理学报，2021，18（02）：1 – 12，164.

[②] 米加宁，章昌平，李大宇等."数字空间"政府及其研究纲领——第四次工业革命引致的政府形态变革 [J]. 公共管理学报，2020，17（01）：1 – 17，168.

[③] 江文路，张小劲. 以数字政府突围科层制政府——比较视野下的数字政府建设与演化图景 [J]. 经济社会体制比较，2021（06）：102 – 112，130.

据、所支撑的应用场景通常是跨部门、全周期、全流程的，科层制、分职化、串联式的政府组织结构，难以适应数字治理需求，因此更为扁平化、整体性、并联式的组织形态成为必然趋势；① 三是政府应该破除传统治理模式过于强调自上而下、行政干预和动员式治理工具的治理技术偏好，充分发挥数字和智能技术在感知、汇聚、分析、应用海量数据方面的优势，从而提高公共治理的科学性与敏捷性。

第二，作为数字智能技术的创新主力，科技企业、科技社群为数字治理提供科技支撑。在我国产业政策和科技政策的影响下，数字政府领域形成了"数字政府公私合营"（GovTech）模式，如浙江、广东等地方政府与科技公司合资建设数字政府。在政企合作条件下，科技企业既是地方政府重点培育的数字经济创新主体，也为地方建设数字政府应用提供了治理资源支撑。② 通过持续创新优化数字智能技术，开发数字政府的场景化应用，科技企业能够不断协助政府完善其治理手段与方式，提升数字政府的水平与质量。一方面，科技社群、科技企业以及数据科学家为数字治理生态的建设提供了必要的技术支持。③ 从数据采集、数据挖掘到智能化解决方案的生产，均离不开科技公司和科技社群的投入。另一方面，科技企业在数字治理过程中承担专业主义责任，如在数据确权、数据安全、算法透明与技术规制中积极与政府、社会组织等合作，形成良性生态。从全球范围来看，数字政府领先的国家或地区，通常都形成了政府部门与科技企业和科技社群的协同关系。④ 这一规律也同样适用于理解我国数字政府建设的地区间差异，拥有大型科技企业或优越科技社群的地区通常培育出更高质量的数字政府。概言之，缺少科技企业和科技社群，数字治理生态将失去持久创新的动力源泉。

第三，社会组织作为组织化、专业化的社会力量，既能推进数字技术在多样化治理场景中的广泛应用，又能发挥社会监督作用。在治理理论中，专业机

---

① 郁建兴，黄飚."整体智治"：公共治理创新与信息技术革命互动融合［J］.人民周刊，2020（12）：73 – 75.

② 王张华，周梦婷，颜佳华.互联网企业参与数字政府建设：角色定位与制度安排——基于角色理论的分析［J］.电子政务，2021（11）：45 – 55.

③ 刘淑春.数字政府战略意蕴、技术构架与路径设计——基于浙江改革的实践与探索［J］.中国行政管理，2018（09）：37 – 45.

④ Giest S. Big Data for Policymaking: Fad or Fast Track? ［J］. Policy Sciences, 2017, 50 (03): 367 – 382.

构作为重要的社会力量发挥了协同治理的积极作用,如一些常见的参与数字治理的社会组织包括专业机构(如科研机构、医院、律师事务所)、社会团体(如行业协会、产业联合会、志愿组织)等。这些社会组织一方面发挥其专业性优势,与科技企业和政府合作推进特定场景的数字治理;另一方面通过发挥其组织优势链接政府与市场、政府与市民,如行业协会、专业学会等凭借其专业优势和组织化资源,对数字政府应用提供需求和解决方案,同时发挥数字政府应用的监督作用,确保数字治理不违背相关法律和伦理规则。以我国为例,国家—社会关系采取统合主义模式,国家通过专业性、行业性社会组织全方位嵌入社会机体,从而实现对各类社会组织的广泛包容和有效引领,进而发挥着动员社会力量投入数字政府建设的作用。① 数字社会的快速发展也能激发社会活力、培育诸多新型社会组织,形成了一批组织形态虚拟化和边界模糊化的虚拟社会组织,如知乎、B站等新兴平台型社群,获得了大规模地组织不同主体和动员不同资源的能力,进而深度介入数字治理生态构建,如线上知识社群、线上教育、在线医疗服务等。新兴平台型社群受惠于数字技术,在组织规模、链接动员、志愿参与上具有明显优势,成为社会"韧性建设"的重要力量。②

第四,在数字治理生态建构中,媒体和自媒体是必要的治理主体,在有效运用数字智能技术推进公共治理上有积极作用。媒体是公共治理的必要主体,长期发挥着"舞台""大脑"和"灯塔"等作用,③ 并以发现、诠释、协商、引导社会舆论等作用机制承担公共治理功能。④ 随着数字化发展的快速推进,以社交媒体、网络短视频等为代表的自媒体逐步发展壮大,并被公众广泛使用。截至2021年12月,我国网民规模达9.89亿,其中网络视频用户规模达9.27亿。⑤ 自媒体受惠于数字技术,在内容和形式上进一

---

① 李春根,罗家为. 从动员到统合:中国共产党百年基层治理的回顾与前瞻 [J]. 管理世界,2021,37(10):13-26.

② 朱健刚. 疫情催生韧性的社会治理共同体 [J]. 探索与争鸣,2020(04):216-223,291.

③ 曾姝,杜骏飞. 超越传播——媒介在社会及社会管理中的新定位 [J]. 青年记者,2011(10):13-15.

④ 刘畅. 媒体在社会治理中的主体性探析 [J]. 编辑之友,2019(05):61-66;Lu Y D, Pan J. Capturing Clicks: How the Chinese Government Uses Clickbait to Compete for Visibility [J]. Political Communication, 2021, 38 (01).

⑤ 中国互联网信息中心. 第47次《中国互联网络发展状况统计报告》[EB/OL]. http://www. cac. gov. cn/2021-02/03/c_1613923423079314. htm.

步打破了行政权力和资本权力对信息的垄断，发挥着技术赋权的重要作用。[①]一方面对公权力运行实施广泛监督，通过供给多样化信息和增进公共理性以约束公权力的滥用。另一方面有利于提升公众的参与意识，培养公共责任感，促使公共治理向服务型政府的方向转型。

第五，公共治理的目标是"善治"，而这离不开广泛的社会参与。政府数字化转型是一个复杂的系统工程，仅依靠政府和科技力量难以达成。如解决环境保护、民生保障等问题，都离不开社会公众的参与和遵从。[②] 在数字治理语境下，每一位公民既是数据的生产者也是数据的使用者，即社会大众是公共治理的"产消者"（proconsumer）。没有大规模的公众参与，就不会有大规模的数据生产和数据汇聚，数据治理也无从谈起。[③] 近年来，我国政府深刻认识到技术赋权的治理意涵，不断构建适应数字社会的网上群众路线、网络问政、热线问政等公共参与和民意吸纳制度化渠道，有效地推进了全过程人民民主的实践创新。[④] 政府数字化转型依赖于技术系统与社会系统的充分融合，广泛的公众使用、参与和反馈是两大系统融合的必备基础。一方面，数字政府的目标在于利用新兴技术更好地服务于公民，数字政府建设迫切需要数据的积累汇聚与算法的迭代优化，公众的积极参与有助于数据养料的充足供给，进而汇聚社会智慧推动算法优化。另一方面，海量数据的收集与处理难免涉及个人隐私和数据安全，而算法应用也关系到算法黑箱、算法歧视等新生社会风险。[⑤] 因此，数字生态建设离不开公众的广泛参与和反馈监督，进而形成与政府、科技企业的协同合作网络。

---

① 孟天广，郑思尧. 信息、传播与影响：网络治理中的政府新媒体——结合大数据与小数据分析的探索 [J]. 公共行政评论，2017，10（01）：29 - 52，205 - 206.

② 周葆华. 突发公共事件中的媒体接触、公众参与与政治效能——以"厦门 PX 事件"为例的经验研究 [J]. 开放时代，2011（05）：123 - 140；翁士洪，叶笑云. 网络参与下地方政府决策回应的逻辑分析——以宁波 PX 事件为例 [J]. 公共管理学报，2013，10（04）：26 - 36，138.

③ Dai Y X, Li Y J, Cheng C Y, et al. Government-Led or Public-Led? Chinese Policy Agenda Setting during the COVID - 19 Pandemic [J]. Journal of Comparative Policy Analysis：Research and Practice，2021，23（02）.

④ 孟天广，李锋. 网络空间的政治互动：公民诉求与政府回应性——基于全国性网络问政平台的大数据分析 [J]. 清华大学学报（哲学社会科学版），2015，30（03）：17 - 29.

⑤ [美] 弗兰克·帕斯奎尔. 黑箱社会 [M]. 赵亚男，译. 北京：中信出版社，2015；贾开，薛澜. 人工智能伦理问题与安全风险治理的全球比较与中国实践 [J]. 公共管理评论，2021，3（01）：122 - 134.

五、数字治理资源：数字治理生态的新生资源体系

治理资源是数字治理生态的物质基础和资源保障。随着数字时代的来临，除了传统的预算、编制和政策工具等治理资源外，数字治理资源的重要性日益凸显。在数字政府建设过程中，数字与智能技术为国家治理带来了四类新兴治理资源：数据、算力、算法和解决方案。可以说，第四次科技革命所带来的爆炸式发展得益于数据、算法和算力三方面的显著进步，姚期智院士指出"数据、算法、算力是数字经济的核心技术"，① 需要说明的是，这三者是数字经济的重要支柱，更是数字政府的三大核心资源。此外，在数字智能技术与国家治理具体场景相结合的情境下，融合数据、算力和算法的基础上还形成了第四种稀缺治理资源——智能化解决方案，即针对某一特定治理场景提供的集成化解决方案，如智慧城市。

首先，数据已成为数字时代的关键治理资源。以互联网、大数据、物联网为代表的数字技术及其应用，为人类社会积累了海量记录着社会互动及行为的数字化痕迹，而数字化发展进一步导致传统的物理空间与虚拟空间的边界渐趋模糊。数据在成为经济社会生活的数字痕迹的同时，也成为理解社会经济运行的基础资料。② 2020 年 9 月，党的十九届四中全会将数据界定为支持国家经济与社会发展的生产要素。③ 这反映出党和政府对于数据作为国家治理新兴资源的深刻认识。就国家治理而言，政府如何实现对海量数据的汇聚和使用，成为数字政府建设的关键挑战。一方面，数据是大数据分析、智能化解决方案开发的"养料"，只有海量、多维数据的充分积累和汇聚才能发挥技术赋能作用，"国家的治理、政治的管理、公民的社会生活等都基于数据，对数据产生巨大的依赖度"。④ 因此，数字政府必然要求汇聚和激活各类数据资源，实现政务数据与各类场景化社会经济数据的深度融合，才能基

---

① 姚期智. 数据、算法、算力为何是数字经济核心技术？［EB/OL］. https：//www. tmtpost. com/baidu/5942959. html.

② 孟天广. 政治科学视角下的大数据方法与因果推论［J］. 政治学研究，2018（03）：29 – 38，126.

③ 资料来源：http：//www. gov. cn/zhengce/2020 – 04/09/content_5500622. htm。

④ 何哲. 人工智能时代的政府适应与转型［J］. 行政管理改革，2016（08）：53 – 59.

于数据实现对城市管理、政务服务、社会治理、经济治理等特定场景的多维感知、精准决策和施策考核，进而通过数据深度挖掘来实现面向数据、基于数据和经由数据的公共治理。另一方面，数据要素治理也是数字治理生态的新生领域。从经济角度而言，数据的所有权、使用权以及数据交易等均成为数字治理生态的制度基础;[1] 从社会角度来说，数据权利、隐私保护、算法风险，以及围绕数据采集与处理的群己边界等问题也迫切需要伦理规范，因此建立数据要素治理的制度体系尤为迫切。

其次，算法作为人工智能的核心，直接影响智能技术能否实现特定的治理目标。科沃斯基（Kowalski）将算法定义为逻辑组件加控制组件（algorithm = logic + control）。其中，逻辑组件决定解决问题的知识，控制组件决定将知识用于问题的策略;逻辑组件决定了算法的意义，控制组件影响到算法的效率。[2] 在此意义上算法通常被视为"一种有限、确定、有效并适合用计算机程序来实现的解决问题的方法，是计算机科学的基础"，[3] 目的是达成给定情况下的最佳行动或者对给定数据做出最佳理解。如海淀城市大脑将人工智能技术运用到渣土车治理中，城市大脑在感知、收集相关数据的基础上，利用算法对数据进行分析、建模，从而实现对渣土车的精准识别。当前，人类社会生产的数据正在呈指数级增长，数据复杂性、计算复杂性和系统复杂性也在与日俱增，社会计算、深度学习、边缘计算等技术快速迭代。在数字政府建设过程中，算法是对海量数据中的信息要素进行汲取、整合和提炼的高效方法，辅助人们在各类场景中作出科学研判和精准决策，是数字治理生态的工具箱。例如，相较于传统行政主导的精准扶贫，高效算法的使用强化了扶贫政策与大数据的耦合关系，减少了信息不对称，提升了精准扶贫绩效，[4] 促进了扶贫治理中由经验决策向科学决策的转换。

再次，算力是政府数字化转型的新型基础设施，为数字政府架构的数据和计算底座提供强大的计算能力。回顾第四次科技革命的历程，计算能力及

---

① 严宇，孟天广. 数据要素的类型学、产权归属及其治理逻辑 [J]. 西安交通大学学报（社会科学版），2022，42（02）：103 – 111.

② Kowalski R. Algorithm = logic + control [J]. Communications of the ACM, 1979, 22 (07)：424 – 436.

③ ［美］塞奇威克，［美］韦恩. 算法 [M]. 4 版. 谢路云，译. 北京：人民邮电出版社，2012.

④ 汪磊，许鹿，汪霞. 大数据驱动下精准扶贫运行机制的耦合性分析及其机制创新——基于贵州、甘肃的案例 [J]. 公共管理学报，2017，14（03）：135 – 143，159 – 160.

其相应数据存储和计算设备的每一波迭代都显著推动了科技革新。从 20 世纪 90 年代计算机运算速度的提升，到大规模服务集群的出现，再到擅长并行计算的 GPU 芯片，再到适合深度学习的 FPGA 和 ASIC 芯片，计算能力的显著提升推动了算法的迭代升级。硬件设施的更新换代使得我们能够及时感知、汇聚和存储社会经济运行各方面的海量数据，如交通、环境、医疗、人口迁移等。海量数据在为数字政府提供充分"养料"的同时，也对数据存储和快速计算提出了更高要求。随着计算机芯片的快速发展，大量地方政府和科技企业都投入云计算、数据中心和多方安全计算等新型基础设施建设，这不仅为狭义的数字政府提供了算法优化和数据处理能力支撑，① 更为数字经济、数字社会的高效运行提供了基础算力，从而构成数字政府驱动和牵引数字经济与数字社会同步演化的关键治理资源。

最后，智能化解决方案将数据、算力和算法等新兴治理资源应用于国家治理的对象、领域和场景，为国家治理提供具象化、定制化的智能化应用方案，由此实现对公共治理的技术赋能。② 概言之，智能化解决方案是技术赋能公共治理的集成化成果。目前，智能化解决方案已经被广泛应用于城市管理、社会治理、营商环境等领域，其特征在于聚焦特定治理场景，汇聚和融合多源异构数据，基于强大算力，运用不断迭代的算法开展数据挖掘、场景建模、模拟分析，进而形成典型的场景治理应用，如围绕特定场景实现从数据挖掘、问题发现、趋势研判、应对解决的全流程智能化程序，提供高效、精准和科学的解决方案。③ 如北京市依托 12345 市民热线数据的智能化分析来构建"人感城市"，实现集多元民情数据汇聚、用户画像、风险研判、决策辅助和精准考核于一体的超大城市治理解决方案。④ 在数字时代，复杂的治理场景催生了与之对应的智能化解决方案，长期积累所形成的智能化解决方案库和知识库也成为数字治理生态中重要的治理资源。

---

① 黄璜. 数据计算与治理变革：对政府计算的研究与基于计算的政府研究 [J]. 电子政务，2020（01）：2 - 12.

② 孟天广，张小劲. 大数据驱动与政府治理能力提升——理论框架与模式创新 [J]. 北京航空航天大学学报（社会科学版），2018，31（01）：18 - 25.

③ 李纲，李阳. 智慧城市应急决策情报体系构建研究 [J]. 中国图书馆学报，2016，42（03）：39 - 54.

④ 孟天广，黄种滨，张小劲. 政务热线驱动的超大城市社会治理创新——以北京市"接诉即办"改革为例 [J]. 公共管理学报，2021，18（02）：1 - 12，164.

六、结论与讨论：基于生态论构建数字治理生态

数字治理生态是政府数字化转型的前提条件也是转型目标。早期研究强调数字政府的工具价值，而忽视其通过构建数字生态推进数字经济、数字社会和数字政府共同演化的系统价值。当数字政府建设进入全新阶段，数字治理生态在元治理（meta-governance）意义上为理解数字政府提供了理论模型。数字治理生态基于治理论和生态论理解人类社会的数字化转型，强调治理体系的系统化、治理主体的包容性、治理资源的共享性，在政府数字化转型过程中发挥着汇聚多元治理主体、共享新型治理资源的基础性作用，进而构建数字时代的国家治理体系。从比较意义上，一国的国家治理体系约束着数字治理生态的形成及运行，我国治理体系为数字治理生态提供了制度驱动力，政治统领行政有效地推进了党政体制内部治理主体的协同和治理要素的整合，统合型国家—社会关系和政企合作型产业政策不仅通过国家嵌入实现对市场和社会主体的包容，还通过动员社会力量、激发企业社会责任激活多样化治理资源。基于以上讨论，本文从理论上阐明了数字治理生态的治理主体、治理资源和治理结构，以及驱动数字政府建设的角色和作用。这部分结合数字政府改革实践从以下三方面探讨其政策启示。

首先，政府数字化转型要求建设数字生态伙伴关系（eco-partnership）以汇聚多元治理主体，实现政企社协同共治。在我国语境下，数字治理生态的关键治理主体包括党委政府、专业机构、科技企业、科技社群、媒体（自媒体）和公众（消费者）。只有依托数字治理生态实现多元治理主体的协同共治才能培育数字文明。在实践中，数字时代的新兴治理资源由不同治理主体生产或持有，然而，不同治理主体之间并不会自发协同，容易产生"治理失灵"。因此，在不断地完善治理体系和机制的同时，为更好地促成开发和利用治理资源，需由政府主导构建包容性的数字治理生态，促进各主体间平等协作至关重要。科技社群、科技企业为数字治理生态提供了必要的数据、算法和算力支撑，专业机构、社会组织和人民群众的广泛参与是数字治理生态保持创新活力的根源，媒体和自媒体是数字治理的知识传播和社会监督力量，均构成数字治理生态不可或缺的贡献者与参与者。

其次，数字政府必然要求汇聚并激活新兴治理资源，形成数字政府的治理资源体系。进入数字时代，除了传统的预算、编制和政策工具等资源外，

数字治理资源的重要性逐渐凸显，数字治理资源包括数据、算法、算力以及智能化解决方案等，数字政府改革必须建立健全数字治理资源目录以汇聚多样化治理资源。数据是数字时代的关键治理资源，在记录人们经济与社会生活的同时，也成为理解经济社会运行的信息基础。算法和算力是对海量数据进行汲取、整合和提炼的科技手段，辅助人们在各类场景中作出科学研判和精准决策，是数字治理生态的技术基础。随着数据爆炸，数据复杂性、计算复杂性和系统复杂性也在与日俱增，复杂治理场景催生了与之对应的智能化解决方案也成为关键治理资源。此外，数字治理生态还应通过实施政府数据开放、政府数据授权运营、数字政府公私合营（GovTech）、政社协同数字伙伴关系等改革试点，大力促进政府与科技企业、科技社群和社会实体的协同关系，发挥数字治理生态共享并激活新生治理资源的基础设施作用。

最后，包容性和协同性是数字生态体系良性运行的治理结构。政府数字化转型本质上体现了技术赋能与技术赋权相结合的治理逻辑，数字治理生态搭建了具有包容性和协同性的治理结构。一方面，对于治理过程要坚持协同性原则，发挥党委政府主导作用，协调各方力量搭建平台，积极构建政企社协同、多元参与的治理生态系统。大力激发多元治理主体积极参与数字政府建设，促使多样化治理资源得以共享和激活，及时吸纳和回应社会关切。另一方面，从治理价值上要坚持包容性、普惠性原则，重视政府数字化转型对推动均衡发展和共同富裕的独特作用，着力消除"数字鸿沟"，改善人民福祉。数字政府的最终目标是以人为中心，促进数字基础设施普惠式建设，推进数字政务平台便捷化服务，提升政府精准回应能力，逐步缩小乃至弥合全社会的"数字鸿沟"。总之，构建"包容性、协同性、智慧性、可持续性"的数字治理生态是政府数字化转型的价值目标，也是数字政府牵引数字经济与数字社会同步演化的实践模式。

第三章　数字政府的演化：突围科层制政府[*]

在以人工智能、物联网、区块链、量子物理、虚拟现实等数字技术为代

---

* 江文路，张小劲. 以数字政府突围科层制政府——比较视野下的数字政府建设与演化图景［J］. 经济社会体制比较，2021（06）：102－112，130.

表的第四次科技革命中，数字化、网络化、智能化等多领域技术簇群不断涌现，带动了数字技术、物理技术、生物技术三者有机融合。以信息技术、人工智能为代表的新兴科技快速发展，大大拓展了时间、空间和人们认知范围，人类正在进入一个"人－机－物"三元融合的万物智能互联时代。① 在新兴信息技术快速更新迭代的数字化浪潮中，大数据、人工智能、区块链等数字要素不仅带来了劳动生产率的显著提高，创造了新的经济增长引擎，同时深刻影响着政府的治理范式，加速了政府治理的数字化转型。数字治理成为新时期政府治理改革的普遍趋势，基于互联网、大数据、区块链为代表的数字技术变革对政府治理范式的变革产生了极其深刻的影响。以新兴数字技术为驱动的数字政府建设已成为突围"科层制"政府治理藩篱，推进政府治理体系与治理能力现代化的关键引擎，驱动着我国的政府治理由数字时代迈向更高阶段的智能治理时代。

在大数据、云计算、区块链等新兴数字技术的驱动或牵引下，我国政府的治理已由电子政务时代跨入了当下的数字政府时代。在网络化、数字化、智能化加速融合的数字社会，国内外现有研究聚焦于数字政府的战略意蕴与治理特征，② 讨论了数字政府建设的国别经验③以及国内地方省市数字政府建设的发展路径与本土经验，④ 却忽略了比较视野下数字政府建设在现代政府治理演进中的历史定位问题。在人类社会政府治理的现代演进中，当代中国的数字政府建设与转型实质上是对现代"科层制"政府的治理突围与瓶颈突破。它优化了科层制政府的治理逻辑，突破了党政体制的条块

---

① 习近平．在中国科学院第二十次院士大会、中国工程院第十五次院士大会、中国科协第十次全国代表大会上的讲话［N］．人民日报，2021－05－29（002）．

② 戴长征，鲍静．数字政府治理——基于社会形态演变进程的考察［J］．中国行政管理，2017（09）：21－27；刘淑春．数字政府战略意蕴、技术构架与路径设计——基于浙江改革的实践与探索［J］．中国行政管理，2018（09）：37－45．

③ 孙志建．数字政府发展的国际新趋势：理论预判和评估引领的综合［J］．甘肃行政学院学报，2011（03）：32－42，127；张晓，鲍静．数字政府即平台：英国政府数字化转型战略研究及其启示［J］．中国行政管理，2018（03）：27－32．

④ 何圣东，杨大鹏．数字政府建设的内涵及路径——基于浙江"最多跑一次"改革的经验分析［J］．浙江学刊，2018（05）：45－53；逯峰．广东"数字政府"的实践与探索［J］．行政管理改革，2018（11）：55－58；翟云．整体政府视角下政府治理模式变革研究——以浙、粤、苏、沪等省级"互联网＋政务服务"为例［J］．电子政务，2019（10）：34－45；李慧龙，于君博．数字政府治理的回应性陷阱——基于东三省"地方领导留言板"的考察［J］．电子政务，2019（03）：72－87．

藩篱，从技术赋能与治理机制等方面消解了理性官僚制的固有弊端，加强了新时期政府官员对人民群众的服务与回应，从而塑造了政民良性互动的新治理模式。

一、现代科层制政府的治理基础与内在局限

人类自社会共同体诞生起便衍生出了对共同体成员进行统治和管理的需求，负责管理和维护共同体秩序的政治组织便应运而生。政府是国家的重要构成要素，也是承担国家政权统治与管理职能的主要机关。作为国家的表现形式，政府负责执行国家的立法、行政和司法功能。[①] 在传统社会的不同阶段，不同的政体有着差异化的统治原则与治理机制。因人而治、因人而异是传统政府治理的突出特征。在传统社会向现代社会变迁中，工具理性的扩张以及工业化和资本主义的快速发展加速了国家的现代化进程。19 世纪中期以来，随着大型工业组织的增长，政府的活动范围有了巨大的扩展。在政府由传统向现代转型过程中，专业化官僚组织与职业化文官系统的快速发展，形成了被称为"科层制"（bureaucracy）的现代治理结构。"科层制"的非人格性特征消除了传统政府"因人而治""效率偏低"的治理弊端，政府治理方式由传统人治迈入现代法治的轨道。与传统政府治理相比，"科层制"有着明确的治理权限与规则，更加注重发挥人的理性，职务活动的专业化提升了官僚的治理能力，极大地提高了行政组织的行政效率和权力，但也造成了国家行政成本的增加与国家本身的官僚化。[②]

改革开放以来，我国已经历了五次大规模的政府机构改革。这些改革精简了政府机构，有效遏制了人员膨胀的趋势，推进了政府职能的转变，缩小了科层制的治理规模，但并没有改变科层制的治理逻辑，其内在治理困境并没有得到根本解决。因而，在治理实践中，我们常常会看到不同层级政府通过设立各类专项性、临时性领导小组的方式以推动特定问题解决的"运动式"治理方式。这种依托于常规化的科层组织，但在运作机理和运行逻辑方

---

① ［英］韦农·波格丹诺. 布莱克维尔政治制度百科全书［M］. 邓正来，译. 北京：中国政法大学出版社，2011.

② ［德］马克斯·韦伯. 支配社会学［M］. 康乐，简惠美，译. 桂林：广西师范大学出版社，2004.

面迥然对立于科层制原理的反科层制治理，能够有效缓解决策一统性与治理有效性、信息反馈与信息控制、常规运行与紧急动员间的矛盾和张力，但同时也对科层化法治中的权威化治理和专职化治理产生严重的破坏作用，增加了法治进程的不确定性和风险系数。① 中国特色的"条块"治理结构具有其独特优势，但科层制的政府体系也因"条块"和职能分割存在众多"缝隙"，由此产生了治理短板。② 在城乡基层治理中，突出的问题是政府管理体制中条块关系的失调导致基层治理陷入"条块分割""权责倒挂""治理碎片化"等困境。③ 面对科层制政府与中国党政体制相结合所形成的独特治理结构与治理短板，新时期的数字政府建设成为突围科层制政府治理弊端，突破计划体制残留下复杂分割治理结构，弥补党政体制下"科层制"治理漏洞的有效改革路径。

数字政府是指政府以新一代信息技术为支撑，综合运用云计算、大数据、区块链、人工智能等新兴互联网技术，对治理过程所需的各种数据和信息，以数字化形式自动采集、整合、储存、管理、交流和分析，提升政府行政效率与决策科学性的新型政府运行模式。数字政府强调用数字化、智能化手段和方法改变公共服务模式、改善公共决策质量、改进公共管理品质、改进政务工作流程、提升政府效能和改进公共监管水平，实现以数感知（民众诉求）、循数决策（公共资源配置）和依数治理（精准施策）。一方面，数字政府要求打通政府各部门、各层级之间的信息孤岛，建立起基于政府内部数据融通的高效办事网络；④ 另一方面，它内在地要求政府对外开放数据，释放数据活力、推进社会稳定与繁荣。⑤ 在地方基层治理中，以政务热线为代表的数据治理范式正在驱动治理能力、治理理念的提升和创新，进而丰富了政府的治理工具，强化了超大城市政府的宏观感知、决策辅助、精准施策和诊

---

① 丁轶. 反科层制治理：国家治理的中国经验 [J]. 学术界，2016（11）：26－41，324.

② 王浦劬，汤彬. 当代中国治理的党政结构与功能机制分析 [J]. 中国社会科学，2019（09）：4－24，204.

③ 过勇，贺海峰. 我国基层政府体制的条块关系：从失调走向协同 [J]. 经济社会体制比较，2021（02）：90－100.

④ ［美］达雷尔·韦斯特. 数字政府：技术与公共领域绩效 [M]. 王克迪，译. 北京：科学出版社，2011.

⑤ Milakovich M E. Digital Governance：New Technologies for Improving Public Service and Participation [M]. New York：Routledge，2011.

断评估。① 从全球政府治理现代化的发展趋势看，利用数字技术推动政府治理数字化转型，消除理性官僚制所引发的治理弊端，突围科层制政府治理的内在局限，正在逐渐引领现代政府治理变革的历史大潮。

二、数字政府突围科层制政府的演进历程：顶层布局与地方创新

早在"十一五"时期，我国的电子政务建设便成为深化行政管理体制改革的重要手段。2002 年 8 月，《国家信息化领导小组关于我国电子政务建设的指导意见》提出要加快十二个重要业务系统建设（以下简称"十二金"工程）。2006 年，国家信息化领导小组印发了《国家电子政务总体框架》，强调以政务信息资源开发利用为主线，建立信息共享和业务协同机制，更好地促进行政管理体制改革。在政府治理能力建设由电子政务时代向数字政府时代跨越的进程中，加快数字政府建设逐渐成为从中央到地方政府治理现代化的改革共识。在我国数字政府建设推进过程中，呈现出中央与地方"顶层规划布局 + 中层谋划设计 + 基层积极实践"的良性互动局面。

在中央的部署和推动下，越来越多的地方政府开始以推动数字政府建设为抓手，秉持技术赋能、数据赋权和为民服务的理念，从治理体系、办事流程、服务效率等多方面推动数字政府建设、提升政府治理效能，从而驱动国家治理体系和治理能力现代化。已经涌现以浙江"数字化转型"、广东数字政府改革、上海"一网通办"、河南"跨省通办"、深圳"鹏城智能体"等为代表的地方数字政府创新实践。

我国的数字政府建设表现出三个明显特征：一是从自为到自觉，在丰富的实践基础上为数字政府的长期发展准备了基本条件。在电子政务早期，我国政府治理改革属于一种自为的表现，更多地对标西方发达国家政府治理的要求而被动地进行追赶和升级，其基本取向为推行以公众为中心的服务供给侧改革，实行基于数据共享的跨部门在线协作，形成基于业务流程的整体性治理结构，灵活运用合作式、智能化治理工具等特征。而新时期的数字政府

---

① 孟天广，黄种滨，张小劲. 政务热线驱动的超大城市社会治理创新——以北京市"接诉即办"改革为例 [J]. 公共管理学报，2021，18（02）：1 - 12，164.

建设则是健全"以人民为中心"的改革推进机制，构建数据流、业务流有机融合的政府运行机制，完善以业务流程为中心的政府治理结构，加快基于数据资源挖掘的治理工具创新，推进政府治理体系与治理能力现代化的主动探索。

二是在变局中开新局。现代科层制政府治理的一个突出弱项在于理性官僚制的稳定性会使得其治理结构往往滞后于治理情势的变化，从而使得政府的治理决策、资源配置与治理目标之间形成巨大的鸿沟。政府治理的数字化转型则为弥合这一鸿沟提供了新方案。作为数字时代的重要战略资源与核心创新要素，大数据不仅促进了相关行业的技术革新，而且大幅提高了政府收集提取数据、运算分析数据、数据辅助决策的能力，使以信息化驱动治理现代化成为可能。数字技术极大地扩展了政府部门的"耳目"，提升了政府对各个领域的持续监测与快速反应能力，从而增强了政府政策工具的群体定位精准性。[①] 与此同时，大数据给政府治理带来了支撑经济调节、市场监管更加及时有效、提升社会管理水平、提高公共服务水平和效率等优势。[②] 互联网成为推动政府"简政放权"的监督器和优化公共服务流程的催化剂，有效帮助政府为市民提供更加公开透明、规范高效与更精细优质的管理与服务。

三是立足当下，筹谋未来。十三届全国人大四次会议通过的《"十四五"规划与2035年远景目标纲要》有关论述实际上明确揭示了政府治理演进的发展走向。该规划第五篇的要义是"加快建设数字经济、数字社会、数字政府，以数字化转型整体驱动生产方式、生活方式和治理方式变革"[③]。数字经济、数字社会与数字政府"三位一体"构成了"数字中国"的总体布局。面向未来，"数字中国"建设则是更高层次对政府数字化治理路径、执行实施、反馈决策的全方位创新实践（见图 I – 2）。

---

① 高世楫，廖毅敏. 数字时代国家治理现代化和行政体制改革研究 ［J］. 行政管理改革，2018（01）：4 – 10.

② 江小涓. 大数据时代的政府管理与服务：提升能力及应对挑战 ［J］. 中国行政管理，2018（09）：6 – 11.

③ 中华人民共和国国民经济和社会发展第十四个五年规划和2035年远景目标纲要 ［N］. 人民日报，2021 – 03 – 13（001）.

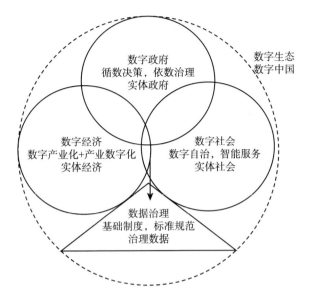

图 I-2 "十四五"规划中关于"数字中国"的战略构想

在"数字中国"的战略构想中，数据治理是数字生态的战略基础。数字政府在其中居于引导和主导的地位，包括以政府投入的方式建立基础设施及其规范标准，提供典型的应用场景和服务监管。它强调用数字化、智能化手段和方法改变公共服务模式、改善公共决策质量、改进公共管理品质，以更好的方式和效果服务于社会进步和经济发展。[①] 数字政府建设既是对政府自身治理结构的优化调整，同时也引领着数字经济与数字社会的发展方向。数字经济是新一轮科技革命和产业变革的重要引擎，也是有效推动经济高质量发展的新动能。它是数字中国中具有奠基性和驱动力的主体，展现出巨大的发展需求和强大的驱动能力。数字经济的蓬勃发展可以为数字社会和数字政府供给最新型的先进设施和计算设备，提供相应的治理工具和算力储备。数字社会则强调以数字化的发展推进高效化、智能化、精准化的社会管理、社会服务和社会公共品的供给，其特征是社会性、普惠性和自立性的提升和发展，通过数字化手段赋能引领高品质的社会生活。基于数字技术的智能应用将为智慧城市建设、产业结构调整、经济运行监测、社会服务治理、城市管

---

① 张小劲. 从中国数字经济、数字社会和数字政府看全球数字治理 [EB/OL]. http：//finance. sina. com. cn/hy/hyjz/2021 - 03 - 21/doc-ikknscsi9161509. shtml.

理与应急处理提供大数据支持，推进新型城镇化的发展以及数字乡村建设。

从中央的顶层布局与地方的实践创新看，当代中国的政府治理范式正加速迈入全面数字化时代。当今世界正在经历百年未有之大变局，在信息化、数字化、智能化背景下的数字政府建设是对现代科层制政府治理结构的重要变革，其所指向的是突破科层制政府治理的固有藩篱，提升政府治理绩效，实现政民良性互动。

三、数字治理与科层治理的耦合：突围科层治理困局的北京经验

从现代政府管理的核心特征来看，科层制的政府治理结构是一种中心化、集权化的权力设置，它可以保障上级或主导者的命令得到有效贯彻。在金字塔形的科层治理结构中，虽然上级可以对下级机构与人员发出命令，但无法代替他们进行具体的治理，从而也就为政策目标与实际效果的偏离营造了空间。下级机构与官员的自利性动机如果没有受到有效规制，就会引发推诿避责、各自为政、脱离群众等官僚主义问题。体系空转、效率降低等行政失灵问题已成为全球性治理难题，系统内耗与相互博弈问题持续困扰着科层制政府治理。与西方国家因相互掣肘而引发的行政失灵困局相比，我国独特的党政治理结构有效避免了这一问题，但仍面临着政策执行梗阻或偏离、反应机制迟缓僵化、监督机制同化或失效、纠偏机制副作用大等治理困局。因而，运用数字技术赋能政府治理变革，实现任务与配套资源的精准匹配、信息与能力的实时共享、决策与执行的有机统一的数字政府建设成为引领科层制政府治理变革的动力引擎。

从政府治理演进的角度看，数字政府并不是对科层制政府的完全替代，而是在科层制政府治理架构的基础上，以数字赋能的方式进行治理"突围"。通过优化"科层制"政府的治理结构，提升现代政府的治理效率，降低政府的运行成本。数字政府引发了政府结构由物理碎片化到虚拟空间整体性、政府管理由封闭到开放、政府内部治理由部门协调到整体协同、政府运行由传统的手工作业到智能智慧的转变。① 从实践来看，数字政府有效提升了政府

---

① 汪玉凯. 数字政府的到来与智慧政务发展新趋势——5G 时代政务信息化前瞻［J］. 人民论坛，2019（11）：33－35.

的精细化管理能力、精准化服务水平、科学化决策能力以及数字化治理能力。随着国家层面对政府政务数据共享的布局与推进，我国政府部门正在建立起跨层级、跨地域、跨系统、跨部门的数据共享体系与治理平台，有效打破了部门之间的信息壁垒与数据孤岛，使得政府治理体系内部的部门协同、精准治理、公共服务、决策反馈水平大幅度提升。数据显示，2020 年，国家政务服务平台已连接部门服务 1142 项，连接地方服务 343 万项，实现 360 万项政务服务事项的标准化，支持地方办事服务超过 6 亿件次。全国省级行政许可事项网上受理和"最多跑一次"比例达到 82%。国家共享平台发布数据接口 1100 多个，提供查询核验服务超过 9 亿次，系统集中度超过 70%，基本实现"网络通、数据通、业务通"，有力支撑了各级政府业务协同和应用创新。[①]

在全面建设社会主义现代化国家的新征程中，建设数字政府已经成为新时代人民对政府治理的更高期待与更新要求，同时也是政府自身适应数字化社会治理形势的明智选择。面对科层制政府治理的内在局限，突围科层制政府治理短板的数字政府建设是驱动政府治理现代化的关键举措，也是构建职责明确、依法行政、高效顺畅政府治理体系的有效手段。在数字政府建设过程中，以北京市"党建引领，街乡吹哨，接诉即办"为代表的政府治理改革，通过将大数据治理技术融入基层社会治理，从而解决现代城市治理中民意诉求、政府回应、资源配置、统筹协同等一系列难点问题，探索出适应新时代城市治理需求变化的一系列体系与机制，有效提升了科层制政府的服务能力与回应效率，强化了党政干部与人民群众之间的情感联系，是数字化时代加强群众路线的生动实践。

（一）路径比较：从"科层治理"向"数字治理"跨越的北京路径

党的十八届三中全会以来，全国各级政府都在着力提升基层治理能力。一方面"党建引领"是普遍趋势，另一方面在城市治理数字化转型过程中又呈现出两种不同的发展倾向。在偏远的、边缘的和传统生活方式仍占主要地位的地区，更多的是用传统科层制的方式强化压力传导或者进行一些边际性的治理优化。而在较为发达的现代化城市中，则更多地采用了现代化技术手段、源自现代资源的方式完成政府治理流程的再造和治理体系的优化。这一

[①] 张汉青. 全面推进数字政府建设正当其时 [N]. 经济参考报，2020 – 10 – 15.

类型中又逐步发展出不同的路径：一种是以深圳、杭州、上海为代表的治理优化和创新，更多的是以便民便企服务的方式来展开，其主要的特点是流程优化和程序简化，从最初的一窗服务、一厅服务到一网通、一卡通、最多跑一次，再到一网统管、全网通办、容缺审批、秒批秒办等。另一种是以北京市 12345 市民热线为主渠道的"有求必应、接诉即办"的改革创新。北京市于 2018 年启动"街乡吹哨、部门报到"改革，后来发展为 2019 年"有求必应、接诉即办"，进一步提升为"未诉先办"，到 2020 年年初疫情暴发以后，市民热线体系的辅助决策功能得到极大强化（见图 I－3）。

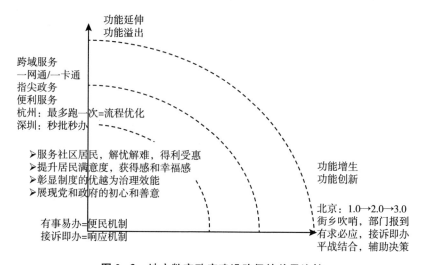

图 I－3　地方数字政府建设路径的差异比较

比较分析这两条路径可以发现，数字政府治理改革的共同点在于服务社会居民与企业办事，重点在提升普通市民的获得感、幸福感、安全感，体现社会主义制度的优越性。但这两条路径又有所不同：基于流程优化和程序简化的治理改革更多地属于功能性的延伸和扩展，尽管其后台也涉及了机构调整，如扩大政务服务机构的权限，但其主要思路是降低居民办事的成本，提升政府为民服务的行政效率。而在北京市基于市民热线数据的治理改革中，更多地表现出政府治理功能的延伸和创新。在金字塔形的科层治理结构中，超大型城市治理面临的最大堵点就是信息不畅、供需错位和反应迟钝。治理的最大难点在于市民诉求信息的采集、汇集和通达难题，以及政府内部跨层级、跨条块、跨部门的协调落实问题。如何实现对民情民意的下情上达、极速感知、快速决策与高效处理，是困扰地方政府的首要难题。12345市民热线作为民众诉求的接驳器，以最高效的方式将民情民意传导给政府相关部门，从而为政府部门的治理决策提供了源自基层的最真实依据。对于市民群众的合理诉求，政府官员就事、论事、办事，并且在问题解决的基础上将相关的治理经验转化成更系统、更持续、更科学的政府决策。在数字政府建设过程中，政府官员也在逐步形成"用数据认知、循数据决策、依数据施策"的治理思维与决策过程，从而对市民的难点、堵点、痛点问题有了更真实的把握和更有效的解决，从而得以破解科层制结构中的信息盲点与治理梗阻等难题，从而提升政府治理效率。

（二）体系建构：数字政府治理体系的建构逻辑与阶段演进

北京市数字政府治理改革具有鲜明的行政主导启动机制以及后端行政绩效的驱动特征。这一改革是由市委、市政府主要领导顶层主导、推动以及强有力推进的结果，属于行政主导驱动下的制度变迁过程。市委、市政府在"接诉即办"改革中居于核心地位，是行动组织、资源保障、机制设计和绩效评价的最重要主体。① 从改革启动以来，在若干个重要时间节点呈现出不同的改革内涵和创新举措。政党主导与行政驱动贯穿数字治理体系构建的全过程，顶层设计推动、中层高度重视、基层有效落实是政府数字治理体系化建构得以迅速展开和全域推展的关键（见图Ⅰ-4）。

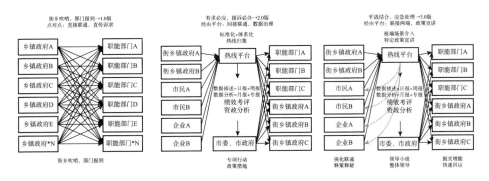

图Ⅰ-4 北京市"12345"数字治理体系的阶段演进

---

① 江文路. 从控制型政府管理到回应型政府治理——重塑民众政治信任差序格局的改革探索[J]. 党政研究，2020（02）：90-99.

在 2018 年的改革启动阶段，主要是针对基层治理中属地治理与部门治理的不匹配问题——即"条"与"块"的协调治理问题。"街乡吹哨，部门报到"就是试图通过街乡镇属地政府与上一级执法部门之间"点对点"的便捷联通和快速反应，来解决基层治理中问题发现与问题解决之间在时间和地域上的错位现象和治理低效问题。这样的机制安排一定程度上加强了条线部门对属地街道的回应和协同，但吹哨者、吹哨内容和听哨者三个端点属于有限制性与选择性的绑定，还未完全破解科层治理难题。2019 年，北京市委、市政府开始展开对市民热线的体系化构建，提出"有诉必应，接诉必办"，力图通过统一的平台联通的方式，用更高效的工作机制在更大的治理范围内解决更多的治理难题。吹哨者由少数基层干部或志愿者扩大到一般市民，吹哨内容由特殊的部门执法问题扩大到一般市民的"烦心事、揪心事"，响应者也由执法部门扩大到街乡镇基层政府和社区干部。相应的配套改革包括对基层街道治理体制机制的调整，实际上把真正办事的权限和资源放在了街道办事处，从而更好地响应市民热线的"派单"，并根据响应的质量好坏和及时程度来进行考评（见图 I-5）。

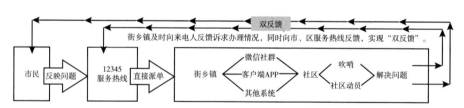

图示说明：市民拨打电话向12345市民服务热线反映问题，随后12345市民服务热线直接向街乡镇派单，街乡镇再通过微信社群、客户端APP和其他系统向社区传导，社区通过吹哨、街道动员等方式解决问题。解决问题后，街乡镇再及时向来电人反馈诉求办理情况，同时向市、区服务热线反馈，实现"双反馈"。

图 I-5　北京市"接诉即办"改革"双反馈"治理流程

（三）精准回应：数字政府决策的系统层次与数据应用

理性官僚制的治理绩效天然地受到内部参与者意志、动机与行动的影响，虽然他们代表着国家的公共意志，但也滋生着官僚主义等治理顽疾。一方面，由于激励与问责机制的失衡，政府官员容易陷入消极避责的行为模式。各种具体化的不作为，容易激化政民矛盾。北京市的数字政府治理体系与机制的建构则是在"党建引领"的方式下实现了比较快速的、全域展开的治理创新，从政务热线平台一直延伸到政府的治理范式变革。在北京数字政府的建设过程中，数字治理的理论设想和实践操作产生了契合与嵌套，形成了"治理设想—治理实践—治理反馈—优化改进"的良性治理循环。首先，市民热线的相关诉求覆盖了城市生活的方方面面，全域全量的数据为政府治理和决策提供了非常珍贵的依据和参考。从市民诉求的输入端来看，市民热线数据具有三大特征：用户生成特征、社会结构特征和民生倾斜特征。市民热线诉求具有从市民的身边和家中逐步向外扩散的逻辑延展关系，先是基础民生性质的水电气（供）暖，然后是基本民生性质的社区环境、物业管理和垃圾处理，再后则是教育、医疗、出行等，最后则是休闲、旅游、玩乐和出国便利等。在对热线数据汇集和整合的基础上，政府决策者能看到相关民生问题的广度和深度，发现市民民生难题的属性特征、集聚空间特征和时间分布特征，从而出台相应的公共政策举措进行精准治理。

其次，北京市数字政府建设的推进机制是以办事直接回应老百姓的直接诉求，同时辅以相应的督察体系。基于市民热线体系"连通—派单"而产生的数据，逐步形成了向政府反馈的日报、周报、月报、季报和专报体系，成为市委、市政府领导层从整体上把握整个城市脉搏的最主要抓手和决策支撑。通过对属地政府和职能部门对市民诉求的响应绩效、问题的解决程度和市民的满意程度的排名比较，政府领导层可以清楚地把握政府各部门的行政效率与工作绩效，从而产生优化政府各部门职能体系的进一步安排。通过对民生热点问题的集中分析，主政者对于城市治理的区域性、典型性问题，可以实现更为完全的掌握，为下一步采取更有效的公共政策措施提供决策依据，推动对特定治理难题的有效解决。由此观察，北京市在由传统"科层制"治理向数字政府治理跨越的探索实践中已初步形成了比较完整的数字治理体系与数据决策流程，具体涉及四个层次："事务层—考评层—决策层—认知层"（见图Ⅰ-6）。

从对居民诉求的应诉办事开始，北京市政府通过改革相应的治理流程，提供更优质的便民和便企服务，降低企业运行成本，增强政府与居民的治理黏性。通过对政府不同部门的系统考评，有助于主政者发现城市治理过程中的"中梗阻"问题，通过跨部门多层次的协调解决相应问题，从而完成对治理部门从加压到解压的转变，完成从事务到考评再到决策的层级互动，最终形成数字政府治理的整体认知。在数字治理不断发展的过程中，政府官员形成的系统性治理思维，则有助于各个层次治理绩效的进一步提升。数字治理机制的成熟应用标志着北京市 12345 市民热线数据得到了有效的挖掘和使用，民生大数据被有效转化为公共决策资源，促进了政府治理决策科学性的提升。在 2020 年以来的疫情防控工作中，12345 热线持续地向北京市委、市政府提供政策报告，其中 60 余条政策建议得到了市委、市政府的充分肯定和采纳。12345 数字治理体系所形成的技术储备和工作机制，比较好地应对了疫情的冲击，更凸显了市民热线作为深入基层的传感器、储蓄多端的信息港、上传下达的直通车和跨域协同的接驳器的基本特征。

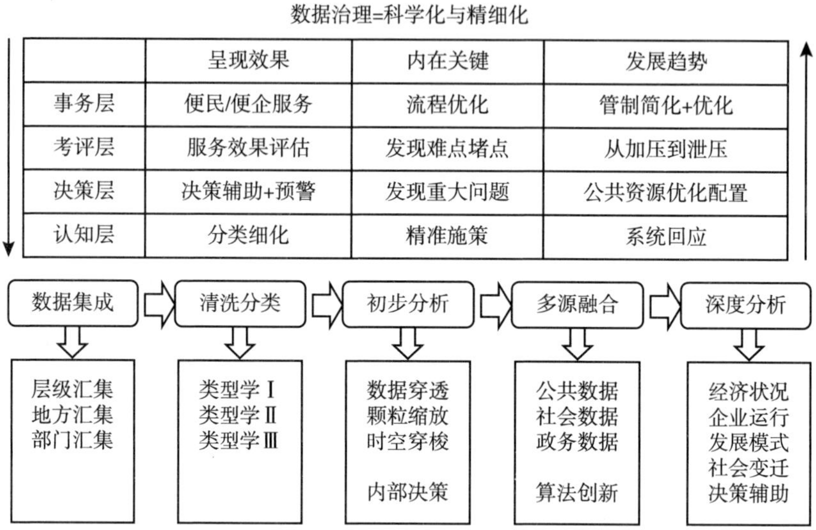

数据治理=科学化与精细化

	呈现效果	内在关键	发展趋势
事务层	便民/便企服务	流程优化	管制简化+优化
考评层	服务效果评估	发现难点堵点	从加压到泄压
决策层	决策辅助+预警	发现重大问题	公共资源优化配置
认知层	分类细化	精准施策	系统回应

数据集成	清洗分类	初步分析	多源融合	深度分析
层级汇集 地方汇集 部门汇集	类型学 I 类型学 II 类型学 III	数据穿透 颗粒缩放 时空穿梭 内部决策	公共数据 社会数据 政务数据 算法创新	经济状况 企业运行 发展模式 社会变迁 决策辅助

图 I-6　政府"数据治理"范式的系统层次与关键流程

（四）深度创新：现代政府治理的未来图景

数字化时代的政府治理强调用数据说话、用数据决策、用数据治理、用数据创新。基于城市大数据的数字政府建设将是突破科层制政府治理局限的重要抓手，也是推进城乡基层社会治理现代化的关键引擎。基于对北京市政府治理数字化转型过程与治理流程的整体刻画，我们可以进一步归纳和概括出新时期我国的数字政府建设对科层制政府的突围效应及其未来图景。

一是超大型城市良性协同的社会治理格局。党的十九届四中全会指出，要"完善党委领导、政府负责、民主协商、社会协同、公众参与、法治保障、科技支撑的社会治理体系"①。这可以概括为构建主次有位、参与有序、协同有效的社会治理体系。在以信息化驱动现代化的数字政府建设中，政府、企事业社会组织以及广大市民群体实现了多方参与和协同合作。热线电话作为技术平台连通了市民、政府和相关社会组织，以技术方式赋权于市民、赋值于民生问题、赋能于政府和社会组织，使得相关各方能够各尽其责、各尽所能，进而实现更加优化、优质的社会治理。从政府治理的演进趋势看，从"单打独斗""统管一切"的治理形态向"政府－市场－社会"相互协同、合作治理转变，公共治理的协同程度、协调能力与体系化建构水平不断增强。以数字化的治理响应机制为例，相比于上访、维权等传统的民众诉求输入路径，网络化、数字化的诉求方式极大地方便了公众的诉求反映过程，降低了市民的诉求反映成本。而面对市民的切实诉求，数字治理技术与平台则为政府官员提供了有力的辅助工具，从而更快和更有效地响应群众诉求，化解群众难题。通过有效解决群众所面临的困难与问题，党政干部得以拉近与民众之间的情感距离，增强了民众对政府治理的满意度与认同感，政民之间的良性互动格局不断形成。

二是政府治理体系与治理范式的变革创新。通过对政府治理流程的重塑，北京市得以在打造"无缝隙政府"与"整体政府"方面取得重要进展。在大数据时代，信息生产和信息传播日趋"互动化"和"扁平化"。数据和信息不但成为社会生活和公共治理的基础，并已成为社会生活与公共治理的本身。② 传统科层制政府的多层级与相互独立的治理结构形成了对有效信息在政府内部流动的阻碍，治理信息的"不对称"往往导致政府的治理决策偏离真实的治理需求。而在政府治理的数字化转型过程中，通过打造数据集成、互联共享的枢纽型平台，科层制政府纵向的治理层级得到有效压缩，横向的部门协作壁垒被打破，形成了适应社会形势发展的去中心化治理结构。政府的每个部门和官员组成了治理网络中的单独节点，从而极大地增强了网络内协作共治的可能。数字政府建设对科层制政府行政管理体系、治理回应体系、数据开放体系、决策反馈体系所带来的系统性变革，重塑着政府不同层级、不同部门、不同官员的治理流程与职责关系，为科层制政府的深度变革提供

---

① 中共中央关于坚持和完善中国特色社会主义制度 推进国家治理体系和治理能力现代化若干重大问题的决定 [N]. 人民日报，2019－11－06（001）.

② 戴长征，鲍静. 数字政府治理——基于社会形态演变进程的考察 [J]. 中国行政管理，2017（09）：21－27.

了探索经验。

三是现代政府治理范式转型的未来趋势。在政府治理体系的"数字化"转型进程中，数字政府建设发挥着引领性和主导性作用。如果说以办公电子化、文件数据化、联通网络化、服务便利化为主要特征的"电子政务"时代是政府数据治理的1.0版本，那么以数据系统化、决策科学化、施策精准化为主要特征的数字政府时代则是从电子政务向智慧政府过渡和转换的中间阶段。面向未来，政府治理的数字化转型所设定的目标则是在突围科层制治理局限的基础上，打造以智慧数控、全员参与、整体智治的"智慧政府"（见图 I-7）。用数据认知、循数据决策、依数据施策的全新治理模式将为科层制政府演化出相应的治理能力与深层的治理思维，并为数字政府向智慧政府的治理跨越奠定坚实基础。

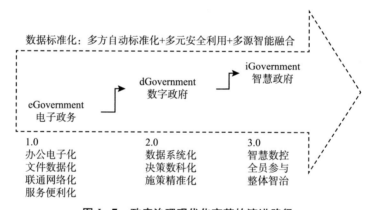

图 I-7　政府治理现代化变革的演进路径

四、余论

面对数字技术所带来的经济与社会的深刻变革，现代政府治理的数字化转型已是大势所趋。在新一轮科技革命和产业变革突飞猛进，科学技术和经济社会发展加速渗透融合①的时代，科层制政府的治理结构唯有不断变革才

---

① 习近平. 在中国科学院第二十次院士大会、中国工程院第十五次院士大会、中国科协第十次全国代表大会上的讲话 [N]. 人民日报，2021－05－29（002）.

能适应快速变迁的当代社会。从人类历史演进的视角看,科层制政府是对传统政府治理结构的扬弃,它标志着政府治理由传统到现代、由人治到法治的重大进步。当今的数字政府建设则是对现代科层制政府内在局限的突围与变革。以数字政府建设突围科层制政府治理短板,重塑政府官员与民众的互动关系,已成为当代中国政府治理变革的重要趋势。新兴治理技术与中国特色党政治理结构的有机结合,加强了政府对公众的精准回应能力与回应效率,在一定程度上纾解了条块分割、碎片化治理、权责倒挂所引发的治理困局,同时为政府治理体系的深度革新提供了内生性动力。"十四五"时期,数字政府建设不仅要以数字技术引领新时代政治、经济、社会、生态文明等领域的创新再造与变革重塑,构建适应数字社会发展的政府治理体系,还必须坚持"以人民为中心"的政治价值与发展原则,在治理效率与政治价值间取得平衡。面对社会利益高度分化、民众诉求日益多元、社会治理日益复杂的全新形势,政府治理的数字化转型不仅要强调对新兴治理技术的广泛应用,更应注重对科层制政府治理结构机制的有效变革。充分调动社会力量参与数字治理,建立与数字化时代相适应的扁平化政府治理体制,释放出数字技术对政府治理的重要赋能,将为新时期社会主义现代化强国建设注入强大动能。展望未来,以数字政府突围科层制政府,让人民在政府治理变革中有更多获得感,将是提升党政体制治理效能、加速实现政府治理体系与治理能力现代化的必由之路。

第四章　智能治理:中国式现代化的时代命题[*]

一、通用人工智能时代的治理命题

伴随着第四次工业革命走向纵深,以人工智能为代表的科技革新在全球范围掀起了生产方式、生活方式和治理方式变革的现代化进程。第四次工业革命是智能时代治理方式迭代的科技驱动力。正如马克思所说:"手推磨产

---

[*]　孟天广. 智能治理:通用人工智能时代的治理命题［J］. 学海,2023(02):41–47.

生的是封建主社会，蒸汽机产生的是工业资本家社会"。科学技术作为第一生产力，它影响并最终决定人类社会的发展形态。熊彼特也认为，生产技术的革新会带来生产方式的变革，同时也是治理变革的根本动力，尤其是某些"颠覆性"的技术创新，甚至会带来治理体系的"范式变迁"。① 人工智能是21世纪最具颠覆性的技术之一，美国、日本、欧盟等国家和地区都将人工智能作为国家战略竞争的关键性领域制定战略规划。

社会大众对人工智能的认知大多始于2016年年初的人机大战，AlphaGo战胜了围棋世界冠军、职业九段棋手李世石。这一胜利震惊全球，让我们认识到专用人工智能的潜力。2022年11月，ChatGPT智能聊天机器人横空出世，展现出强大的自然语言理解和文本生成能力，通用人工智能成为现实，引发了全球社会对人工智能革命的关注。② 社会各界对ChatGPT的热议预见了通用人工智能时代的加快到来。人工智能被人类社会寄予厚望，希望其能够模拟和扩展人的智能、辅助甚至代替人类实现多种功能，包括识别、认知、分析和决策等。③ 目前，诸多人工智能技术已经广泛应用于社会经济和国家治理各个领域，如人脸识别、语音识别、图像识别、自动驾驶、对话机器人、智能决策系统等。④

在科技革新与治理现代化交错发展的时代进程中，智能技术与治理实践的深度融合与互嵌重构为我国带来了一场超大规模"社会实验"。⑤ 可以说，智能技术的突破性创新及场景化应用将会成为国家治理现代化的未来趋势，融合智能系统与社会系统的智能治理将成为适用于复杂社会系统的治理模式。⑥ 通用人工智能时代的来临为中国式现代化提供了新的内涵，尤其是人

① ［德］约瑟夫·熊彼特. 经济发展理论：对利润、资本结构、信息和经济周期的考察［M］. 北京：商务印书馆，1991；姜李丹，薛澜. 我国新一代人工智能治理的时代挑战与范式变革［J］. 公共管理学报，2022，19（02）：1 - 11，164.

② 沈湫莎. ChatGPT爆火，人工智能的下一个范式来了吗？［N］. 文汇报，2022 - 12 - 20（005）.

③ 腾讯研究院，中国信息通信研究院互联网法律研究中心，腾讯AI Lab，腾讯开放平台. 人工智能：国家人工智能战略行动抓手［M］. 北京：中国人民大学出版社，2017.

④ 刘韩. 人工智能简史［M］. 北京：人民邮电出版社，2018.

⑤ 孟天广. 数字治理生态：数字政府的理论迭代与模型演化［J］. 政治学研究，2022（05）：13 - 26，151 - 152；胡业飞. 国家治理与创新的长周期演化：对技术治理的重新理解［J］. 学海，2021（03）：93 - 100.

⑥ 高奇琦. 智能革命与国家治理现代化初探［J］. 中国社会科学，2020（07）：81 - 102，205 - 206.

工智能等新兴科技如何加快推进我国治理体系和治理能力的现代化进程，由此智能治理成为新时代中国式现代化政治理论构建的时代命题。

二、通用人工智能的迭代与特征

人工智能（AI）概念可以追溯到 20 世纪 50 年代，人工智能技术是现代计算机科学领域的重要领域。[①] 进入 21 世纪，得益于数据的海量积累、算力的显著提升、算法的优化升级，人工智能终于迎来了蓬勃发展的黄金时期。[②] 目前，人工智能技术大致可以归类为四个领域：视觉技术、语音技术、自然语言理解和规划决策系统，其中后两者被视为衡量人工智能水平的重要参照。[③] 受益于深度学习，视觉技术让计算机像人一样能"看"懂图片、视频等图像资料，被广泛运用于人脸识别、图片分类、图像生成、自动驾驶的视觉输入系统等。语音技术旨在让机器拥有"听"和"说"的能力，从而实现机器与人的语音交流，得益于深度神经网络在声学模型中的运用，机器语音识别能力得到显著提升。当代人工智能的最显著进展莫过于语言模型的发展，自然语言理解旨在让机器能够理解人类所表达的意思，并做出合适回应。ChatGPT 是基于自然语言处理技术，能够理解人类语音所表达的意思，实现更深层次的人机互动。规划决策系统旨在让机器拥有像人一样的规划与决策的能力，当前已经被应用于自动驾驶、智慧城市、决策分析等领域。

2022 年 11 月 30 日，OpenAI 公司发布了基于自然语言处理模型的聊天机器人产品 ChatGPT，成为时下最热门的大语言模型代表备受瞩目。ChatGPT 推出仅仅 2 个月，月活跃用户就成功过亿，成为历史上增长最快的消费者应用程序，引发社会各界热议。[④] ChatGPT 的关键技术是基于人工智能领域的自然语言处理技术（natural language processing），其核心原理是使用深度学习神经

① Turing A M. Computing Machinery and Intelligence [J]. Mind, 1950, 59 (236): 433 – 460.

② ［美］塞奇威克，［美］韦恩. 算法（第 4 版）［M］. 谢路云，译. 北京：人民邮电出版社，2012；Acemoglu D, Restrepo P. Robots and Jobs：Evidence from US Labor Markets [J]. Journal of Political Economy, 2020, 128 (06): 2188 – 2244.

③ 孔祥维，唐鑫泽，王子明. 人工智能决策可解释性的研究综述［J］. 系统工程理论与实践，2021, 41 (02): 524 – 536.

④ 冯志伟，张灯柯，饶高琦. 从图灵测试到 ChatGPT——人机对话的里程碑及启示［J］. 语言战略研究，2023, 8 (02): 20 – 24.

网络技术训练出一个大型的语言模型 GPT（generative pre-trained transformer），通过对大量文本数据进行学习和分析，该模型可以理解并生成自然语言。ChatGPT 采用了 Transformer 网络结构，这种结构是一种基于自注意力机制的神经网络架构，能够有效地捕捉输入序列中的长距离依赖关系，从而实现对自然语言的理解和生成。与传统的循环神经网络（RNN）不同，Transformer 模型没有像 RNN 那样依赖于顺序处理输入数据。Transformer 可以并行计算，因此训练速度更快，具有更好的可扩展性，能够处理更长的输入序列，已经被广泛应用于机器翻译、文本分类、语音识别等 NLP 任务，表现出卓越的自然语言理解和生成能力。

作为通用人工智能的代表，ChatGPT 具有以下特点和优势：首先，通用性 AI 适用于人机交互各领域，能够帮助人们更加便捷地获取信息、解决问题，实现与机器的自然沟通，提高人机交互的效率和舒适度；其次，不同于传统 AI 基于规则和逻辑对话，ChatGPT 基于深度学习，可以通过训练数据集自动学习语言表达模式，并生成自然流畅的对话内容，更加贴近用户的需求和习惯；再次，不同于传统 AI 基于逻辑推理、专家系统，ChatGPT 可以自动学习对话模式和规律，提高客服的效率和准确度，同时降低开发成本和人力成本；最后，自我学习能力，可以根据交互经验来改进表现，从而更好地满足用户的需求。ChatGPT 利用有监督微调（supervised fine-tuning，SFT）方法，通过在高质量标注数据上微调基础语言模型，直接使用带有人类反馈的语言模型进行强化学习，使模型更安全、更有用、更协调、更无害，也更符合用户习惯和需求。

三、智能治理：中国式现代化的时代命题

以人工智能技术为代表的第四次工业革命，在全球掀起了社会革命的浪潮。第四次工业革命与我国"第五个现代化"——国家治理体系与治理能力现代化叠加并进。二者交错发展的"社会实验"中，智能技术和治理实践的深度融合与互促推进，凸显出智能时代我国治理模式的引领性发展。[①] 智能

---

① 赵金旭，孟天广. 技术赋能：区块链如何重塑治理结构与模式［J］. 当代世界与社会主义，2019（03）：187－194.

治理正反映了这一过程中机器系统和社会系统的深度融合与协同治理，以及机器智能和社会智能同步演化、互相强化。① 目前，人工智能技术已被应用于国家治理、城市治理和社会治理等多样化治理场景，② 智能治理模式、技术和方法正在快速迭代发展，③ 形成适用于智能时代的中国式智能治理模式成为中国式现代化的时代命题。

我国高度重视智能治理，早在 2017 年国务院印发《新一代人工智能发展规划》时就提出要促进人工智能技术在多样化治理场景中的应用，推进智能政务、智慧法院、智慧城市、智慧交通应用支撑治理现代化，党的十九大报告在全球首次提出实施智慧社会战略，提升社会治理智能化水平。2021 年，"十四五"规划和 2035 远景目标将人工智能技术及其治理纳入国家规划，一方面要求加快人工智能核心技术突破及产业化发展，另一方面高度重视人工智能治理体系建设，④ 集中呈现了"基于人工智能的治理"和"面向人工智能的治理"两条主线的交织融合。⑤

中国式智能治理蕴含三层内涵：一是智能治理强调智能技术与治理场景的深度融合，重视机器智能与社会智能的整合交互和互相赋能；二是智能治理重视机器系统和社会系统的有机融合与协同治理，通过赋能、赋权和赋智三重机制激发多元主体的治理资源，进而构建数字治理生态促进智能治理体系发展；三是智能治理的终极价值关怀——人本主义，⑥ 即智能治理以人民为中心，坚守人工智能服务于人民的核心宗旨。随着通用人工智能时代的来临，人们对智能技术及其应用的社会后果的关切及担忧与日俱增。早在人工智能诞生之初，计算机科学先驱艾伦·图灵和"控制论之父"诺伯特·维纳等就对人

---

① 孟天广，赵娟. 大数据驱动的智能化社会治理：理论建构与治理体系 [J]. 电子政务，2018 (08)：2 – 11.

② 阙天舒，吕俊延. 智能时代下技术革新与政府治理的范式变革——计算式治理的效度与限度 [J]. 中国行政管理，2021（02）：21 – 30.

③ 贾开. 人工智能与算法治理研究 [J]. 中国行政管理，2019（01）：17 – 22.

④ 陈磊，王柏村，黄思翰等. 人工智能伦理准则与治理体系：发展现状和战略建议 [J]. 科技管理研究，2021，41（06）：193 – 200.

⑤ Jobin A, Ienca M, Vayena E. The global landscape of AI ethics guidelines [J]. Nature Machine Intelligence, 2019, 1 (09)：389 – 399.

⑥ Floridi L, Cowls J, Beltrametti M, et al. AI4People—An Ethical Framework for a Good AI Society：Opportunities, Risks, Principles, and Recommendations [J]. Minds and Machines, 2018, 28 (04)：689 – 707.

工智能的风险提出警告。维纳在《人有人的用途》一书中激进地表达出对自动化技术造成"人脑贬值"并取代人类的担忧。[①]《AI 的 25 种可能》一书汇聚了各领域学者对人工智能的思考，其中人们普遍对人工智能"可能的心智"表达了担忧，因此人工智能伦理治理成为人工智能治理的应有之义。[②]

人工智能是第四次工业革命的关键性技术，是经济社会发展和治理现代化的科技驱动力。智能治理超越了传统政府治理的边界，全方位重塑着政府、市场与社会关系，支撑着面向未来的智能治理体系构建，因此既要发挥人工智能的经济社会驱动作用，又要激发创新动力和国际竞争优势，还要促进智能社会的普惠与包容价值，打造政府负责、社会协同、公众参与、法治保障、技术支撑的智能治理共同体。近年来，我国智能治理在如下诸多维度呈现出创新发展：首先，政务服务供给的智能化。与传统政务服务方式不同，智能政务服务变得"有智慧""会思考""懂人心"，在物联网、传感器和智能算法的赋能下不仅变得更便捷、更高效、更自主，而且更具交互性、定制化和人性化。其次，公共治理体系的协同化。人工智能以其更广的普及范围、更深的社会渗透和更强的计算能力，借助智能算法在整体层面实现客观理性匹配，促进多重目标群体的最优决策和动态平衡，一方面实现政府内部超大范围跨地区、跨系统、跨层级统筹协同，另一方面提升社会协同能力构建更具包容性、交互性、协同性的政社协同治理体系。再次，公共决策过程的智能化。通过物联网无处不在的智能传感器和民众随时随地自由携带的智能终端设备，实现大规模民情民意动态汇聚和社会风险的精准实时感知。[③] 基于社会感知系统和决策辅助系统，通过数据挖掘、政策模拟和决策推演技术，有助于切实提升政府决策的科学化和智能化水平。

四、智能治理的理论模型：智能－智治－智效

智能治理涉及治理主体、治理过程以及治理效果三个基本要素。基于上

---

① 李珍珍，严宇，孟天广. 人工智能的伦理关切与治理路径［J］. 中央社会主义学院学报，2022（05）：139－150.

② ［美］约翰·布罗克曼. AI 的 25 种可能［M］. 王佳音，译. 杭州：浙江人民出版社，2019.

③ 孟天广，赵娟. 大数据驱动的智能化社会治理：理论建构与治理体系［J］. 电子政务，2018（08）：2－11.

文讨论，智能治理通过将社会智能与机器智能融合互嵌，进而同时激发社会系统和机器系统的治理价值。因此提出 SPE 框架——"主体（subject）-过程（process）-效果（effectiveness）"来阐述智能治理的理论模型，进而论述智能技术影响治理主体、治理过程和治理效果的三个机制——智能、智治和智效。智能时代要有效发挥技术赋能多元治理主体的作用，激发"智能"效应，构建"智治"格局，增进"智效"价值，构建向善包容的智能治理体系，进而实现"智能－智治－智效"的良性循环，有效推进人工智能驱动的治理现代化。

（一）智能

"智能"主要体现在技术本体性和治理延展性两个维度，前者意为人工智能技术本身的工具性能力，后者意为人工智能技术嵌入治理主体所产生的治理性能力，二者共同构成"智能技术＋治理场景"所关涉的智能治理主体。通用人工智能的最强核心在于主动学习能力。人工智能的技术本体性是从弱人工智能到强人工智能，以及超级人工智能的迭代发展。在本体性智能层面，人工智能在具备理解、推断、对话以及适应性学习基础上，可以持续提升交互性和个性化适应能力，根据不同交流对象的差异化特征，个性化呈现交流模式、肢体语言、表情和声调等，甚至可具备人类心智特征。在智能技术应用领域，人工智能技术将在多行业、多场景不断延伸和拓展。如人工智能购物、智能医疗服务、工人机器人、家庭机器人等经济社会生活领域的纵深服务，人工智能汽车、智能城市大脑等城市治理细分领域的智能服务，以及在政府应急管理、决策辅助等方面的智能决策等。人工智能技术的深度运用，可以精准把握民生偏好和社会情绪，全方面系统化地提升政府智能决策与智能监管的治理水平。

人类社会的治理模式随着技术迭代不断演化。进入通用人工智能时代，人机交互与协同是不可避免的共存状态，人工智能不仅成为新生治理工具，更嫁接了各类治理主体构建智能治理生态伙伴关系，进而融合社会智能与机器智能构建有效运行的"智治"系统的科技基础。从智能治理主体角度看，智能治理主要由政府、科技企业及社会等多元主体协同治理，各主体发挥着相互补充、彼此嵌套的作用。① 政府在智能治理中发挥着主导性作用，为人工智能技术的创新发展、算法监管、组织协同、伦理规范等进行制度体系设立与约束。作为人工智能技术的开发者、设计者与应用者，科技企业是智能治理的重要参与者，在智能治理体系中受到伦理规范与企业社会责任双重约束，体现着科技向善的原则。公众、媒体等社会主体，在智能治理过程中发挥参与作用。社会主体应处于有益于社会价值、不损害他人权益的基础上使用人工智能，对人工智能应用的安全风险、伦理挑战等进行正面反馈与外部监督。②

（二）智治

"智治"是"技术+场景"的结构互嵌和"智能+治理"的深度融合治理所形成的智能治理过程体系。人工智能之所以是引领未来的战略驱动力，在于其在维护国家安全、提升国家竞争力、增强国家能力等方面所发挥的不可替代作用。"智治"蕴含着不同时空、不同场景、不同议题中的治理因素。"智治"反映了随着技术演进而不断迭代的技术内嵌治理过程，呈现了智能时代区别于传统时代的治理范式变革。智能治理是推进国家治理体系和治理能力现代化的途径与手段，推进国家治理体系和治理能力现代化是智能治理所围绕的中心议题。③

"智治"是人工智能技术赋能治理主体后所产生的治理新方式，涵盖国家治理全过程与全域运行机制，既包括"智能治理"的工具理性与能动性，又涵盖"智慧治理"的价值理性与逻辑性。在我国，智能治理已在城市治理、政府治理和社会治理等宏观与微观场域中不同程度地得到创新性应用与操作化实践。④"智治"系统包含在城市、政府和社会等不同层面的独立要素治理和网络协同治理。在微观层面，系统各层面各领域主体可在数字基础设施、人工智能技术、治理应用场景的交互融合中，通过各领域内的民情民意

---

① 邵春霞. 基层治理常规化的数字赋能路径研究［J］. 学海，2022（03）：38 – 47.

② 莫宏伟. 强人工智能与弱人工智能的伦理问题思考［J］. 科学与社会，2018，8（01）：14 – 24.

③ 常保国，戚姝. "人工智能 + 国家治理"：智能治理模式的内涵建构、生发环境与基本布局［J］. 行政论坛，2020，27（02）：19 – 26.

④ 彭勃，刘旭. 用数字化兜住模糊性事务：基层治理的技术赋能机制［J］. 学海，2022（03）：48 – 56.

汇聚、堵点难点诊断、民意精准回应和风险预警研判过程，共同构建智能治理的过程体系。在宏观层面，"智治"系统还可以在各领域构件的组合与联动中，全面整合系统全域多源异构数据，将包括城市、政府和社会各领域的智能治理实践予以统合，为全社会的整体性、智能化治理提供支撑和依据，促进基于人工智能的"智治"系统在复杂的国家治理情境下形成良性互动的跨域智能治理体系，全面推进国家治理现代化。

（三）智效

"智效"指人工智能嵌入治理场景所产生的治理效果。任何一项治理实践的创新探索与有效实施，均离不开对其实际治理效果或产出的认知与评估。以人工智能等先进技术为治理工具，以海量数据为治理动能，以算法和算力为治理支撑的"智治"模式，相较传统治理而言，显著地提升了治理能力，降低了治理成本，取得了治理成效。在这个意义上，"智能"和"智治"最终要基于"智效"来予以评价和反馈。智效可从治理者与受众两个不同视角进行考量。治理者视角即考察智能治理能力的提升、延展与重塑，受众视角即考察"智治"应用在受众使用群体中的反馈和评价。

治理者视角下，智能治理能力可通过智能平台能力、智能服务能力、智能协同能力等予以考量。治理者视角下的"智效"是评判"智治"实施过程的关键变量。智能平台能力包括政府门户、数据平台、城市大脑等一体化平台的综合运用所提升的治理能力。智能服务能力则是将智能技术嵌入政务服务不同场景而得以延展的治理能力，包括通过政务 APP、政务小程序、网上政务大厅等智能化应用的设置，将物理空间的政务服务事项通过网络空间进行在线连接与信息匹配，推进政务服务的智能化供给。政务服务能力的智能化需要政务服务数据、法人、证照库等海量数据的集成支撑，政府部门间的数据融合度、业务协同度等底层逻辑和支撑程度，影响着智能治理能力的实现程度。智能协同能力关注政社协同，强调智能技术如何链接并驱动主体间交互与协同，有助于提升政府与社会协同治理水平、政府响应能力。[①] 以城市治理为例，智慧城市应用通过汇聚城市运行的客观数据和主观数据、物感

[①] 阙天舒，吕俊延. 智能时代下技术革新与政府治理的范式变革——计算式治理的效度与限度[J]. 中国行政管理，2021（02）：21－30.

数据和人感数据，运用智能技术，实现过去传统治理所无法或只能部分实现的实时感知民情、靶向回应民意、精准研判民需，以"倾听民声、体察民意、回应民需"的体制机制，为"纾解民忧、减轻民困、缓和民怨"的治理绩效提供有效工具与实现路径。[①]

从受众视角看，"智效"蕴含两层含义：一是人工智能技术赋能多元治理主体的程度，这既包括评估智能技术的成熟程度，也包括治理主体在多大程度上采纳人工智能技术并应用于相关治理场景，智能技术在组织架构中的适配性与价值性，组织对智能治理的采纳度等。二是智能治理的应用程度或渗透程度，即智能治理"应用""平台"等载体为公众使用的频次频度以及体验感知，尤其是作为反馈机制的用户使用行为及评价。借助系列智能化平台和数字化工具，一方面有效解决科层行政组织内部的纵横壁垒与协同问题，突破"技术主体性 + 治理延展性"的技术困境和融合难题，另一方面切实促进政府与社会协同共治，政府决策最大程度与民众需求匹配，社会诉求和风险信息最为精准地感知掌控，个人和企业的差异化需求在精准化、个性化服务中得到满足或响应，切实体现了人本主义的智能治理价值。

五、智能治理的中国路径：赋能、赋权、赋智

当前，人工智能深刻地影响着国家治理体系和治理能力，塑造着面向智能时代的治理模式。面向智能时代，我国在科技革新和制度变革的驱动下，在全球社会率先推进智能治理的实践应用及模式探索，进而基于中国实践形成了赋能政府、赋权社会和赋智决策三大智能治理路径。[②]

首先，智能治理对政府组织发挥着"赋能"效应。政府智能化转型拓展了政府治理的领域。在人工智能浪潮的推动下，数字空间逐渐成为现实世界的"镜像"，数字社会与现实社会日益融为一体，国家治理不再局限于物理世界，而是拓展到数字空间，要求治理主体全面掌握数字空间与物理空间的

[①] 于文轩. 奔跑的大象：超特大城市的敏捷治理 [J]. 学海，2022（01）：139 – 149；孟天广，黄种滨，张小劲. 政务热线驱动的超大城市社会治理创新——以北京市"接诉即办"改革为例 [J]. 公共管理学报，2021，18（02）：1 – 12，164.

[②] 孟天广. 政府数字化转型的要素、机制与路径——兼论"技术赋能"与"技术赋权"的双向驱动 [J]. 治理研究，2021，37（01）：2，5 – 14.

经济社会运行规律，实现机器系统与社会系统的协同共治。① 政府智能化转型还丰富了政府的治理工具。运用人工智能，可从更宽领域、更长时段、更精细度对公共事务和政策过程进行分析，更加准确、及时、深入地把握多元诉求，预测研判社会发展趋势及潜在社会风险，提升政府的决策、监管和服务能力。智能治理还有助于重塑政府决策流程，提高政府应对和处理社会危机和自然灾害的反应速度和敏感程度，提升决策科学性和精准性，提升决策质量和施策效能，促使政府形成一种集数据驱动、智能嵌入、社会协同为关键机制的新型治理能力。②

其次，智能治理对个人和社会施加"赋权"效应。依靠人工智能，个人和社会通过获得信息、参与表达和采取行动等社会实践方式，在提升自身参与能力的同时，提升社会协同能力。智能技术普及应用，促使普通公众采集和处理信息的能力极大提升，由此切实提升了普通公众的话语权和影响力。智能技术赋权社会组织，促进了组织内部协同能力提升，促使虚拟化、平台化、去中心化社群的形成，显著提升了社会组织参与社会治理的能力。③ 智能技术还驱动着政社协同格局的构建，经由机器系统实现社会系统与政府系统的有机融合，不仅促使公众参与意愿和能力的提升，而且培育了社会协同能力，进而推进公众、社会组织与政府构建协同共治格局。

最后，智能治理赋智集体决策。一方面，智能治理重视个体智慧，以开放、平等、包容的方式吸纳个体智慧、集思广益。④ 数据是智能治理智慧来源的基石。智能治理强调人本主义，因此感知人的情感、认知人的偏好、理解人的逻辑、回应人的诉求成为智能治理的基础能力。⑤ 另一方面，智能治理激发多元治理主体主动性形成优势互补的集体协作模式，经由机器智能激发社会智能形成集体智慧。通过构建囊括政府、科技企业、社会组织、个体

① Angelidou M. Smart City Policies：A Spatial Approach ［J］. Cities, 2014, 41（S1）：S3 – S11. 李文钊. 双层嵌套治理界面建构：城市治理数字化转型的方向与路径 ［J］. 电子政务, 2020（07）：32 – 42.

② 梁晓峣. 车路协同：智能交通领域的升维谋划 ［J］. 人民论坛·学术前沿, 2021（04）：56 – 65.

③ 肖滨. 信息技术在国家治理中的双面性与非均衡性 ［J］. 学术研究, 2009（11）：31 – 36.

④ ［美］凯斯·R. 桑斯坦. 信息乌托邦：众人如何生产知识 ［M］. 北京：法律出版社, 2008.

⑤ Burrell J. How the Machine "Thinks"：Understanding Opacity in Machine Learning Algorithms ［J］. Big Data & Society, 2016, 3（01）.

等多元主体的生态伙伴关系，政府将人工智能引入国家治理，依托智能设备监测经济社会运行，汇聚多源数据感知社会运行规律，利用高效算法预测研判趋势风险，经由规划决策系统实现精准科学决策，凝聚集体智慧，提升治理能力。

第五章　数字政府发展的理论框架与评估体系[*]

随着新一轮科技革命的蓬勃发展，大数据、云计算、区块链、人工智能等新一代信息技术作为新兴生产力，冲击着人类社会的基本生产方式和组织形态，并对国家治理体系和治理能力产生重要影响。各国政府纷纷推出数字化转型战略，意图在新一轮治理模式转型中居于引领地位。从 2012 年起，英国就推出"政府数字化战略"（Government Digital Strategy），美国也推出"数字政府战略"（Digital Government），韩国制定出"智慧政府计划"（Smart Government Plan）。随后，新加坡启动了"iN2015 计划"和"智慧国家 2025 工程"，日本制定了"i-Japan 转型战略"，德国开启了"数字化战略 2025"和"政府数字化行动"。可以说，政府数字化转型已成为全球不可阻挡的历史潮流。

中国政府高度重视数字政府建设在国家治理体系和治理能力现代化中的重要作用。2015 年，国务院推出《促进大数据发展行动纲要》，"十三五"规划将大数据定义为国家基础性战略资源，明确提出大数据要成为政府治理能力提升的关键动力。党的十九大报告进一步提出"数字中国"和"智慧社会"等概念，"十四五"规划明确提出数字政府建设战略目标。近年来，各地政府纷纷推进数字政府体系建设，将其作为深化"放管服"改革、提升政府治理能力的重要抓手，变"群众跑腿"为"数据跑路"，在虚拟空间建立"不打烊"的数字政府。2020 年，联合国电子政务调查报告（EGDI）显示中国数字政府建设在全球已经进入"非常高"的水平，其中电子参与指数位居

---

　　[*] 赵金旭，赵娟，孟天广. 数字政府发展的理论框架与评估体系研究——基于 31 个省级行政单位和 101 个大中城市的实证分析 [J]. 中国行政管理，2022（06）：49 – 58.

全球第九①，这充分凸显了作为后发型国家的中国在数字时代治理探索中的引领角色。

中国数字政府建设成就的取得，离不开"自上而下"和"自下而上"相结合的独特发展路径。一方面，发挥社会主义集中力量办大事的制度优势，通过宏观调控、战略规划、大型基础设施工程等，"自上而下"推动政府信息化，进而带动整个社会信息化的"跨越式"发展。20 世纪 90 年代形成了以"三金工程"为先导的政府信息化浪潮，21 世纪初进一步形成"一站两网四库十二金工程"体系，成为全社会信息化的重要基础设施。另一方面，社会信息化发展到一定程度后，又"自下而上"倒逼政府数字化转型。数字经济与数字社会的到来为数字政府建设提供了新的经济社会基础，电子商务、互联网金融、移动支付、社交媒体、移动互联网的普及深刻地影响着政府、市场与社会的关系，也影响着政企社互动的方式，客观上推进着政府职能的优化、治理方式的调整和组织形态的转型。例如，数字时代带来了广泛的网络参与和政民互动，促使我国逐渐构建起了制度化、稳定性和常态化的民情民意吸纳、社会风险感知和民意诉求回应体系。② 因此，中国政府的数字化转型是在国家与社会的双向互动中不断迭代发展的。

中国数字政府建设成绩斐然，然而，现有研究在政府数字化转型的理论构建、概念界定和构成要素上尚未进行系统而全面的阐释，更缺乏对我国数字政府发展水平客观而全面的实证评估。中国数字政府建设的实践经验，为全球范围内数字政府的概念演进和理论体系构建赋予了特殊意涵。本节拟从政府数字化转型与国家治理现代化的逻辑关系入手，系统阐述数字政府发展的理论框架与评估体系。

一、政府数字化转型与国家治理现代化：一个理解数字政府的理论框架

政府数字化转型已成为我国国家治理现代化的重要驱动力量。国内外学

---

① United Nations. E-Government Survey 2020.

② Jiang J Y, Meng T G, Zhang Q. From Internet to Social Safety Net：The Policy Consequences of Online Participation in China ［J］. Governance，2019，32（3）：531 – 546.

者敏锐观察到政府数字化转型之于治理理论发展乃至全球范围内治理范式变迁的意义，分别从不同理论视角及实践案例探讨了数字政府的概念和形态，进而呈现出数字时代新兴信息技术驱动政府改革及治理模式转型的多样化类型、机制和路径。

（一）数字政府概念的界定与发展

数字政府并没有统一而明确的概念，它随数字技术在政府和社会中的应用和渗透而不断丰富、拓展和延伸。20 世纪 70 年代末，有关数字政府的研究已经出现，彼时关注的主要是数据库、微机等新技术在公共部门中的应用，被形象地称为"办公自动化"。20 世纪 90 年代末，互联网和大型办公软件开始普及，对传统公共服务供给模式产生影响。适时，"电子政务"（E-government）的概念应运而生，并在全球范围内产生广泛影响。加森（Garson）将其定义为："借助 ICT 技术生产和传递公共服务的过程"；[1] 联合国、OECD 和美国公共行政学会同样认为，"电子政务是利用网络信息技术传递信息和公共服务给公众的现象"。[2] 不难看出，该定义深受新公共管理思潮的影响，在"工具－目的"思维逻辑下，将电子政务看成是跨越时间和距离、传递公共服务的新手段。[3]

随着数字技术的蓬勃发展，尤其是微博、微信、APP、抖音、小程序等新型社交媒体借助移动互联网和智能终端，迅速渗透到经济社会的各个角落，对人们的生产生活产生革命性冲击，早期电子政务的概念受到诸多挑战。其实，简·芳汀最初用的是"虚拟政府"概念，而非电子政务，目的就在于突出技术与组织、制度、网络等持续互动而形成的复杂性政治权力运作属性。[4]受制于管理主义范式的局限，电子政务概念已难以概括大数据时代政府治理

---

① Garson G D. Public Information Technology and E-Governance：Managing the Virtual State, Raleigh [M]. North Carolina：Jones and Bartlett Publishers, 2006.

② Jaeger P T. The Endless Wire：E-government as Global Phenomenon [J]. Government Information Quarterly, 2003, 20 (4)：323 –331.

③ Jaeger P T. Assessing Section 508 Compliance on Federal E-government Web Sites：A Multi-method, User-centered Evaluation of Accessibility for Persons with Disabilities [J]. Government Information Quarterly, 2006, 23 (2), 169 –190.

④ ［美］简·E. 芳汀. 构建虚拟政府——信息技术与制度创新 [M]. 邵国松，译. 北京：中国人民大学出版社，2010.

的全部意涵，于是，"维基政府""众包政府""平台政府""弹性政府""敏捷政府""自助政府"等概念纷纷被提出，用以更好地归纳、概括和提炼政府数字化转型所呈现出来的不同面相、属性、特征乃至范式变迁。正如戴长征和鲍静所言，伴随政府数字化转型而来的，可能是一种与农业社会"单向控制"和工业社会"代议互动"迥然不同的，基于信息社会的"数字协商"治理范式。① 邓利维也大声疾呼，数字时代治理（DEG）已远远超过了新公共管理的范畴，它是基于技术、组织、权力、价值等多层面、整体性、立体化的治理范式变迁。②

综合而言，数字政府概念随着数字技术的发展而日趋复杂，且总体上呈现出技术、组织、制度等层面的渐序深化。换言之，数字政府不仅渗透于微观组织管理层面，更多是宏观制度治理层面的变革。然而，现有研究对数字政府概念的理解依然是碎片化和片面化的，它更多聚焦于狭义层面的服务能力、业务流程、技术应用等电子政务场景，而忽略了国家治理，乃至国家 - 社会关系广义层面数字政府内涵全面、系统而深度地挖掘。基于此，本书将数字政府概念重新界定为：数字时代，技术赋能政府和技术赋权社会两种机制共同作用而建构的新型治理体系。这蕴含着新兴科技驱动的政府及社会组织机构变革、制度政策体系重塑、治理能力提升和治理效能优化等内涵，旨在构建由政府、科技企业、社会组织、媒体和社会公众等多元主体共享治理资源、众智协同共治的数字治理生态。

（二）数字政府评估的理论演进

过去几十年中，国内外已出现大量有关数字政府发展指数的量化评估。然而，由于对数字政府概念理解不一、研究方法路径多元、价值理念差异等原因，现有数字政府发展指数间的异质性显著，但可大体分为政府供给侧、社会需求侧两种类型。

1. 政府供给侧评估

所谓政府供给侧评估，是指以政府供给为中心，通过统一的量化标准，

---

① 戴长征，鲍静. 数字政府治理——基于社会形态演变进程的考察 ［J］. 中国行政管理，2017（09）.

② Dunleavy P, Margetts H, Bastow S, Tinkler J. New Public Management is Dead—Long Live Digitalera Governance ［J］. Journal of Public Administration Research and Theory, 2005, 16：467 - 494.

对数字政府建设情况或功能实现的客观评估。这类评估出现最早，数量最多，影响也最大，其主要方法是通过对政府官方网站等数字政府设施进行内容分析。比较典型的如斯托尔斯（Stowers）很早就通过建立统一标准，并从在线服务、用户帮助、导航、合法性、信息结构和可访问性六个维度，对美国联邦和州政府的 148 个官方网站进行了内容分析和量化排名。[①] 布朗大学公共政策研究中心也用类似的方法，自 2001 年开始，对全球 198 个国家 2166 个政府网站进行评估，并将评估维度扩展至 18 个。[②] 此外，霍尔兹和金（Holzer and Kim）、中国互联网络评估中心、国家行政学院、清华大学孟庆国教授等也都从政府供给角度，建构其评估指标，分别对美国各大城市、全球互联网用户比例最高的 100 个城市、中国省级和地方政府等各级各类政府官方网站，进行内容分析和量化评估。[③]

然而，通过统一标准进行内容分析的评估方法具有内在局限。首先，它更多从形式上评估数字政府建设的外显内容，难以从实际运行过程中反映出数字政府的实质功能。[④] 其次，它只能从实然的角度反映数字政府的标准化建设，而不能从应然的角度，判定哪些功能和服务才是数字政府应建设的范畴，尤其在缺乏"成本－收益"分析的情况下，其只能引导数字政府建设的"标准做法"，难以反映切合当地实际的"最佳答案"。[⑤] 最后，它忽略了公众和企业等用户群体的主观感受，缺乏对参与性、责任性、响应性等公共价值的回应。[⑥]

为解决上述问题，贝克尔（Baker）开始用更加精准的哥特曼量表，而非

① Stowers G. Becoming Cyberactive: State and Local Governments on the World Wide Web [J]. Government Information Quarterly, 1999, 16 (02): 111 – 127.

② 布朗大学公共政策研究中心评估政府网站的 18 个功能包括：出版物、数据库、音频剪辑、视频剪辑、外语支持、无广告、无额外费用、无用户费用、残疾访问、隐私政策声明、安全政策声明，交易数字签名、信用卡支付选项、电子邮件联系信息、发表评论区域、电子邮件更新选项、网站个性化选项和 PDA 可访问性。

③ Holzer M, Kim S T. Digital Governance in Municipalities Worldwide: An Assessment of Municipal Web Sites throughout the World. Newark, N J: National Center for Public Productivity, 2004.

④ Johnson K L, Misic M M. Benchmarking: A Tool for Web Site Evaluation and Improvement [J]. Electronic Networking Applications and Policy, 1999 (09): 383 – 392.

⑤ Kaylor C, Deshazo R, Eck D V. Gauging E-government: A Report on Implementing Services Among American Cities [J]. Government Information Quarterly, 2002, 18 (04): 293 – 307.

⑥ Karkin N, Janssen M. Evaluating Websites from a Public Value Perspective: A Review of Turkish Local Government Websites [J]. International Journal of Information Management, 2014 (34): 251 – 363.

采用只反映有或无的二分量表;① 奥里萨（Rorissa）等在系统比较各大指标的情况下，建构了一套最为关键的"核心指标";② 更多的学者，如阿尔格姆迪（Alghamdi）③ 等，开始针对不同国家的教育、环保、健康、住房等具体领域，分别进行专门的数字政府评估。再如，斯塔马蒂斯（Stamati）、郑磊、郑跃平等也分别推出了专门针对社交媒体、数据开放、移动政务等领域的数字政府评估。④

2. 社会需求侧评估

所谓社会需求侧评估，是指以社会需求为中心，通过公众或企业等用户的主观体验，对数字政府建设成果的主观评估。这类评估出现较晚，但发展迅速，能很好地解决政府供给侧评估统一标准难以切合地方实际的问题。⑤ 尤其对用户接触和使用技术，及对技术的理解、认知、接受、信任和互动过程的深度挖掘，便于更好反映出数字政府治理效果的社会反馈。⑥ 从研究方法看，它包括"专家评估"和"用户评估"两种类型。前者突出专业权威性，分成情景评估、启发评估、主题评估等不同专家打分情景；后者突出在人机交互基础上，通过向用户发放调查问卷等形式，评估数字政府的可用性、便利性、可及性、信任性和满意度等。⑦ 基于此，帕帕多米切拉基（Papadomichelaki）发现了网民访问政府网站的三大动机：（1）随机浏览；（2）已知项搜索；（3）任务交互。⑧ 贝克尔等评估了政府网站内容或功能的可用性、用户满意

① Baker D L. Advancing E-government Performance in the United States through Enhanced Usability Benchmarks [J]. Government Information Quarterly, 2009, 26 (01): 82 - 88.

② Rorissa A, Demissie D, Pardo T A. Toward a Common Framework for Computing E-government Index. Proceedings of the 2nd International Conference on Theory and Practice of Electronic Governance, 2008.

③ Alghamdi I A, Goodwin R, Rampersad G. A Suggested E-government Framework for Assessing Organizational E-readiness in Developing Countries. Informatics Engineering and Information Science, 2011.

④ Stamati T, Papadopoulos T, Anagnostopoulos D. Social Media for Openness and Accountability in the Public Sector: Cases in the Greek Context [J]. Government Information Quarterly, 2015, 32 (01): 12 - 29.

⑤ Bertot J C, Jaeger P T. User-centered E-government: Challenges and Benefits for Government Web Sites [J]. Government Information Quarterly, 2006, 23 (02): 163 - 168.

⑥ Jansen J, Vries S D, Schaik P V. The Contextual Benchmark Method: Benchmarking E-government Services [J]. Government Information Quarterly, 2010, 27 (03): 213 - 219.

⑦ Elling S, Lentz L, Menno de Jong et al. Measuring the Quality of Governmental Websites in a Controlled Versus an Online Setting with the 'Website Evaluation Questionnaire' [J]. Government Information Quarterly, 2012, 29 (03): 383 - 393.

⑧ Papadomichelaki X, Mentzas G. A Multiple-item Scale for Assessing E-government Service Quality, Electronic Government, 2009.

度、可访问性和公众参与度；[1] 雷迪克等（Reddick and Zheng）在此基础上进一步分析了公众对移动政务应用的信任、需求和接受情况等。[2]

社会需求侧的主观评估方法同样具有局限性。一是在缺乏坚实统计学基础的情况下，不管是专家评估还是用户评估，均难以避免选择性偏误。二是在缺乏网站内容等客观量化指标的情况下，基于主观问卷的调查质量通常差异较大。为克服上述局限，学者们通过在受控实验室环境和真实环境下，分别改进了网络调查问卷的评估方法（Ellinga et al.，2012）。[3] 从决策者的角度，提出了一个影响数字政府建设成功的框架（Hassan and Lee，2019）。[4] 更多的学者则是在综合视角下，将政府供给、社会需求的不同指标融合到一个更为全面而系统的框架下，以实现对数字政府发展更具信度和效度的评估。[5] 更为典型的是联合国数字政府发展指数（EDGI），也是在政府供给和社会需求双向融合的视角下，从在线电子政务实体、数字化人力资源水平和电信基础设施三个维度进行评估。[6]

综合来看，现有数字政府评估存在如下不足：首先，尚未覆盖数字政府全部内涵。数字政府具有依技术、组织、制度顺次递增的概念意涵，但现有评估不管是供给侧评估还是需求侧评估，均围绕政府网站或社交媒体等技术

---

① Baker D L. Advancing E-government Performance in the United States through Enhanced Usability Benchmarks [J]. Government Information Quarterly, 2009, 26（01）：82 – 88.

② Reddick C G, Zheng Y. Determinants of Citizens' Mobile Apps Future Use in Chinese Local. Governments：An Analysis of Survey Data [J]. Transforming Government：People, Process and Policy, 2017, 11（02）：213 – 235.

③ Elling S, Lentz L, Menno de Jong et al. Measuring the Quality of Governmental Websites in a Controlled Versus an Online Setting with the 'Website Evaluation Questionnaire' [J]. Government Information Quarterly, 2012, 29（03）：383 – 393.

④ 该分析框架包括管理、资源、社会经济和治理四个一级指标，政治、立法、管理、范围、技术、非技术、社会和经济八个二级指标。Hassan M H, Lee J. Policymakers' Perspective about E-Government Success Using AHP Approach：Policy Implications towards Entrenching Good Governance in Pakistan [J]. Transforming Government People Process and Policy, 2019, 13（01）：93 – 118.

⑤ Tavana M, Zandi F, Katehakis M N. A Hybrid Fuzzy Group ANP-TOPSIS Framework for Assessment of E-government Readiness from a CIRM Perspective [J]. Information & Management, 2013, 50（07）：383 – 397；Siskos E, Askounis D, Psarras J. Multicriteria Decision Support for Global E-government Evaluation [J]. Omega, 2014, 46：51 – 63.

⑥ 其中，在线电子政务实体包括公共服务、公众参与和政民互动等不同维度；数字化人力资源水平通过初等、中等和高等教育识字水平和毛入学率来衡量；电信基础设施用个人电脑、固定电话、移动电话拥有量、互联网用户、电视用户和在线用户占比来衡量。

微观层面展开，较少在国家治理宏观层面关注政府数字化转型带来的科层组织变革、制度体系重塑等深层内容。其次，研究范围有限，现有研究不管是客观内容分析，还是主观问卷调查，均基于政府网站展开，而很少关注微信、支付宝、小程序、微博、APP、抖音、人民网、百度等多元化载体的数字政府功能和应用，以及在此基础上形成的基于大数据的新型评估方法。最后，缺乏本土化综合评估。国内相关评估要么只关注技术层面，要么只评估政府网站，要么只聚焦数字政府的某个维度，很少有切合我国本土实际的数字政府综合性调查评估。这成为本研究的价值所在。

（三）数字政府评估的 OPCE 理论框架

本研究结合经典的政府供给侧评估模型和社会需求侧评估模型，对中国数字政府建设的大量案例进行归纳分析，提出"组织、制度、能力和效果"（organization- policy-capacity-effectiveness，OPCE）理论框架，以阐释中国情境下之数字政府的构成要素和内涵维度。组织、制度和能力维度与数字政府内涵中的组织、制度和技术相对应，符合 TOE、DOI 等经典模型揭示的内在逻辑；① 且这三个维度和效果维度又与政府供给和社会需求的现有评估模型相对应，前三个维度呈现数字政府建设供给的不同方面，第四个维度是前三个维度建设效果的衡量，体现了社会需求侧对数字政府应用的反馈。

第一，数字政府的组织机构维度。早在 20 世纪 50 年代，伍德沃德等人就发现，"技术会影响组织结构，进而影响管理效果"。② 20 世纪 80 年代，业务流程再造（business process reengining）运作在私人管理领域迅速兴起，哈默和钱皮认为，充分利用数字技术，将科层组织基于专业分工的组织架构，变为直面顾客需求的业务流程，就能大大提高企业效率。③ 业务流程再造理念传到公共管理领域，成为新公共管理思潮的重要组成部分。"无缝隙

---

① TOE 是 Davis1989 年提出的理论模型，认为影响个体或组织采纳意向新技术的因素包括三个层面：技术（technology）、组织（organization）和环境（environment）；DOI（diffusion of innovation）是 Rogers 提出的创新扩散模型，认为影响组织采纳一项新技术（或制度）的原因包括组织内部因素、外部因素、领导者个体因素等。

② Woodward J. Management and Technology [M]. London：H. M. S. O，1958.

③ Hammer M，Champy J. Reengineering the Corporation：A Manifesto for Business Revolution [M]// Harper C，Thomas D H. Process Innovation：Reengineering Work through Information Technology. Boston，MA：Harvard Business School Press，1993.

政府"则认为数字技术将科层部门间"串联式"的业务流程，变成"围绕公众需求"的"并联式"业务流程。① 数字技术不但从横向上重塑科层部门间的业务流程，而且从纵向上促使科层结构"扁平化"和"弹性化"。② 近年来，移动互联网、物联网、工业互联网的广泛渗透，正在进一步颠覆传统以地理空间分割为基础的科层组织边界，可能对我国"多层级、广地域、厚历史"的科层体系，产生化学反应或基因重组式的影响。③ 所以，政府数字化转型会带来科层结构及其伴随的组织机构变革，是数字政府评估的重要维度之一。

第二，数字政府的制度体系维度。数字技术影响政府制度，一是革新政府与市场间的制度体系。数字技术推动传统资本主义向利基资本主义④过渡，它需要与传统市场监管迥然不同的制度体系。⑤ 在零边际成本和共享经济的市场环境下，规范市场秩序的传统政策法规正受到巨大挑战；⑥ 微信、支付宝、亚马逊等平台经济，在承接越来越多传统政府职能的同时，也在重新定义政府与市场的边界和制度体系。⑦ 二是革新政府与社会间的制度体系。凯文·凯利很早就预言数字技术带给人类社会的最终命运和结局将是分布式、去中心和自组织，⑧ 换言之，传统社会强结构、强标准、强控制的中心化制度体系，正在向网络化、参与型和弹性化的多元化制度体系转变。三是革新具体领域的制度体系，甚或重塑制度的产生和运行机制。传统基

---

① ［美］拉塞尔·M. 林登. 无缝隙政府——公共部门再造指南［M］. 汪大海，吴群芳，译. 北京：中国人民大学出版社，2002.

② Ho T K. Reinventing Local Governments and the E-government Initiative［J］. Public Administration Review, 2002, 62（04）：434 - 444.

③ 赵金旭，孟天广. 科技革新与治理转型：移动政务应用与智能化社会治理［J］. 电子政务，2019（05）：2 - 11.

④ 利基市场（niche capitalism），又叫缝隙市场、壁盒市场或针尖市场，是指那些被市场中有绝对优势的企业忽略的某些细分市场；在利基市场中，企业会选定一个很小的产品或服务领域，集中力量进入，并成为领先者。

⑤ Anderson C. The Longer Long Rail：How Endless Choice is Creating Unlimited Demand［M］. New York：Random House Business Books, 2009.

⑥ ［美］杰里米·里夫金. 零边际成本社会：一个物联网、合作共赢的新经济时代［M］. 赛迪研究院专家组，译. 北京：中信出版社，2014.

⑦ Rochet J C, Tirole J. Platform Competition in Two-sided Markets［J］. Journal of the European Economic Association, 2003, 1（04）：990 - 1028.

⑧ ［美］凯文·凯立. 失控［M］. 东西文库，译. 北京：新星出版社，2014.

于问题、方案、决策、执行、评估的阶段性政策范式，正在向决策者与公众密切互动、决策与执行交叉融合的新政策范式转变。① 所以，政府数字化转型会带来政府与市场、社会间制度体系的变革，是数字政府评估的重要维度之一。

第三，数字政府的治理能力维度。现有研究更多关注数字技术在微观管理层面对政府效率、效益和效能的提高，较少在国家与社会关系下讨论"技术赋能"和"技术赋权"两种机制对国家治理能力的系统重塑。一方面，技术向社会赋权。随着数字技术对社会的广泛渗透，丰富的数字政府应用愈益成为公众获取政府信息、监督政府行为、参与政府事务的重要手段，尤其是大规模的网民政治表达和网络舆情压力，逐渐对公权力运行产生结构化、制度化和稳定性的制约、监督和规范机制。② 另一方面，技术向政府赋能。政府数字化转型会系统提升政府的吸纳能力、决策能力、整合能力、濡化能力和回应能力等治理能力，③ 这不但在政府与社会间实现动态化民情民意汇聚、社会风险感知、智能化决策辅助和个性化民意回应，且在政府内部实现管理的精细化、精准化和人性化，建立起"以人民为中心"的公共服务体系和基于大数据的主动式、预防式、参与式和互动式国家治理体系和治理能力。④ 所以，政府数字化转型带来了治理能力的提升，尤其是国家与社会层面的治理能力，更应成为数字政府评估的重要维度之一。

第四，数字政府的治理效果维度。政府数字化转型提升治理效果可表现在以下四方面：其一，覆盖度。数字政府应用要客观上覆盖不同地域、城乡、年龄、职业、教育水平等人群，使其能够公平而便捷地接触到这些数字政府应用，避免产生"数字鸿沟"或"政治极化"等问题。其二，渗透度。数字政府应用不但应易于被各类人群接触，更关键的是被广泛接受、信任和使用，才可避免出现耗资巨大的数字政府应用却无人问津而成为"僵尸工程"的怪

---

① Janssen M，Helbig N. Innovating and Changing the Policy-cycle：Policy-makers be Prepared！［J］. Government Information Quarterly，2018（35）：99 – 105.

② 孟天广，赵娟. 网络驱动的回应性政府：网络问政的制度扩散及运行模式［J］. 上海行政学院学报，2018，19（03）：36 – 44.

③ 孟天广，张小劲. 大数据驱动与政府治理能力提升——理论框架与模式创新［J］. 北京航空航天大学学报（社会科学版），2018，31（01）：18 – 25.

④ 赵金旭，孟天广. 技术赋能：区块链如何重塑治理结构与模式［J］. 当代世界与社会主义，2019（03）：187 – 194.

象。其三，回应度。数字政府应用被公众接受和使用后，要在政府和公众间形成新的互动机制，促使政府从事后、被动、应急式和运动化的民意回应，变成事前、主动、预判式和常态化的民意回应。其四，满意度。一切政府行为的根本目的是人民群众满意，这也是政府数字化转型提升治理效果的终极价值体现。

OPCE 理论框架是一个结构完整且逻辑统一的有机体。一方面，其按照"技术 – 组织 – 制度"维度，逐级深化数字政府从微观物理外显层面，到宏观社会建构层面不断扩展、拔高、抽象、延伸的建设成分和概念意涵；另一方面，其按照"技术 – 功能 – 效果"维度，回到数字政府建设的终极目的和价值原点，在国家与社会的宏观视野下，分析政府供给侧的数字政府治理能力，以及与之对应，在社会和公众需求侧，数字政府最终产生的治理效果。

二、数字政府发展的评估指标体系

基于 OPCE 四要素理论框架，首创性提出数字政府发展的评估指标体系，以对中国数字政府发展水平进行全面、客观且精准的评估（见表 I – 3）。

（一）指标体系核心维度

在 OPCE 数字政府理论框架下建构出的指标维度具有重要意义。首先，组织机构维度侧重评估数字政府发展的主导机构与参与主体。数字政府建设应在统一、专业、权威的政府部门领导下统筹推进，条块部门间数据整合、流程重塑、业务贯通等离不开"领导小组""临时办公室"等灵活高效的党政协调组织。与此同时，只有实现以非政府组织为代表的社会力量与政府在互动平台上的有机协同，数字治理才能成为一个政企社协同共治的治理系统。因此，考察数字政府发展的社会组织状况亦有必要。

其次，制度体系维度侧重评估数字政府发展的政策完备度。从"电子政务"到"数字政府"政策的演进，传递了不同政府认知或态度变化的信息，涉及政策信念、顶层设计、政策议题或业务架构的调整，[①] 需系统考察

---

① 黄璜. 中国"数字政府"的政策演变——兼论"数字政府"与"电子政务"的关系 ［J］. 行政论坛，2020，27（03）：47 – 55.

和全面评估。本书从数字政府和数字生态场域分别考察其制度设置，前者聚焦数字政府发展规划、数据管理、数据标准与安全等政府本身的政策体系，后者强调政府通过制度创新推进数字产业、数字经济、数字社会的政策激励。

再次，治理能力维度侧重评价政府依托数字技术辅助决策、管理、规制和服务等能力的程度。设置平台管理、数据开放、政务服务、政民互动四个二级指标，全面衡量数字政府发展各类功能载体的健全性、便利性、互动性、安全性等。平台管理指标重在考察政府门户网站的功能完备程度；数据开放指标考察数据开放平台的建设配备情况；政务服务指标考察政府为公众提供便民服务、为企业提供商事服务的数字化平台建设及服务水平；政民互动考察地方政府是否借助数字技术为政府和社会互动开辟了丰富多元的有效渠道等。

最后，治理效果维度侧重分析数字政府发展与人民群众满意度、获得感之间的关系，强调以公众视角考察数字政府体系建设的成效。这一维度主要以各类数字政府功能载体和应用的覆盖度、渗透度、回应度和满意度来综合考量。覆盖度指数字化公共服务的普及程度，通过政务 APP、微博、抖音等应用的下载量、关注度、发文量等予以衡量；渗透度指数字化公共服务在公众生活中受到关注和使用的程度，以各省/市有关数字政府的百度指数、微信城市服务数量等来考量；回应度考察政府官员征集民意、回应诉求的情况；满意度指标采集公众对政务服务的主观评价，如公众对政务抖音的点赞数和政务 APP 评分等。

（二）指标体系的构成及权重

数字政府发展指标体系由 4 个一级指标、12 个二级指标、65 个三级指标构成。城市层级评估体系区别于省级之处在于，在治理效果一级指标下，为"渗透度"新增"支付宝城市服务市均端口数""微信城市服务端口数"两个三级指标，以衡量城市层级数字化公共服务供给的完备程度。一级指标权重比例不变，根据新增指标适当调整三级指标权重。表 I-3 呈现了省级数字政府发展评估体系及指标权重。

表 I－3　　　　　　数字政府发展的评估指标体系、权重及内涵

一级指标 （权重）	二级指标 （权重）	三级指标	指标内涵
1　组织机构（15%）	1－1 党政机构（10%）	电子政务办、电子政务领导小组、"互联网＋"政务办、"互联网＋"政务领导小组、智慧城市办、智慧城市领导小组、数字政府办、数字政府领导小组、大数据管理局等	与数字政府发展相关涉的党政领导小组、政府部门及社会组织等
	1－2 社会组织（5%）	互联网协会、电子政务协会、智慧城市协会、大数据行业协会、人工智能协会等	
2　制度体系（15%）	2－1 数字政府（7.5%）	数字政府政策、数据管理政策、数据标准政策、数据安全政策、互联网监管政策与"互联网＋"政务政策等	与数字政府发展相关的政府治理、经济治理和民生服务等领域政策法规
	2－2 数字生态（7.5%）	数字经济政策、智慧城市政策、人工智能政策、大数据发展规划、数字社会或民生政策	
3　治理能力（40%）	3－1 平台管理（10%）	隐私管理、搜索管理、网站地图、语言管理等	政府数字化转型对信息汲取、数据治理、平台治理、政民互动、政务服务、政治传播等能力提升情况
	3－2 数据开放（6%）	数据开放平台或网站等	
	3－3 政务服务（12%）	政务 APP、小程序、网上政务大厅、"最多跑一次"	
	3－4 政民互动（12%）	政务微博、政务微信公众号、政务抖音、网络问政平台、网上投诉举报渠道、网上信访大厅、12345 政务热线、市长信箱板块、政策制定民意征集板块、政策解读板块、在线访谈板块等	
4　治理效果（30%）	4－1 覆盖度（10%）	政务 APP 数量、政务 APP 安装次数、政务微博粉丝数、政务微博发布数量、政务微信公众号数量、政务微信公众发布篇数、政务抖音粉丝数	数字政府促进治理现代化、提升政务服务质量和效果的情况，以及相应的公众评价
	4－2 渗透度（7%）	人均百度搜索热度、支付宝人均渗透度等	
	4－3 回应度（7%）	人民网省/市委书记回帖比、省/市长回帖比、历史回帖比；政府官网民意征集次数、政策解读次数、在线访谈次数等	
	4－4 满意度（6%）	政务抖音点赞个数、政务 APP 使用者打分	

（三）评估方法与指标计算

本次评估针对我国 31 个省份（不包括香港、澳门特别行政区及台湾地区）、101 个大中城市展开。后者在国家统计局公布的 70 个大中城市基础上，纳入所有副省级城市、省会城市，以及 2019 年 GDP 排名前 80 位城市。不同评估阶段使用如下方法：一是指标体系形成过程中运用德尔菲法；二是选取 2 省 5 市展开预调查与预评估；三是背靠背采集海量数据，并进行交叉验证和多轮比对核查，以控制数据质量；四是大数据分析。大数据方法发挥海量数据优势，将抽象、模糊、低维的数字政府概念，进行具象、清晰、高维的立体化呈现，加深对其状态、分布、变化趋势的全面理解。[①]

该评估对政府官方网站数据、微信和支付宝中城市服务、政务 APP、政务微信、微博、抖音等大数据进行内容分析，并借助百度指数、人民网领导留言板等大数据进行综合评估。

指数计算按"三级指标确立与数据汇总→缺失数据处理→计算三级指标→计算二级指标→计算一级指标→计算数字政府发展总指数"流程展开。针对政务 APP 和政务抖音的公众评分等指标存在少量缺失值，通过地理位置邻近省/市的平均值予以填补。地理位置邻近的地方政府，经济社会发展往往具有同质性，数字政府发展水平较为相似。截面数据无法通过数据的时间延续性进行填补时，通过空间相关性插补缺失值。指标计算分两类情形：（1）当三级指标为二分类变量（是或否）时，三级指标得分为其相应权重值 1 或 0；（2）当三级指标为连续型变量时，通过如下公式计算：

$$y_i = \sum_{i=1}^{n} \frac{x_i/N_i}{x_i^{max}/N_i^{max}} f_i$$

其中，y_i 表示第 i 个三级指标最终得分；x_i 表示某省或地级市该项指标的具体数值；N_i 表示某省或地级市的人口总数；x_i^{max} 表示各省或地级市该项指标得分的最高值；N_i^{max} 表示各省或地级市人口数的最高值；f_i 为三级指标权重值。三级指标得分确定后，通过加总顺次得到二级指标得分，具体计算公式如下：

$$y_i = \sum_{i=1}^{n} x_i$$

[①] 孟天广. 政治科学视角下的大数据方法与因果推论［J］. 政治学研究，2018（03）：29 - 38，126.

其中，y_i 表示第 i 个二级指标最终得分，x_i 表示三级指标具体得分。以此类推，分别得到一级指标得分和数字政府发展总指数。

三、数字政府发展评估结果分析

按照上述指标体系和评估方法，对 31 个省份和 101 个大中城市的数字政府发展水平进行评估。研究发现，在省级层面，数字政府发展整体水平最高的是上海、浙江、北京、广东等经济社会发达地区，相反，经济社会发展相对落后的青海、新疆、云南等地的数字政府发展也较落后。从 OPEC 的不同维度来看，在组织机构方面，广东、江苏和安徽的得分最高，尤其安徽在电子政务、"互联网+"、数字政府、大数据等领域，均成立了相应的管理机构和领导小组，其得分明显较高；广东则因发达的社会组织力量而领先全国，其智慧城市产业创新联盟、大数据协会、人工智能产业联盟等社会力量正在形成良好的组织生态优势。在制度体系方面，浙江得分最高，其已经颁布了《数字化转型标准化建设方案》《公共数据和电子政务管理办法》《公共数据开放与安全管理》等诸多重要且影响深远的数字政府政策；广东、上海、山东、福建等紧随其后，但大多数省份得分不及 60%，说明数字政府制度体系整体尚待完善。再次，在治理能力方面，浙江、上海最高，均达 37.2，尤其在"最多跑一次""一网通管"等领域，呈现出优势明显的全国领先地位。最后，在治理效果方面，北京的数字政府应用渗透度和回应度领先全国，上海的覆盖度、渗透度得分较高，浙江的满意度指标则为全国最高。而其他多数省份得分仅占总分的 33.3%，说明还有较大提升空间（见图 I-8）。

城市层面数字政府发展水平与省级类似，表现出与经济社会整体发展水平的趋同。101 个大中城市的数字政府发展总得分在 31.9~82.2 分，平均分为 53.8 分，标准差为 10.0，呈现较大地域差异。深圳、杭州、广州等长三角和珠三角 GDP 较高的城市数字政府发展水平较高，中西部地区，尤其是东北和西北城市，数字政府发展水平整体较低。组织机构、治理能力和治理效果与总分的分布类似，均为深圳、杭州、厦门、宁波等城市得分最高，西部城市相对落后，与经济社会发展水平一致；然而，制度体系得分呈现出不同规律，其中，贵阳制度体系最为完备，郑州、西安、石家庄等城市亦较完备、得分较高，体现了中西部城市在制度体系方面的率先创新探索。

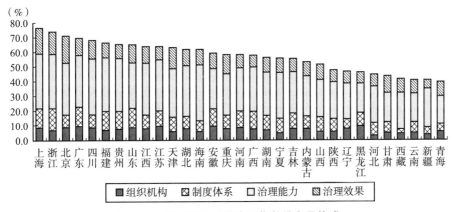

图 I-8　省级数字政府发展指数排名及构成

在省市两级对数字政府发展的 OPCE 框架下，分别进行一级指标的相关性分析（见图 I-9），发现各指标维度之间呈现显著正向关联。这一方面说明指标建构的科学性和合理性，即无论省级抑或城市层级的数字政府发展，OPCE 各评估维度间均表现出高度稳定性与关联性。另一方面，也说明数字政府发展是涉及组织机构建立、制度体系完善、治理能力提升和治理效果体现的综合发展过程，各指标互促互进，不可偏废，尤其要在系统化的指导下，

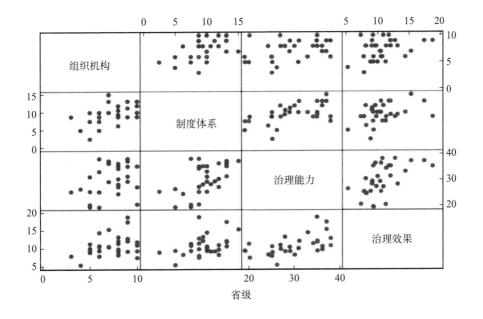

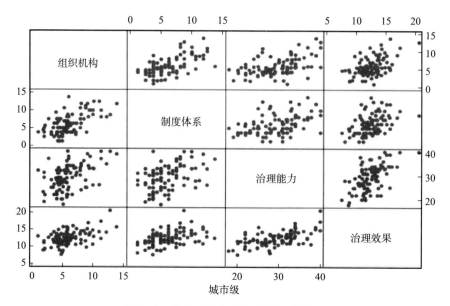

图 I-9　数字政府各指标间的相关关系

树立数字生态的发展理念，既重视党政机构的设立、统筹与引领，社会力量的孕育、协同与参与，政策体系的驱动、辐射与激励，又重视各类政务平台的渗透、开放与应用，政民互动的畅通、活跃与回应，如此方可形成数字政府持续发展的内生性持续创新动力，促进数字政府快速、平稳、健康发展。

四、数字政府发展的影响因素分析

测量出省、市两级数字政府发展实际水平后，进一步对影响其发展的因果机理作深度探究。研究发现，数字政府发展 OPCE 理论框架和评估体系质量可靠，其评估结果在不同维度、不同层面符合中国数字政府发展的实际情况，能够成为省、市两级地方数字政府评估和解释的有效理论工具。

（一）省级数字政府发展的成因诊断

通过国家统计局网站，采集 2019 年省级层面统计量，做数字政府发展水平及其四个维度的相关性分析（见表 I-4）发现，外部数字生态环境驱动省级数字政府发展。第一，治理规模。人口规模作为治理规模的代理变量，与数字政府发展水平显著正相关，但这更集中在组织机构和制度体系方面，对治理能力和治理效果的影响不显著。原因可能是治理规模大的省级行政单位治理系统更复杂，更需及时革新组织机构和制度体系，但这并不意味着其经济社会整体水平更高，所以对治理能力和治理效果影响不显著。第二，经济发展水平和开放程度。人均 GDP 和外商直接投资占比均与省级数字政府发展水平及其四个维度正相关，这符合经济发展为数字政府建设提供资源基础，经济开放激发数字政府创新的解释逻辑。第三，信息化水平和创新活力。从研发和互联网就业人员比重和产业创新程度两个代理变量来看，后者主要影响组织机构、制度体系和治理能力这些数字政府的建设过程，而前者主要影响治理效果。第四，政府公共服务承载压力。各省数字政府发展水平与公务人员占总人口的比重显著负相关，但与公务人员服务的企业数量显著正相关，这都符合单位公务人员业务承载量越大，越需要数字政府技术提高效率的解释逻辑。

表 I - 4　　　　省级数字政府发展水平的影响因素分析：基于相关分析

变量	数字政府发展	组织机构	制度体系	治理能力	治理效果
log（人口规模）	0.34 *	0.47 ***	0.57 ***	0.20	- 0.02
log（人均 GDP）	0.66 ***	0.37 **	0.43 **	0.59 ***	0.61 ***
外商直接投资占比	0.58 ***	0.38 **	0.40 **	0.49 ***	0.52 ***
研发和互联网就业比重	0.36 **	0.22	0.04	0.26	0.64 ***
产业创新程度	0.52 ***	0.46 ***	0.54 ***	0.43 **	0.21
公务人员占比	- 0.47 ***	- 0.46 ***	- 0.70 ***	- 0.26	- 0.22
公务人员人均服务企业数	0.73 ***	0.48 ***	0.67 ***	0.59 ***	0.55 ***

注：*** 表示 $p < 0.01$，** 表示 $p < 0.05$，* 表示 $p < 0.1$。

（二）城市数字政府发展成因诊断

通过《中国城市统计年鉴》得到 2019 年 101 个大中城市的统计量，进行与数字政府发展水平及其四个维度的回归分析（见表 I - 5）。研究发现，外部数字生态环境驱动城市数字政府发展。第一，治理规模。模型（1）显示城市人口规模与数字政府发展水平显著正相关，但模型（2）至模型（4）显示，其主要体现在组织机构和制度体系方面，对治理能力和治理效果的影响不显著，这与省级层面规律类似，解释逻辑亦同。第二，经济发展水平和质量。模型（1）至模型（5）显示人均GDP与城市数字政府发展水平及其四个维度均显著正相关，这符合经济发展为数字政府建设提供资源基础的解释逻辑；且模型（4）显示第三产业占比与治理能力显著正相关，进一步印证除了经济发展水平外，其结构和质量也影响数字政府发展。第三，政府资源。模型（1）显示财政收入占GDP比重越高，城市数字政府发展水平越高，但模型（2）至模型（5）显示，这仅体现在治理能力方面，与组织机构、制度体系和治理效果关系不大。这说明财政能力为数字政府建设提供资源基础，尤其是技术平台等治理能力的建设更离不开财政支持。第四，信息化水平与创新活力。模型（1）显示互联网从业人数和科技研发人数占总就业人数的比重，均与城市数字政府发展水平显著正相关，这也说明数字政府发展深受外部数字生态环境的影响。第五，政府公共服务承载压力。模型（1）显示，城市公务人员数占总人口数的比重与数字政府发展水平显著负相关，且模型（4）显示，公务人员人均服务企业数与治理能力显著正相关。虽然整体上没有省级层面更明显，但却符合政府公共服务承载压力越大，越需要数字技术提高效率的解释逻辑。

表 I-5　　城市数字政府发展水平的影响因素分析：基于回归分析

自变量	(1) 数字政府发展	(2) 组织机构	(3) 制度体系	(4) 治理能力	(5) 治理效果
log（人口规模）	4.36 *** (1.56)	1.41 *** (0.45)	1.40 ** (0.54)	1.39 (1.01)	0.16 (0.38)
log（人均GDP）	10.63 *** (2.92)	1.72 ** (0.83)	2.31 ** (1.02)	4.53 ** (1.89)	2.07 *** (0.71)
第三产业占比	0.16 (0.10)	-0.04 (0.03)	0.04 (0.03)	0.14 ** (0.06)	0.02 (0.02)
财政收入占比	38.97 * (20.54)	2.31 (5.87)	7.73 (7.16)	23.08 * (13.32)	5.85 (4.99)
研发就业比重	1.86 * (1.12)	0.34 (0.32)	0.88 ** (0.39)	0.28 (0.73)	0.36 (0.27)

自变量	(1) 数字政府发展	(2) 组织机构	(3) 制度体系	(4) 治理能力	(5) 治理效果
互联网就业比重	4. 13 *** (1. 18)	1. 05 *** (0. 34)	0. 46 (0. 41)	1. 42 * (0. 77)	1. 21 *** (0. 29)
公务人员占比	− 2. 93 ** (1. 35)	− 0. 31 (0. 39)	− 0. 24 (0. 47)	− 1. 69 * (0. 88)	− 0. 69 ** (0. 33)
公务人员人均服务企业数	48. 03 (33. 12)	− 3. 49 (9. 47)	2. 54 (11. 55)	44. 16 ** (21. 49)	4. 82 (8. 05)
常数项	− 108. 23 *** (37. 98)	− 20. 54 * (10. 85)	− 32. 20 ** (13. 24)	− 40. 27 (24. 63)	− 15. 22 (9. 23)
样本量	99	99	99	99	99
R^2	0. 549	0. 392	0. 301	0. 343	0. 483

注：括号内数值为标准误；*** 表示 $p < 0.01$，** 表示 $p < 0.05$，* 表示 $p < 0.1$。

五、结论与讨论

推进国家治理现代化是我国现阶段深化改革的总目标，也是我国政府改革与治理转型的时代命题。充分利用新兴科技革命最新成果，尤其是日新月异而又不断迭代的数字与智能技术，可切实推进政府数字化转型，优化国家治理体系，提升国家治理能力。

本章基于"技术赋能"和"技术赋权"双重机制，整合数字政府评估的政府供给侧模型与社会需求侧模型，原创性地提出数字政府发展的 OPCE 理论框架，并基于对地方数字政府建设的实证研究构建了中国数字政府发展评估的指标体系。既在理论上对数字政府概念进行了本土提炼和构成要素的系统阐释，又在实践上通过对省份和大中城市的实证评估，客观地评估了我国数字政府建设的现状并描绘了数字政府建设的宏观图景，更进一步结合统计分析检验了数字政府差异化发展的影响因素，阐明了数字政府建设的动力机制，为未来的政府数字化转型提供了理论和实践依据。

当然，本章对中国数字政府发展水平的综合评估尚有一定局限性。一是 OPCE 指标体系在承载更多维度的情况下，相对弱化了传统测评中基于政府网站的权重占比和精细程度，尤其是为保证指标体系的全面性和测评信度，不得不选择政务服务、数据开放、政民互动等指标中最为关键的部分进行测评；二是社会需求侧的主观反馈在评估指标体系中权重较小，目前只有政务抖音点赞个数和政务 APP 使用者打分两个子指标，缺乏对政府网站、政务新媒体、政务热线等系统的使用者体验评价；三是测评数据采集的局限性，如目前仅覆盖大中城市，尚未实现所有地级市全覆盖，另外现阶段仅有截面数据难以评估指标体系的跨时适用性。未来研究将针对上述问题逐步完善评估指标体系，深化对数字政府发展水平影响因素的分析。

第六章 数字化改革的政治意义[*]

一、数字时代的认知挑战

在某种意义上，人类社会脱离传统状态的过程可以用一个"化"字来表达，如个体化、个性化、理性化、官僚化、电气化、电子化，21 世纪又迎来了数字化。发生在社会生活领域的不同之"化"，在逻辑上可以归入一个总体性概念——现代化。

以此来看，现代化的内涵在发展变化，可谓与时俱进。导致此一局面的原因很多，但人们普遍同意科技突破是其中最为重要的因素。一如历史上的"火药把骑士炸得粉碎，罗盘针打开了世界市场并建立了殖民地，而印刷术变成新教的工具"，以蒸汽和电力为代表的两次工业革命促成了高度精致化的分工体系和韦伯式的官僚制。[①] 如今我们面临的是计算机/信息、大数据/人工智能的连带革命。这场革命最终将带来什么样的结果？现在尚不能完全把握，但就已发生的故事而言，数字革命对社会的影响不是局部性改造，而是整体性重构，涉及政府、经济、社会、文化等方方面面。

---

　　[*] 景跃进. 数字时代的中国场景：数字化改革的政治意义［J］. 浙江社会科学，2023（01）：38 - 42.

　　[①] ［德］马克思. 机器自然力和科学的应用［M］. 中国科学院自然科学史研究所，译. 北京：人民出版社，1978.

　　与历次工业（科技）革命不同，这一次中国没有被落下。中国虽然不是第四次科技革命的发源地，但学习、追随和赶超的能力较强。在全球性的数字革命竞争中，中国政府积极应对，出台了不少相关的规划和支持性政策。2019 年 10 月，中共十九届四中全会决定明确指出要"推进数字政府建设，加强数据有序共享""建立健全运用互联网、大数据、人工智能等技术手段进行行政管理的制度规则"。"十四五"规划提出了数字政府、数字经济、数字社会与数字生态协同发展的战略。作为中国数字革命的试验地，浙江于 2021 年 2 月公布了《浙江省数字化改革总体方案》，提出"在根本上实现全省域整体智治、高效协同"，并"贯穿到党的领导和经济、政治、文化、社会、生态文明建设各方面全过程"。

　　如果把 20 世纪 90 年代的政府信息化工程（电子政务）作为数字革命的起点，有学者认为中国已快速经历了电子政府、信息政府和数字政府三个阶段（也有学者区分为电子政府、数字政府和智慧政府三阶段）。在不同阶段，政府治理所运用的技术快速迭代：从最初的计算机网络技术发展到如今的物联网、云计算、区块链和人工智能。随着数字治理实践的发展，数字政府建设的理念也经历了从电子政务、数据治理、平台政府到整体智治的演化。简言之，在一场国家命运重新洗牌的历史赛跑中，中国第一次与先进国家齐头并进。

　　对于学术研究而言，这一事实至少可以得到两个推论。（1）世界范围内的现代化是一个你追我赶、不断进取的过程，其间高岸为谷、深谷为陵。发展中国家若能抓住数字革命的机会，提档升级，实现转型，完全有可能改变自身的地位，在国际竞争中成为新的赢家；"弯道超车"一词所要表达的可能就是这个意思。（2）根据发达国家的现代化历史既有经验而总结的理论和制度模式可能不是固化的范本，而是对特定发展阶段的总结。因此，第四次科技革命不但为中国提供了发展和赶超的新机遇，而且也有利（助）于我们探索中国特色的现代化道路，打造"中国式现代化"样本，为广大的发展中国家贡献中国方案。就此而言，数字化改革为我们理解现代化和现代性提供了新的视野和可能。

　　如果说特定阶段人们的认识总是受制于身处时代的局限，而且这种局限只有在新的历史机遇来临时才会显示出来，那么数字时代为中国社会科学研究带来了哪些冲击呢？对于中国政治学而言，这是否意味着新的研究议题的呈现？

二、数字化改革的双重意义：治理与政治

与实践发展相适应，近年来国内社会科学界对数字政府的研究勃然兴起，相关论文数量激增，涉及哲学、政治学、经济学、社会学、法学、国际关系、公共管理等诸多学科。新的术语也纷纷涌现：如数字文明、数字技术、数据政治、信息政治学、数字化、数字治理、数据治理、算法、算力、技术政治、数字政府、数字国家、数字社会、数字经济、数字民主、数字利维坦、数字共同体、数字威权/数字极权，数字列宁主义……不一而足。与数字技术的快速迭代相应，相关的理论研究也经历了一个快速的演化过程：技术治理、数据治理、平台治理、多元治理和虚拟治理等理论视角先后登台。①

大致而言，仿照政治与行政之分，这些研究可以区分为治理与政治两个大的类型。

（一）从治理角度的研究

从治理角度研究信息/数字技术是从数字政府开始的，围绕着国家治理体系和治理能力现代化这一主题而展开，先是突破政府官僚制的传统弊端，建设数字政府，然后从数字政府拓展到数字经济与数字社会，形成了一个全新的治理生态。

1. 对政府官僚制的突破：数字政府建设

数字化政府（建设）是一种基于数字技术应用的公共行政转型过程。在数字政府建设过程中，"放管服"改革可能是一个重要的分水岭。它突破了之前电子政府建设的局限，将改革的关注点从政府内部的效率提升转化为政府对社会和公众服务的效率提升。在数据技术的支撑下，这一转变通过整体性政府建设——改变政府内部的结构与流程而得以实现。

现代政府具有空间分工与专业分工双重属性。空间分工表现为不同的地域管辖权，专业分工体现为（同一区域内）依据不同的政府职能来"设科"。

---

① 孟天广. 数字治理生态：数字政府的理论迭代与模型演化 [J]. 政治学研究，2022（05）：13–26，151–152.

于是，纵向的央地关系、横向的府际关系以及特定地域内政府职能部门之间的关系构成了理解政府官僚制金字塔的三大通道。

在现实世界中，有一点似乎已成通识：任何政府职能部门，一旦设置，便具有维护和追求自身利益的天然倾向，而且这种追求因以履职方式表现出来而具有表面的正当性。在以"放管服"为重点的政府改革中，一个基本挑战就是要动部门利益的奶酪：打破职能部门之间的传统壁垒和利益屏障，克服信息孤岛，建设统一的数据库，形成统一信息流，通过内部资源、工作责任、部门职能的再分配、新整合来实现整体性政府的目标。浙江在这方面做得相当成功，"最多跑一次"的经验以不同方式和途径对全国各地的相关改革产生了积极影响。

由此可见，数字化改革的直接对象是政府，由数据技术导致的政府革命从流程再造开始，经信息集成（克服信息孤岛）到权力格局重构——从职能部门到府间关系的重大变化，进而改变政府层级之间的关系（府间关系与央地关系）。这是一场理念变革与技术变革相结合的政府自我革命。

2. 从数字政府到"数字治理生态"

更为重要的是，数字技术推动了"人类生产生活方式的全面转型"。对于数字技术的这一革命性意义，浙江数字化改革的掌舵者有着充分清醒的认识，并给予高度的重视，这充分反映在以下的判断之中：数字化改革"是推进经济社会高质量发展的重要引擎"；"数字化改革是从技术理性向制度理性的跨越，本质是改革，根本要求是制度重塑"；探索"整体政府"转型的数字化发展路径，形成数字政府、数字经济、数字社会三者相互作用相互影响的新格局。

数字革命的影响并不限于政府官僚制的自我革命，它具有更为广泛的内涵。从国家治理结构的角度看，数字技术引发的变化是整体性的，涉及公共治理的一系列基本关系，如央地关系、政府间关系、政府部门间关系、政府与市场关系、国家与社会关系、党和群众关系等。近年来，数字技术正在深刻改变中国社会的基本面貌，资源和要素以不同于以往的方式进行组合，一个全新的国家治理结构正在形成。

对此，清华大学孟天广教授提出了"数字治理生态"的观点。他认为，数字技术嵌入政府、社会、市场中形成数字政府、数字社会与数字经济三大治理场域，三者借由数字治理主体和数字治理资源两大要素系统共同构成数字治理生态，成为驱动数字政府、数字经济和数字社会各个子系统协同演化的基础性机制。作为数字时代国家治理的新型结构，数字治理生态具有包容性、协同性、智慧性和可持续性四个基本特征。

从"数字政府建设"到"数字治理生态"，国内学者的研究进展值得充分肯定。

（二）从政治角度的研究

在治理研究的基础上，有学者开始思考数字时代对于中国现代国家建设具有的意义。国家建设（state-building）是政治学研究的传统主题。在某种意义上，晚清以来的中国历史可以视为一部中国现代国家建设史。今天我们还在讲推进"国家治理体系和治理能力现代化"，表明这一过程尚未完成。

在数字时代，学者对于这个历史问题的思考有什么新的思路或特点？浙江的数字化改革为人们思考这个问题提供了新的解释。2021 年 6 月在杭州调研的一次内部座谈中，吉林大学周光辉教授提议，中国政治学应当从新型现代国家建设的角度来看待浙江省的数字化改革实践；或者反过来说，浙江的数字化改革实践为我们思考中国现代国家建设提供了新的分析视野——中国要建设的现代国家不是一般意义上的现代国家，而是一种"新型"现代国家。这一观点得到与会者的认同。2022 年 9 月下旬在吉林大学召开的"'中国式现代化'学术研讨会"上，周光辉教授及其研究团队致力于"中国式现代化道路的政治学阐释"，将中国新型现代国家建构的研究作为一个重大课题。未来，"新型现代国家"和"建构新型现代国家"或将成为中国政治学研究的重要概念和学术命题。

在数字时代，不管人们如何界定"新型现代国家"，有两个要素是必不可少的：一是数字技术。数字技术使得工业化时代奠定的现代国家的基础设施面临一种根本性的变化。贵州民族大学黄其松教授认为，数字时代的国家形态呈现出一些重要的新现象与新特征，国家构成要素没有变化，但每一种要素本身却发生了重要变化，如暴力吸收了数字暴力、疆域吸收了数字主权、制度吸收了数字政府、国家能力吸收了数字治理等内容。[①] 简言之，数字技术的发展丰富了国家概念的内涵，因此需要建构与数字时代相适应的国家理

---

① 黄其松. 数字时代的国家理论 ［J］. 中国社会科学，2022（10）：60 - 77，205.

论。如果说数字技术表达的是新型现代国家的技术理性之维，那么新型现代国家的第二个维度则与政治理性相关，也就是中国特色的社会主义政治制度。在第三波民主化浪潮中，福山提出了历史终结论——终结于西方的自由民主制。现在看来，被终结的不是历史，而是"终结论"本身。从这个角度看，"全过程人民民主"的提出具有非常重要的理论意义和实践价值，它构成了中国新型现代国家建设的政治维度。

简言之，中国新型现代国家的"新型"集中体现为两个突破——技术突破与政治突破。用公式表示：中国新型现代国家 ＝ 数字国家 ＋ 中国特色社会主义政治制度。技术理性和价值理性构成了中国新型现代国家建设的双螺旋，两者相互影响，形塑着未来中国的国家样貌，也构成了理解"中国式现代化"的两翼。

三、数字化改革的政治逻辑

如上所述，"新型现代国家建设"为认识数字化改革提供了新的视野，与此同时，我们也要充分意识到，中国是在特定历史条件下迎接和从事数字革命的，这个特定历史条件具有丰富的意涵，可以从集权/分权角度做一个简要的讨论。集权与分权是中国政治中最为基本的关系，它超越了国体（从帝制到共和）、超越了政体（内阁制、总统制与人民代表大会制）、超越了不同的社会形态（从农业国转向工业国，以及未来转向数字国家）、超越了不同的经济体制（从计划经济转向市场经济）。

从这个角度看，整体性政府建设便是一个集权的过程。传统政府官僚制无法或很难解决上下之间的信息不对称问题，必要的授权及自由裁量权是对这种境况的一个回应。但数字技术改变了原有的信息不对称现象，依靠大数据技术和城市大脑，上级政府掌握了原先根本不可能了解的信息。不但如此，而且有可能形成一种反向的信息不对称（在实践中已出现类似趋势，上级政府可以利用下级政府来收集资料，但是下级政府要利用上级政府的信息资源遭遇各种困难）。由此导致的一个结果是，具有信息优势的上级政府开始以不同方式、不同程度地进行纵向维度的治理集权，基层的自由裁量权被极大地缩小了；与此同时，随着决策权和执法权的渐次上收，基层政府正逐渐变为依托数字技术而建构的权力等级网络中的一个中转站或执行点。

这一集权过程并不局限于政府系统内部，它具有很强的外溢效应，进而发生在国家与社会之间以及政府与市场之间。数字技术不但克服了上级政府对下级政府的信息不对称，而且在很大程度上解决了政府对民众的信息不对称，强化了国家对社会的集权。"作为数字治理主体的政府，拥有数字治理规则制定的主导权，容易把技术沦为自己扩大权力和统治的工具，加剧社会的不平等。"[①] 在某种意义上，数字化改革像一条正在旋紧的发条或漩涡，原动力或中心点在政府内部，通过整体性政府建设的逻辑，传递到官僚系统之外，在数字经济和数字社会的中介下，最终有可能形成一个整体性社会。在国家主导、政府能动的情况下，如何避免治理主体和治理要素的结构性失衡，是数字时代构建新型现代国家必须考虑的一个重要问题。

人类文明的发展历程表明，技术是推动社会发展的基础性动力，在有了科学的加持之后，更是如此。与此同时，技术始终是一把双刃剑，谁来使用、为谁使用、如何使用？始终是一个需要不断追究的问题。数字技术的特殊性质将这个问题的重要性无限放大了。在数字时代的今天，我们一方面要充分利用第三次和第四次科技革命带来的历史性机遇，以跨越式发展的方式实现中华民族伟大复兴，构建新型现代国家，实现国家治理体系和治理能力现代化；同时，对这一过程中可能存在的各种风险要保持敏锐而充分的警醒。考虑到中国具有数千年的集权历史，因而在推进数字化改革的过程中，如何保持国家与社会关系的平衡、政府角色与市场机制的平衡、政府权力与公民权利的平衡，政府赋权与自我限权的平衡、执政党领导与自我革命的平衡，以及不同社会成员利用数字技术的机会与能力的平衡，显得尤为重要。

作为中国改革的窗口、试验区和示范地，浙江的数字化改革对于中国新型现代国家建设来说，无论是成功的经验，还是发现的问题，皆具有非常重要的意义。在数字化改革的通盘设计中，纳入政治维度的考量，将技术理性与政治理性结合起来，既是推进国家治理体系和治理能力现代化的内在要求，也是新型现代国家建构的题中应有之义。

---

① 黄建伟，陈玲玲. 我国数字治理的历程、特征与成效 [J]. 国家治理现代化研究，2019 (02)：61-75，244.

Ⅱ 応 用 篇

第一章 技术赋能：数字技术赋能公共危机治理[*]

近年来，在数字技术的推动下，全球政府治理场域发生了日新月异的变化。2020年暴发的新冠疫情，则为检验数字技术治理能力与效能提供了"天然机遇"。此次危机发生后，陆续产生了有关数字技术应用的系列研究成果，诸如数字技术应用于网络舆情研判模型[①]、信息传播路径[②]、数据应用需求[③]、数据应用类型及作用[④]、智库应急服务[⑤]等，对公共危机治理中如何有效应用数字技术极具启示意义。这些研究多基于理论假设、模型构建、实证数据验证或未来发展趋向等维度，对各类数字技术创新应用的现状与前景等进行提炼分析，而关于危机治理中数字技术应用对治理能力的提升以及对治理效能的比较与评估的实证研究则尚未展开。

公共危机治理过程中，公共部门和社会公众使用各类创新应用的程度究竟如何，数字技术为有效应对危机发挥了多大作用，是否以及在多大程度上提升了治理能力，两类应用主体如何评估和认知其治理效能、影响治理效能认知的因素及内在机制如何？系列问题的探究对未来数字政府建设方向、创新应用发展进程意义重大，同时可为数字技术积极应对未来同类危机提供经验。基于此，本节通过新冠肺炎疫情期间实施的全国互联网调查数据，从公共部门和社会公众视角探讨数字技术在此次危机治理中的应用及其治理能力和治理效能，为未来数字技术应用完善提供实证依据。

---

[*] 赵娟，孟天广.数字技术与公共危机治理：治理能力与治理效能——来自社会公众与公共部门的证据 [J].中央社会主义学院学报，2021（01）：172-185.

[①] 徐迪.基于时空大数据的重大疫情类突发事件网络舆情研判体系研究 [J].现代情报，2020，40（04）：23-30，81.

[②] 曾祥敏，周杉.全媒体语境下突发公共事件信息传播路径探析——基于新冠肺炎疫情报道的研究 [J].当代电视，2020（04）：4-10.

[③] 李德仁，邵振峰，于文博等.基于时空位置大数据的公共疫情防控服务让城市更智慧 [J].武汉大学学报（信息科学版），2020，45（04）：475-487，556.

[④] 刘奕.以大数据筑牢公共卫生安全网：应用前景及政策建议 [J].改革，2020（04）：5-16.

[⑤] 蒋勋，朱晓峰.基于政府大数据能力建构的智库应急情报服务——以新冠肺炎疫情防控为例 [J].图书与情报，2020（01）：64-74.

一、数字技术与公共危机治理：国内外应用比较

国内外已有关于运用数字技术进行公共危机治理的大量探索，为畅通危机决策流程、提升决策质量提供了持续动力。重大公共危机以突发传染病等公共卫生事件为主，因而本节主要对公共卫生危机治理中的数字技术应用进行比较分析。数字技术在公共危机治理中的应用主要体现在多元主体信息共享与传递、政府危机决策与预警、社会公众需求与风险感知等方面。

信息治理是突发公共危机治理的核心机制。[①] 应对复杂的公共危机问题，作出决策的高层需要完整、准确、及时的信息。[②] 在公共危机的不同阶段，须对危机预防信息、日常监测信息、预警预报信息、应急恢复信息等，通过各种制度性或非制度性渠道予以广泛收集与应用。[③] 国内外已有基于网络发帖、推特、微博、搜索指数、微信等各类数据源，对疫情发生区域、人群传播、公众防护等进行预测应用和辅助决策的研究。2003 年"非典"期间，我国已逐步开展基于流行病学数据、数字身份证信息等的疫情期间人地互动模型与传播模式的建构，及其在疫情监控信息系统设计中的初步应用;[④] 并探索开发以 WebGIS 为支撑的疫情地图发布系统，以促进疫情信息的实时可视化呈现。[⑤] 美国利用大数据技术开发了应用于危机情形的信息分发系统，可将适当的信息分别递送至相关需求者,[⑥] 以辅助危机决策。

数字技术可应用于危机的预警研判，多个国家利用搜索引擎检索关键词

① 贾哲敏，孟天广. 信息为轴：新冠病毒疫情期间的媒介使用、信息需求及媒介信任度 [J]. 电子政务，2020（05）：14 - 27.

② 李传军. 运用大数据技术提升公共危机应对能力——以抗击新冠肺炎疫情为例 [J]. 前线，2020（03）：21 - 24.

③ 吴建华. 试论公共危机信息收集的范围与渠道 [J]. 情报科学，2007（03）：377 - 381.

④ 阎守邕，刘亚岚，李小文等. SARS 空间传播模式及其在疫情监控信息系统设计中的应用 [J]. 遥感学报，2003（04）：266 - 272.

⑤ 刘纪远，钟耳顺，庄大方等. SARS 控制与预警地理信息系统的研制与应用 [J]. 遥感学报，2003（05）：337 - 344，433.

⑥ Niels Netten, Susan van den Braak, Sunil Choenni. A Big Data Approach to Support Information Distribution in Crisis Response [C]//The 9th International Conference on Theory and Practice of Electronic Governance, 2016：266 - 275.

与历史病例数，预测传染疾病的传播发展趋势[①]与活动水平[②]，查找可能携带病毒的区域范围，[③] 并通过建立在网络与空间信息技术之上的时空大数据、全球航班起降数据、人口移动和气候数据、家畜密度以及城市卫生管理系统等，预测病毒扩散区域，[④] 为公共卫生危机监测预警提供有力支撑。世卫组织在20世纪90年代后期建立"全球公共健康情报网"，运用新闻聚合器每15分钟扫描一次各国报纸及新闻通讯信息，不到1分钟即可完成多语言翻译和数据处理，为公共卫生危机早期预警提供了有效途径。[⑤] 目前我国逐步探索利用手机及APP相关的个人信息大数据预测"潜在传染源"，通过行踪轨迹绘制疫情相关人员流动的"电子地图"，以精准锁定潜在传染源，为提前干预提供依据。[⑥]

公共危机过程中，对公众关注焦点和情绪倾向的探测，有助于实时把握危机发展态势。2009年美国甲型H1N1流感期间，学者利用推文数据实时追踪疾病活跃程度和公众关注度，在掌握公众关注焦点、了解公众诉求的同时，实现了对美国流感疾病发展趋势几乎一致的实时预测，且比疾控中心相关数据报告快1~2周。[⑦] 2020年新冠疫情期间，我国学者通过各类移动应用获取上亿数据，对医卫机构、公众、政府、媒体四类主体的信息走势与疫情阶段性发展进行相关性研究，结果发现疫情信息和医情信息总体水平较高，医卫机构和政府对疫情的反应强度均高于民众，媒体对疫情的关注随疫情信息走

---

① Polgreen P M, Yiling C, Pennock D M, Nelson F D. Using Internet Searches for Influenza Surveillance [J]. Clinical Infectious Diseases, 2008, 47 (11): 1443 – 1448. Althouse BM, Ng YY, Cummings DA. Prediction of Dengue Incidence using Search Query Surveillance [J]. PLoS Neglected Tropical Diseases, 2011, 5 (08): e1258.

② Ginsberg J, Mohebbi M H, Patel R S, et al. Detecting Influenza Epidemics Using Search Engine Query Data [J]. Nature, 2008, 457 (7232): 1012.

③ 于伟文，杜鹏程，陈晨等. 利用网络数据分析我国活禽市场与人感染H7N9禽流感病例的地理关系 [J]. 中华流行病学杂志, 2014 (03).

④ 屈晓晖，袁武，袁文等. 时空大数据分析技术在传染病预测预警中的应用 [J]. 中国数字医学, 2015, 10 (08): 36 – 39; 辛妍. Bio. Diaspora：基于大数据的疫情扩散预测 [J]. 新经济导刊, 2014 (11): 44 – 49; 周成虎，裴韬，杜云艳等. 新冠肺炎疫情大数据分析与区域防控政策建议 [J]. 中国科学院院刊, 2020, 35 (02): 200 – 203.

⑤ 刘奕. 以大数据筑牢公共卫生安全网：应用前景及政策建议 [J]. 改革, 2020 (04): 5 – 16.

⑥ 何延哲，宋杰. 利用大数据追踪公共卫生事件中传染源的思路探讨 [J]. 中国信息安全, 2020 (02): 37 – 41.

⑦ Signorini A, Segre A M et al. The Use of Twitter to Track Levels of Disease Activity and Public Concern in the U. S. during the Influenza A H1N1 Pandemic [J]. PLos One, 2011, 6 (05): e19467.

势持续保持相对高位，网络大数据对不明原因或新发传染病防控具有一定的监测预警功能，研究可为不同群体的应急管理提供依据。① 此外，借助大数据技术可分析网民沟通信息中的流动率与参与率，采用意见挖掘确定网络舆情主题类型，并从大量文本中理解突发事件参与者的情绪。②

公共危机治理过程中，社会需求和治理能力之间极易形成张力。这源于"治理能力增长与其所遭遇的社会问题甚至是政府自身酿制的问题数量增长相比不相匹配"。③ 当治理能力难以应对社会需求时，技术创新便成为提升治理能力的重要推动力。数字技术是智慧的治理技术，它通过向技术开发商、用户和政府部门进行增量式赋权，以及重构产业平台模式，创新政府体制机制，有效提升治理能力和效能。④ 通过将数字技术引入并应用于政府和社会中，"新产品、新服务、新机制得到了执行，才会对公共部门造成显著的影响"，⑤ 同时给社会其他生产或服务活动创造出巨大的正外部效益。⑥ 尽管以大数据为代表的数字技术在公共危机治理中，可能存在"基础设施不连续导致部分资源不可用""敏感数据可能被滥用"等外部威胁（external threats），以及"硬件需求高""非结构化数据分析可能导致错误推理和无用结果"等内部弱点（internal weakness），但不可否认，其在公共危机治理中所面临的"数据分析技术的巨大潜力"等外部机会（external technology），会在更大程度上促使其具有传统治理方式所无法比拟的内部优势（internal strength）：即"运用几乎无限的信息资源"来进行"危机预测和控制"，利用一切可能的"众包技术或政民合作治理方式来提高治理绩效"。⑦ 在此情况下，对数字技术在公共危机治理中所产生的实际作用及其效能机制研究更具现实参考和理

---

① 彭宗超，黄昊，吴洪涛等. 新冠肺炎疫情前期应急防控的"五情"大数据分析［J］. 治理研究，2020，36（02）：6 – 20.

② 储节旺，朱玲玲. 基于大数据分析的突发事件网络舆情预警研究［J］. 情报理论与实践，2017，40（08）：61 – 66.

③ 刘霞. 公共危机治理：理论建构与战略重点［J］. 中国行政管理，2012（03）：116 – 120.

④ 张丙宣. 如何运用数字技术提升治理效能［N］. 学习时报，2020 – 03 – 30.

⑤ Moore M，Hartley J. Innovations in Governance［J］. Public Management Review，2008，10（01）：3 – 20.

⑥ Hartley J. Innovation in Governance and Public Services：Past and Present［J］. Public Money & Management，2005，25（01）：27 – 34.

⑦ Drosio S，Stanek S. The Big Data concept as a contributor of added value to crisis decision support systems［J］. Journal of Decision Systems，2016，25：228 – 239.

论价值。

二、研究框架与假设

政府公共部门和社会公众是数字技术的关键应用主体，其对数字技术创新应用的程度及其评估，是数字技术在公共危机治理中应用成效的重要考量依据。本节基于社会公众和公共部门两大数字技术应用主体，探究数字技术在公共危机治理过程中系列创新应用对治理能力的提升，对治理效能的认知差异及影响因素。政府治理能力主要强调"协调机制和组织参数两方面因素，协调机制涉及决策机制的标准化效度和执行流程的标准化效度等方面，组织参数涉及工作分工精细化能力、分权整合能力、反馈回应能力等方面""大数据时代的政府治理能力反映在功能拓展、技术支撑和应用创新三方面"。① 功能、技术与应用的嵌入所提升的政府协调与组织能力在政府内部体现在信息整合与决策，在政府外部体现在信息公开、公共服务，在政社关系方面体现在政民之间的互动及政府对公众需求的回应。基于此，本节使用的治理能力主要集中于政府信息公开与整合、公共服务与决策、政民互动与回应维度。

在政府治理过程中，绩效和效能表达的含义有所不同。绩效关注政府管理的经济或社会产出，而效能则更重视政府施政的治理效果。在具体治理行为中探讨治理技术对治理效能的影响程度和机制，需聚焦于运用治理技术所获得的治理有效性、施政行为所发挥的作用，以及治理对象的满意度等方面。基于此，对数字技术应用于公共危机治理的治理效能，主要从数字技术发挥的作用、数字技术应用的有效性、疫情应对措施的有效性以及政府疫情防控表现的满意度等维度予以测量，研究框架如图Ⅱ-1所示。

互联网等数字技术的发展激发了人们对新兴技术赋能政府治理的信心和期待。由此，产生一批网络乐观主义者，对嵌入政府的各类创新应用所发挥的治理能力持积极态度。数字政府应用可分为传统数字政府应用与商业数字政府应用，②

---

① 孟天广，张小劲. 大数据驱动与政府治理能力提升——理论框架与模式创新 [J]. 北京航空航天大学学报（社会科学版），2018，31（01）：18-25.

② 赵金旭，傅承哲，孟天广. 突发公共危机治理中的数字政府应用、信息获取与政府信任 [J]. 西安交通大学学报（社会科学版），2020，40（04）：12-22.

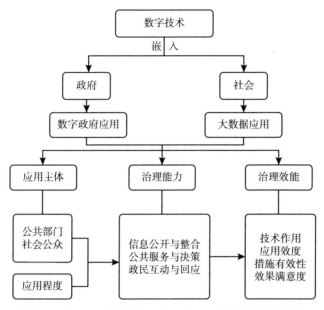

图Ⅱ-1 数字技术应用的主体、能力与效能机制研究框架

后者更偏向运用前沿技术创新应用场景。一般而言，网络乐观主义程度越高，越易于接受新兴技术，因而对商业数字政府应用的使用更为频繁。政治效能感（political efficacy）是度量社会公众和公职人员政治态度与网络政治参与的重要指标。它是个人自认为对政府所具有的影响力，以及个人自认为政府会对其要求有所回应的认知。① 这一概念包括外在效能感和内在效能感。内在效能感是个人相信自己可以影响政府的感觉，外在效能感则是个人相信当权者或政府应该回应民众的感觉。② 两类政治效能感虽具有一定关联性，但关联性较低。一般而言，社会公众与公职人员具有不同的政治效能感，由此推断外在效能感和内在效能感对两类主体应用数字技术程度的影响机制有所不同。外在效能感越高，表明个人越相信政府对其诉求有所重视或回应，使用数字技术应用的程度越高；内在效能感越高，表明个人更加相信自己有能力影响政府或官员，在此情况下更可能通过线下方式参与公共事务，数字技术应用程度越低。因此，提出假设 H1：数字赋权假说。网络乐观主义程度越

---

① ② Abramson P. Political Attitudes in America：Formation and Change ［M］. W. H. Freeman and Company，1983.

高，越少使用传统数字政府应用，越多使用商业数字政府应用（H1a）；外在效能感越高，数字技术应用程度越高，内在效能感越高，数字技术应用程度越低（H1b）。

网络技术革新及相关应用的普及，使得公众获得政治信息更为便利、充分，参与公共治理的成本更低、影响更强，成为政府回应社会偏好的重要驱动力。[1] 传统数字政府应用与商业数字政府应用的公共属性具有差异，相比于传统数字政府应用，商业数字政府应用的公共属性相对较弱、商业性质更为浓厚。社会公众与公职人员具有不同的政治效能感，对不同数字政府应用的接受程度不同，因而对提升治理能力的认知机制呈现差异。对公众而言，商业数字政府应用更多体现商业主体社会责任感，与政府直接的治理能力相关性较低。疫情期间，传统数字政府应用程度越高的公众，应越认为政府在信息整合与公开、公共服务与决策、政府互动及回应方面的治理能力有所提升。然而，对公共部门而言，商业数字政府应用意味着政府与企业提供公共服务以及与公众互动的渠道更为多元，因而，公职人员使用商业数字政府应用程度越高，应越认为数字技术应用提升了公共服务与决策能力以及政府互动与回应能力。数字技术应用有效性的评估具有认知共通性，与认知主体职业属性无关，一般而言，数字技术应用的抗疫作用越有效，应对政府治理能力的评估越为肯定。因此，提出假设 H2：数字赋能假说。对数字技术应用程度和应用效度提升治理能力的认知具有主体差异性。社会公众使用传统数字政府应用程度越高，越认为数字技术应用提升了治理能力（H2a）；公职人员使用商业数字政府应用程度越高，越认为数字政府应用提升了治理能力（H2b）；数字技术应用的影响不存在主体差异，应用效度越高，治理能力评价越高（H2c）。

大数据技术的发展为增强政府决策过程的现代化和科学化，助力公共服务高效化、提高政府治理的精准性，从而增强政府治理能力、提高政府治理效能提供了非常重要的技术手段。[2] 数字技术应用程度是感知应用效度（有效性）的前提，当人们使用数字技术的程度越高时，对大数据应用在疫情期

[1] 孟天广，赵娟. 网络驱动的回应性政府：网络问政的制度扩散及运行模式 [J]. 上海行政学院学报，2018，19（03）：36-44.
[2] 熊光清. 大数据技术的运用与政府治理能力的提升 [J]. 当代世界与社会主义，2019（02）：173-179.

间的有效性越了解，并认为其效度越高。当认为大数据应用效度越高时，更可能认为数字技术在抗击疫情过程中发挥的作用更大，且认为政府整体上采取了更为有效的防疫措施，进而对政府抗疫的满意度越高，反之亦然。因此，提出假设 H3：治理效能假说。数字技术应用程度越高，对大数据应用效度评价越高，因而可能认为数字技术发挥作用越大、政府抗疫措施越有效，对政府抗疫表现越满意。

三、数据来源与变量测量

本章调查数据来自清华大学数据治理研究中心设计并实施的"数字技术与公共卫生治理现代化问卷调查"。该调查于 2020 年 2 月 3 日至 9 日通过网络调查平台实施，旨在了解 2020 年新冠肺炎疫情期间的公众认知、态度、诉求，以及对疫情防控的评价和建议。调查共采集 6046 位受访人的数据记录，经数据清理获得 5982 个有效样本。该数据虽非随机抽样调查，但考虑到疫情蔓延期间开展随机抽样的可行性和时滞性，我们认为该调查样本仍具有重要学术价值。调查样本覆盖全国 34 个省（自治区、直辖市）406 个地级市单元，具有较好的地区代表性，下文同时考察了调查样本的人口学及社会特征分布，表明样本较好地呈现了各类社会群体差异。此外，运用 CSMAR 国泰安数据库中全国 31 个省份 2016～2018 年人均 GDP、财政收入和非在学常住人口数，以考察地区经济社会发展对调查样本数字技术应用的影响。同时，根据大数据战略重点实验室于 2019 年中国国际大数据产业博览会公布的《大数据蓝皮书：中国大数据发展报告》中，以政用指数、商用指数、民用指数所拟合的各省大数据发展总指数，来衡量我国不同区域以大数据为代表的数字技术发展水平对疫情期间数字技术应用社会感知的影响。

研究主要运用的变量为数字技术的应用程度、治理能力与治理效能。应用程度是测量人们接触和使用数字政府应用的程度和频率。调查通过询问受访者"您接触、访问或使用下列政务公开及公共服务等应用的情况如何"，并提供"政府官方网站、政务服务大厅、政务热线（12345 热线等）、政务微博/政务微信公众号/政务抖音、支付宝城市服务/政务钉钉、微信城市服务/政务小程序、政务 APP（移动政务终端）、网络问政平台/网上信访大厅、互联网法院"等各类数字政府应用，受访者通过"从不""偶尔""有时""经常"四级李克特量表，选择其在疫情期间访问不同应用的频度。

治理能力主要测量人们对数字政府应用提升地方政府治理能力的评价。研究对政府治理过程中有关信息公开能力、公共服务能力、精准决策能力、政民互动效果、社会监督效果等进行测量。通过询问受访者"在您看来，政府提供以上在线政务公开及公共服务应用对地方治理发挥着哪些作用"，并提供不同治理能力选项：（1）及时向社会发布政务信息提升政府透明度；（2）向市民和企业提供更便捷、更高效的公共服务；（3）积累政务数据开展科学决策、精准施策；（4）为政民互动和沟通提供更多元化渠道；（5）及时听取并回应社情民意；（6）提升公众参与强化社会监督；（7）整合政府内部上下级、部门间信息流。受访者可选择多个数字政府应用在危机治理过程中发挥作用的选项。

治理效能反映数字技术应用的治理结果和效果，主要通过应用效度、技术作用、措施有效性、效果满意度四个变量予以操作化。（1）应用效度是人们对大数据应用场景有效程度的评估。通过询问受访者"您认为运用互联网和大数据技术防控疫情的措施哪几项最有效"予以测量，选项有"肺炎疫情实时地图发布""全国发热门诊在线查询及咨询""专家在线义诊服务""患者智能医疗服务系统""人口流动大数据分析研判疫情扩散""确诊患者同乘疫情查询""社交媒体疫情舆情分析"等。（2）技术作用主要评估数字技术具体应用所发挥的整体作用，通过询问"在本次疫情防控过程中，您如何评价数字技术和信息技术对疫情防控的作用？"来评估，设置"没有作用""作用较小""有些作用""作用较大""作用很大"五个选项。（3）措施有效性是对政府采取应对措施的整体有效性评估。调查询问受访者"整体而言，您认为本市政府及卫生健康委采取的疫情应对措施在多大程度上有效？"受访者通过选择"非常有效""比较有效""效果不大""没有效果"表明其态度倾向。（4）效果满意度是人们对政府疫情防控整体表现的满意度评价。通过询问受访者"综合目前疫情防控情况来看，您对本地政府部门表现的满意度如何？"予以测量，受访者可从"非常满意""比较满意""不太满意""很不满意"四级量表中选择其相应态度。

研究以网络乐观主义和政治效能感作为区分两类群体对数字技术应用的态度及参与的关键指标。网络乐观主义反映人们对数字技术创新应用的认知倾向与乐观程度。调查通过"非常不同意""不太同意""一般""比较同意""非常同意"五级量表，请受访者选择网络参与公共事务的不同观点："通过网络反映的问题，政府更重视""网络上的公共信息更丰富翔实""我对政府回应网民诉求的情况总体满意""网络让我及时获得公共事务信息"。政治效能感是测度人们政治态度与政治参与的关键指标。调查通过询问受访者"您在多大程度上同意下列观点？"并列出选项："像我这样的人对政府作为没有发言权""政府官员不太在乎像我这样的人有何想法""我觉得我比一般人知道更多公共事务的情况""我认为我完全有能力参与公共事务"，请受访者从"非常不同意""不太同意""比较同意""非常同意"中选择。前两题采用密歇根大学调查研究中心关于政治效能感的经典测量题目，[①]回答不同意则认为具有效能感，后两题反之。

研究控制了人口学特征、经济社会特征、自评社会地位、疫情了解度、疫情关注度、疫情知识水平、信息更新频率、区域大数据发展指数、人口规模、人均 GDP 等变量。具体而言，采取"您对此次新冠疫情（病因、预防方法、严重程度等方面）的了解程度如何？"来测量人们的疫情了解度；采取"过去一周内，您每天大约花多少时间关注疫情相关信息？1 小时以下、1～3 小时、3～6 小时、6～9 小时、9 小时以上"来衡量疫情关注度。通过设计两组题目并加总受访者回答正确的题目数来测量其疫情知识水平。题目组一考察疫情病毒知识："您同意下列有关新型冠状病毒的说法吗？可以通过飞沫传播、可以通过接触传播、可以通过空气传播、致死率比非典（SARS）高"；题目组二考察疫情预防知识："据您所知，以下哪些措施可以有效预防新冠病毒肺炎？在手上喷洒 75% 的酒精消毒液；84 消毒液喷洒空气；使用肥皂和流动的水，搓手时间不低于 20 秒；用过的口罩放到消毒柜里消毒可继续使用"。通过请受访者选择有关疫情及其防治的信息，即"确诊和疑似病例数量""本地政府的疫情应对措施""所在地医院的诊疗及资源配置信息""谣言、不实信息的辟谣信息""援助经费与物资分配情况的公开信息"，以"实时""3～6 小时""12 小时""24 小时""2～3 天"来测量人们对特定信息更新频率的需求程度。表Ⅱ-1 呈现了主要变量的描述性分布。

———————————

① Abramson P. Political Attitudes in America：Formation and Change ［M］. W. H. Freeman and Company，1983.

表 Ⅱ-1　　　　　　　变量描述（N=5982）

变量	均值	标准差	变量	均值	标准差
大数据发展指数	45.903	14.746	ln（人均GDP）	11.070	0.415
财政收入/GDP	1146.695	363.153	ln（人口规模）	8.528	0.613
社会公众（N=5175）			公共部门（N=807）		
年龄	30.120	10.894	年龄	35.509	9.927
男性	0.392	0.488	男性	0.483	0.500
高中及以下	0.889	0.285	高中及以下	0.136	0.116
大学/大专	0.536	0.499	大学/大专	0.617	0.486
研究生	0.375	0.484	研究生	0.369	0.483
自评社会地位	4.579	1.692	自评社会地位	4.923	1.593
共产党员	0.335	0.472	共产党员	0.751	0.433
疫情了解度	4.024	0.656	疫情了解度	4.027	0.645
疫情关注度	2.254	0.962	疫情关注度	2.465	1.082
疫情防控知识水平	5.966	1.099	疫情防控知识水平	5.983	1.125
信息更新频率	4.024	0.009	信息更新频率	4.027	0.023
网络乐观主义	0.014	0.953	网络乐观主义	0.069	1.007
政治外在效能感	-0.011	0.989	政治外在效能感	0.273	0.976
政治内在效能感	0.048	0.014	政治内在效能感	-0.191	0.034

四、数字技术应用的治理能力与治理效能：基于社会公众与公共部门的比较

本部分主要对比在公共部门工作的政府机关干部、公务员以及村居委会工作人员等政府各层级各部门公职人员，以及社会公众在网络乐观主义、政治效能感方面的主体差异性、各类数字政府应用的程度及其对本地应用数字技术提升治理能力和治理效能的认知差异。

第一，政治效能感与网络乐观主义。社会公众与公职人员具有不同的政治效能感与技术赋能态度。因子分析显示，本调查中政治效能感明显有外在效能感和内在效能感两大类。公职人员比社会公众具有更高的外在效能感和内在效能感。就外在效能感而言，两类人群对政府发言权问题均表达了肯定

倾向，其中，社会公众占比 63.4%，公职人员占比 72.7%，后者超出近 10
个百分点；在"政府官员不太在乎像我这样的人有何想法"的问题上，公职
人员对政府外部影响的效能感得分超出社会公众 13.8 个百分点。就内在效能
感而言，公职人员更加相信自己有能力影响政府，效能感得分亦显著高于社
会公众：在公共事务知晓度方面，公职人员高于社会公众 12.2 个百分点；在
公共事务参与能力方面，前者高于后者 10.2 个百分点。

网络乐观主义反映人们对技术赋能的乐观与悲观倾向。调查发现，公共
部门和社会公众对网络赋能所发挥的作用整体更为乐观，公共部门较社会公
众乐观程度更高。在网络反映问题的政府重视度、网络公共信息的丰富性和
翔实性、对政府回应网民诉求的总体满意度，以及网络获得公共事务信息的
及时性方面，公职人员的乐观度得分比例分别超出社会公众 4.6 个、0.1 个、
10.7 个、0.1 个百分点。

第二，数字政府应用程度。疫情期间，以政府官方网站、政务微博、政
务微信公众号、政务抖音为代表的数字政府应用得到了较高程度使用。数字
政府的应用涵盖政府官方网站、服务大厅、政务热线等传统数字政府应用，
以及政务微博、微信公众号、政务抖音、支付宝和微信城市服务、政务钉钉、
政务小程序等商业数字政府应用。调查数据显示：（1）整体而言，政府官方
网站、政务微博/微信公众号/抖音、政务服务大厅的应用程度较高，均在
80% 以上，互联网法院、网络问政平台/网上信访大厅、政务热线（12345 热
线等）的应用程度较低，均为 60% 以下；（2）平均而言，商业数字政府应用
程度更高，其应用程度高于传统数字政府应用 1.9 倍；（3）分主体而言，公
职人员应用传统数字政府的程度更高，如政府官方网站、政务服务大厅、政
务热线等的访问比例，分别高于社会公众 9.3 个、11.8 个、17.2 个百分点；
公众应用政务微博/微信公众号/抖音的比例高于公职人员 6.4 个百分点。

第三，数字技术应用的治理能力。两类群体对数据技术应用提升治理能
力的认知整体较为一致，九成左右受访者认为数字政府应用及时向社会发布
政务信息提升了政府透明度，八成左右受访者认为其使政府向市民和企业提
供的公共服务更加便捷和高效；在回应社情民意及公众参与监督方面，有
63.2%~64.7% 的受访者认为数字政府应用在"及时听取并回应社情民意"
"提升公众参与强化社会监督"方面发挥了作用；在政民多元互动和科学精
准决策方面，半数以上受访者认为其发挥了有效作用。而数字技术应用于政

府内部信息流整合方面的效果最差，仅有52.7%的公职人员以及不足一半公众认为其发挥了作用。两个群体中，公共部门对数字技术提升治理能力的评估更为乐观。

第四，数字技术应用的治理效能。治理效能通过技术作用、应用效度、措施有效性、效果满意度四个变量予以测量。首先，两类群体中近九成的人认为，以大数据为代表的数字技术在此次疫情防控中均发挥了较大或很大作用。其次，应用效度通过数字技术在疫情防控中的多种创新性应用场景体现。应用效度可从疫情防控与医疗服务两方面来评估。在调查的诸多应用场景中，公共部门更倾向于认为，诸如人口流动大数据分析研判疫情扩散、肺炎疫情实时地图发布等疫情防控类应用更加有效，而医疗服务类有效性相对较低。最后，两类群体认为依托数字技术所采取的措施也更加有效，对其效果的满意度亦更高，且公职人员较社会公众更为积极。九成以上公职人员认为所在市政府及卫生健康委采取的疫情应对措施非常有效或比较有效，且近九成的公职人员对本地政府的抗疫表现非常满意或比较满意，分别高于公众评价5.9个、7.7个百分点。

五、数字技术对公共危机治理的影响机制：来自社会公众和公共部门的证据

第一，数字政府应用程度的影响因素。表Ⅱ-2和表Ⅱ-3呈现了回归分析结果，社会公众对数字政府的应用程度，除受年龄、自评社会地位、共产党员以及疫情关注度、疫情知识水平、信息更新频率等因素影响外，主要受网络乐观主义、政治效能感的显著影响，两者对数字政府不同类型应用程度的影响机制有所差异。公众网络乐观主义与传统数字政府应用程度呈负向关系。这与公众对技术赋能的接受程度有关，网络乐观主义得分越高，对新兴技术的接受程度越高，因而对传统数字政府应用程度越低，因此，证实假设H1a前半部分。与此同时，公众对新兴技术的接受程度越高，应越倾向于使用商业数字政府应用，然而，由于商业数字政府应用的政府属性较低、商业属性较高，网络乐观主义并未证实假设H1a后半部分，即网络乐观主义程度对商业数字政府应用程度没有显著影响。公众的政治效能感对数字政府应用程度影响显著，外在效能感越高，公众更易于通过各类数字政府应用获取信

息、表达诉求，因而，数字政府应用程度越高；而内在效能感越高的公众，越认为自己知晓更多公共事务的情况，且有能力通过线下方式参与公共事务并影响政府，由此与数字政府应用程度呈显著负向影响。因而，从公众视角证实假设 H1b。

疫情期间公职人员对数字政府相关应用的使用和访问频度，除受年龄、共产党员、本省大数据发展水平及疫情关注度、疫情知识水平、信息更新频率等因素影响外，亦受其网络乐观主义、政治效能感的显著影响，且对数字政府不同类型应用接受程度的影响机制呈现差异。与社会公众相同，公职人员网络乐观主义与传统数字政府应用程度呈负向关系。网络乐观主义得分越高，亦表现出了对新兴技术更高的接受程度，因而对传统数字政府应用程度越低，然而，对商业政府应用程度并不显著。从而部分证实假设 H1a。同样，公职人员的政治效能感亦对数字政府应用程度影响显著，外在效能感对两类数字政府应用程度呈显著正向影响，内在效能感则呈显著负向影响。原因在于，外在效能感更高的公职人员，更倾向于通过各类政府应用对政府事务进行评论和发言，并提出想法和建议，因而，对两类数字政府应用程度均更高。而内在效能感更高的公职人员，基于其认为比一般人知晓更多公共事务，且自认为完全有能力来影响政治过程，更易于通过其资源和能力来实地参与公共事务进而影响政府决策，对各类数字政府应用使用较少，因而内在效能感越高，数字政府应用程度越低。从公共部门视角证实假设 H1b。

第二，治理能力认知的影响因素。根据表Ⅱ-2、表Ⅱ-3，社会公众对各类数字技术应用如何提升政府治理能力的认知，除受网络乐观主义与政治外在效能感等因素影响外，主要受数字政府应用程度、大数据应用效度的显著影响。其中，传统数字政府应用程度越高，越认为数字技术提升了政府的信息整合与公开、公共服务与决策、政府互动与回应能力。而公众认为商业数字政府应用更多作为疫情信息发布渠道，因而，商业数字政府应用程度越高的社会公众，越倾向于认为数字技术提升了政府的信息整合与公开能力，而对其他治理能力无显著影响，由此证实假设 H2a。此外，公众认为疫情期间各类大数据应用对治理能力的提升发挥了显著作用。无论是疫情控制类应用抑或医疗服务类应用，认为应用效度越高的公众，越认为数字技术提升了政府各方面的治理能力。因此，从公众视角证实假设 H2c。

表Ⅱ-2　数字技术应用的治理能力与治理效能影响因素——社会公众视角

变量	应用程度		治理能力			应用效度		治理效能		
	(1) 传统数字政府	(2) 商业数字政府	(1) 信息整合与公开	(2) 公共服务与决策	(3) 政府互动与回应	(1) 疫情控制	(1) 医疗服务	(2) 技术作用	(3) 措施有效性	(4) 抗疫满意度
措施有效性										0.573*** (0.013)
技术作用									0.131*** (0.011)	0.032*** (0.011)
应用效度										
疫情控制			0.331*** (0.013)	0.302*** (0.013)	0.399*** (0.012)			0.104*** (0.010)	-0.001 (0.008)	-0.003 (0.008)
医疗服务			0.215*** (0.013)	0.270*** (0.013)	0.282*** (0.012)			0.037*** (0.010)	0.017** (0.008)	0.005 (0.008)
应用程度										
传统数字政府			0.072*** (0.014)	0.036*** (0.014)	0.024* (0.013)	-0.038** (0.015)	0.056*** (0.015)	0.060*** (0.011)	0.064*** (0.009)	0.041*** (0.008)
商业数字政府			0.033** (0.013)	0.017 (0.013)	-0.001 (0.012)	0.032** (0.014)	0.041*** (0.014)	0.053*** (0.010)	0.029*** (0.008)	0.019** (0.008)

续表

变量	应用程度		治理能力			应用效度		治理效能		
	(1) 传统数字政府	(2) 商业数字政府	(1) 信息整合与公开	(2) 公共服务与决策	(3) 政府互动与回应	(1) 疫情控制	医疗服务	(2) 技术作用	(3) 措施有效性	(4) 抗疫满意度
应用程度										
网络乐观主义	-0.070*** (0.014)	0.015 (0.015)	0.038*** (0.014)	0.026* (0.013)	0.026** (0.013)	0.061*** (0.015)	0.021 (0.015)	0.063*** (0.011)	0.018** (0.008)	0.008 (0.008)
政治效能感										
外在效能感	0.207*** (0.014)	0.029** (0.015)	0.039*** (0.014)	0.055*** (0.014)	0.076*** (0.013)	0.064*** (0.015)	0.038** (0.015)	0.067*** (0.011)	0.061*** (0.009)	0.025*** (0.008)
内在效能感	-0.148*** (0.014)	-0.085*** (0.015)	0.008 (0.014)	-0.000 (0.014)	-0.012 (0.013)	-0.020 (0.015)	0.013 (0.015)	0.011 (0.011)	-0.002 (0.009)	0.019** (0.008)
疫情了解度	0.021 (0.021)	0.102*** (0.022)	0.003 (0.020)	0.005 (0.020)	0.019 (0.019)	0.030 (0.022)	0.024 (0.022)	0.094*** (0.016)	0.058*** (0.013)	0.042*** (0.012)
疫情关注度	0.066*** (0.014)	0.044*** (0.015)	(0.014)	0.010 (0.014)	0.010 (0.013)	0.063*** (0.015)	0.003 (0.015)	-0.003 (0.011)	-0.024*** (0.009)	-0.033*** (0.008)
疫情知识水平	-0.070*** (0.012)	-0.028** (0.013)	0.001 (0.012)	0.016 (0.012)	0.018 (0.011)	0.048*** (0.013)	-0.008 (0.013)	-0.007 (0.010)	0.003 (0.007)	-0.010 (0.007)
信息更新频率	0.047*** (0.013)	0.075*** (0.014)	0.028** (0.013)	-0.009 (0.013)	0.016 (0.012)	0.065*** (0.014)	0.086*** (0.014)	0.028*** (0.010)	-0.009 (0.008)	-0.014* (0.008)

续表

变量	应用程度		治理能力			应用效度		治理效能		
	(1)传统数字政府	(2)商业数字政府	(1)信息整合与公开	(2)公共服务与决策	(3)政府互动与回应	(1)疫情控制	(1)医疗服务	(2)技术作用	(3)措施有效性	(4)抗疫满意度
政治效能感										
年龄	0.004*** (0.001)	-0.002 (0.001)	-0.000 (0.001)	0.003** (0.001)	-0.003** (0.001)	0.001 (0.001)	-0.009*** (0.001)	-0.000 (0.001)	0.004*** (0.001)	0.001 (0.001)
男性	0.011 (0.028)	-0.000 (0.029)	0.006 (0.027)	-0.005 (0.027)	0.005 (0.026)	0.001 (0.029)	-0.119*** (0.029)	-0.148*** (0.022)	0.010 (0.017)	0.028* (0.016)
教育水平（参照类：高中及以下）										
大专/本科生	-0.042 (0.049)	0.122** (0.052)	0.099** (0.048)	0.096** (0.047)	0.054 (0.045)	0.152*** (0.052)	0.069 (0.052)	-0.006 (0.038)	-0.073** (0.030)	-0.074*** (0.028)
研究生	-0.056 (0.053)	0.109* (0.056)	0.069 (0.052)	0.107** (0.052)	0.033 (0.049)	0.109* (0.056)	0.099* (0.056)	-0.131*** (0.041)	-0.150*** (0.032)	-0.121*** (0.030)
自评社会地位	0.015* (0.008)	0.007 (0.009)	0.000 (0.008)	0.004 (0.008)	-0.011 (0.008)	-0.010 (0.009)	-0.009 (0.009)	-0.005 (0.006)	0.004 (0.005)	0.006 (0.005)
共产党员	0.152*** (0.031)	0.025 (0.032)	0.088*** (0.030)	0.109*** (0.030)	0.051* (0.029)	0.021 (0.033)	0.004 (0.033)	0.010 (0.024)	-0.018 (0.019)	-0.030* (0.018)

续表

变量	应用程度		治理能力			应用效能		治理效能		
	(1)	(2)	(1)	(2)	(3)	(1)		(2)	(3)	(4)
	传统数字政府	商业数字政府	信息整合与公平	公共服务与决策	政府互动与回应	疫情控制	医疗服务	技术作用	措施有效性	抗疫满意度
教育水平（参照类：高中及以下）										
大数据发展水平	-0.001 (0.008)	-0.003 (0.009)	-0.003 (0.008)	0.012 (0.008)	0.002 (0.008)	-0.012 (0.009)	-0.001 (0.009)	-0.004 (0.006)	-0.011** (0.005)	-0.001 (0.005)
ln（人均GDP）	-0.720 (1.455)	-1.619 (1.532)	0.500 (1.425)	0.235 (1.408)	-0.560 (1.342)	-1.287 (1.537)	0.151 (1.529)	-0.182 (1.128)	0.037 (0.876)	-0.167 (0.826)
ln（人口规模）	-0.478 (0.486)	-0.689 (0.512)	0.164 (0.476)	0.078 (0.470)	-0.255 (0.448)	-0.765 (0.513)	-0.136 (0.511)	0.012 (0.377)	-0.038 (0.293)	-0.043 (0.276)
财政收入/GDP	0.001 (0.002)	0.003 (0.003)	-0.001 (0.002)	-0.001 (0.002)	0.001 (0.002)	0.003 (0.003)	-0.000 (0.003)	0.000 (0.002)	0.001 (0.001)	0.000 (0.001)
常数项	10.162 (16.045)	18.670 (16.895)	-5.711 (15.718)	-2.288 (15.525)	6.641 (14.802)	15.841 (16.949)	-0.255 (16.868)	5.668 (12.442)	1.850 (9.664)	2.813 (9.106)
省份固定效应	是	是	是	是	是	是	是	是	是	是
Observations	5042	5042	5042	5042	5042	5042	5042	5042	5042	5042
R²	0.113	0.043	0.192	0.201	0.277	0.040	0.046	0.109	0.132	0.392

注：*** 表示 $p < 0.01$，** 表示 $p < 0.05$，* 表示 $p < 0.1$；括号内数值为标准误。

表Ⅱ-3　数字技术应用的治理能力与治理效能影响因素——公共部门视角

变量	应用程度		治理能力			应用效度 (1)		治理效能		
	(1) 传统数字政府	(2) 商业数字政府	(1) 信息整合与公开	(2) 公共服务与决策	(3) 政府互动与回应	疫情控制	医疗服务	(2) 技术作用	(3) 措施有效性	(4) 抗疫满意度
措施有效性										0.564** (0.034)
技术作用									0.167*** (0.027)	0.081*** (0.026)
应用效度										
疫情控制			0.244*** (0.031)	0.228*** (0.034)	0.393*** (0.035)			0.054* (0.028)	-0.021 (0.020)	-0.023 (0.019)
医疗服务			0.202*** (0.029)	0.261*** (0.032)	0.252*** (0.032)			0.006 (0.026)	-0.008 (0.019)	-0.028 (0.018)
应用程度										
传统数字政府			0.050 (0.032)	0.045 (0.035)	-0.023 (0.035)	-0.092** (0.037)	0.114*** (0.040)	0.117*** (0.028)	0.073*** (0.021)	0.053*** (0.020)
商业数字政府			0.029 (0.030)	0.074** (0.032)	0.075** (0.033)	-0.057* (0.034)	0.084** (0.037)	0.081*** (0.026)	0.039** (0.019)	0.018 (0.018)

续表

变量	应用程度		治理能力			治理效能				
	(1) 传统数字政府	(2) 商业数字政府	(1) 信息整合与公开	(2) 公共服务与决策	(3) 政府互动与回应	(1) 应用效度 疫情控制	(1) 应用效度 医疗服务	(2) 技术作用	(3) 措施有效性	(4) 抗疫满意度
应用程度										
网络乐观主义	-0.065* (0.033)	0.014 (0.036)	0.042 (0.029)	0.034 (0.032)	0.041 (0.032)	0.026 (0.034)	0.018 (0.037)	0.061** (0.026)	0.017 (0.019)	0.010 (0.018)
政治效能感										
外在效能感	0.188*** (0.036)	0.094** (0.038)	0.079** (0.032)	0.067* (0.035)	0.064* (0.035)	0.119*** (0.037)	0.113*** (0.040)	0.097*** (0.028)	0.037* (0.021)	0.037* (0.020)
内在效能感	-0.156*** (0.037)	-0.089** (0.040)	-0.058* (0.033)	0.014 (0.036)	-0.034 (0.036)	-0.127*** (0.038)	0.084** (0.041)	-0.024 (0.029)	-0.012 (0.021)	-0.004 (0.020)
疫情了解度	0.007 (0.054)	0.070 (0.058)	-0.040 (0.046)	-0.060 (0.051)	-0.034 (0.051)	-0.012 (0.054)	0.042 (0.059)	0.050 (0.041)	0.085*** (0.030)	0.014 (0.028)
疫情关注度	0.103*** (0.032)	0.004 (0.034)	0.010 (0.028)	-0.032 (0.030)	-0.019 (0.031)	0.062* (0.032)	-0.022 (0.035)	-0.031 (0.024)	-0.038** (0.018)	0.022 (0.017)
疫情知识水平	-0.054* (0.031)	-0.041 (0.033)	0.005 (0.027)	0.013 (0.029)	-0.002 (0.029)	0.072** (0.031)	-0.012 (0.033)	0.013 (0.024)	0.033* (0.017)	0.015 (0.016)

续表

变量	应用程度		治理能力			应用效度		治理效能		
	(1)	(2)	(1)	(2)	(3)	(1)		(2)	(3)	(4)
	传统数字政府	商业数字政府	信息整合与公开	公共服务与决策	政府互动与回应	疫情控制	医疗服务	技术作用	措施有效性	抗疫满意度
政治效能感										
信息更新频率	0.106*** (0.033)	0.081** (0.036)	0.060** (0.029)	−0.018 (0.032)	0.040 (0.032)	0.062* (0.034)	0.091** (0.037)	−0.016 (0.026)	0.020 (0.019)	0.021 (0.018)
年龄	−0.002 (0.004)	−0.013*** (0.004)	0.001 (0.003)	0.001 (0.004)	0.004 (0.004)	0.001 (0.004)	−0.005 (0.004)	0.000 (0.003)	0.005** (0.002)	0.003* (0.002)
男性	−0.001 (0.072)	−0.002 (0.077)	0.066 (0.062)	0.047 (0.068)	−0.058 (0.069)	−0.032 (0.072)	−0.121 (0.078)	−0.156*** (0.055)	−0.026 (0.041)	−0.015 (0.038)
教育水平（参照类：高中及以下）										
大专/本科生	−0.295 (0.320)	0.126 (0.345)	0.210 (0.277)	0.648** (0.304)	0.832*** (0.308)	0.357 (0.324)	0.200 (0.351)	−0.212 (0.245)	0.050 (0.181)	0.140 (0.169)
研究生	−0.364 (0.325)	0.030 (0.350)	0.215 (0.281)	0.736** (0.308)	0.734** (0.312)	0.253 (0.329)	0.274 (0.356)	−0.314 (0.249)	−0.011 (0.183)	0.089 (0.171)
自评社会地位	0.025 (0.022)	−0.002 (0.024)	0.005 (0.019)	0.050** (0.021)	0.051** (0.021)	−0.059*** (0.022)	−0.013 (0.024)	0.011 (0.017)	−0.024* (0.013)	0.003 (0.012)
共产党员	−0.091 (0.085)	0.205** (0.092)	−0.077 (0.074)	−0.043 (0.081)	−0.050 (0.082)	0.014 (0.087)	−0.130 (0.094)	0.087 (0.066)	0.044 (0.048)	0.016 (0.045)

续表

变量	应用程度		治理能力			治理效能				
						应用效度				
	(1)	(2)	(1)	(2)	(3)	(1)		(2)	(3)	(4)
	传统数字政府	商业数字政府	信息整合与公开	公共服务与决策	政府互动与回应	疫情控制	医疗服务	技术作用	措施有效性	抗疫满意度
教育水平（参照类：高中及以下）										
大数据发展水平	0.011 (0.016)	0.044** (0.017)	0.025* (0.014)	-0.009 (0.015)	0.015 (0.016)	0.018 (0.016)	-0.012 (0.018)	-0.009 (0.012)	0.000 (0.009)	-0.011 (0.009)
ln（人均GDP）	0.489 (2.078)	0.345 (2.236)	-2.873 (1.797)	1.203 (1.967)	1.355 (1.993)	-1.600 (2.102)	0.952 (2.272)	-0.276 (1.590)	1.094 (1.171)	0.543 (1.093)
ln（人口规模）	0.537 (0.632)	0.403 (0.680)	-0.901* (0.546)	0.615 (0.598)	0.811 (0.606)	-0.119 (0.639)	0.256 (0.691)	0.262 (0.484)	0.413 (0.356)	0.045 (0.332)
财政收入/GDP	-0.002 (0.003)	-0.003 (0.004)	0.003 (0.003)	-0.002 (0.003)	-0.004 (0.003)	0.002 (0.003)	-0.001 (0.004)	0.001 (0.003)	-0.002 (0.002)	-0.000 (0.002)
常数项	-6.606 (22.513)	-3.527 (24.224)	33.041* (19.468)	-15.693 (21.314)	-17.461 (21.591)	14.662 (22.770)	-10.806 (24.620)	4.951 (17.225)	-10.514 (12.683)	-4.799 (11.835)
省份固定效应	是	是	是	是	是	是	是	是	是	是
Observations	796	796	796	796	796	796	796	796	796	796
R^2	0.173	0.136	0.231	0.212	0.294	0.112	0.105	0.156	0.194	0.417

注：*** 表示 $p < 0.01$，** 表示 $p < 0.05$，* 表示 $p < 0.1$；括号内数值为标准误。

公共部门对数字技术应用如何提升政府治理能力的认知，除受公职人员政治外在效能感影响外，还受大数据应用效度及部分商业数字政府应用程度的显著影响，而传统数字政府应用程度则对其无显著作用。公职人员由于职业使然，其对政府事务运作以及传统数字政府应用较为熟悉，此类应用并不能显著影响其对政府治理能力的判断和认知。而随着大数据在全国发展的阶段和效果参差不齐，大数据发展水平则显著影响了公职人员对商业数字政府的应用程度，进一步促使其通过商业数字政府应用了解本地政府通过该类应用所提供的公共服务和政民互动渠道，进而影响到其对政府公共服务与决策能力以及政府互动与回应能力的认知。在公职人员看来，商业数字政府应用并未涉及实际的政府内部上下级和部门之间的信息整合与公开。因而，其应用程度对公共服务与决策、政府互动与回应能力具有显著正向影响，而对信息整合与公开能力无显著影响，部分证实假设 H2b。与社会公众一致，公职人员认为疫情控制类和医疗服务类应用效度对数字技术提升治理能力具有显著正向影响。从而，从公共部门视角证实假设 H2c。

第三，数字技术应用的治理效能分析。根据表 Ⅱ-2 和表 Ⅱ-3，在控制公众个体的年龄、性别、学历、疫情了解度、疫情关注度、信息更新频率，以及各省大数据发展水平的情况下，数字技术应用的治理效能评估主要受到网络乐观主义、政治外在效能感，以及数字政府应用程度的显著影响。网络乐观主义程度越高的社会公众，越认为数字技术应用在疫情控制方面的有效性强，且数字技术发挥的作用更大，政府采取的抗疫措施更有效。外在效能感越高的社会公众，越认可数字技术的综合治理效能。回归结果表明，社会公众对数字技术的综合治理效能评估，显著受数字政府应用程度的影响；每个独立的治理效能变量受前一个治理效能变量的传导影响。首先，由于疫情控制类应用多通过商业数字政府平台实现，因而，传统数字政府应用程度与疫情控制类应用效度为负向影响，而与医疗服务类应用呈正向显著影响；商业数字政府应用程度越高，则越认为两类应用有效性高。其次，认为疫情控制和医疗服务类应用效度越高的社会公众，对数字技术在本次疫情防控过程中所发挥的作用评价越高。最后，措施有效性、效果满意度受技术作用显著正向影响，数字技术在疫情防控中发挥作用越大的公众，越认为本市政府及采取的疫情应对措施越有效，且对本地政府部门抗疫表现的满意度越高。由此，从社会公众视角证实假设 H3。

在控制公职人员的年龄、性别、学历、自评社会地位、疫情了解度、关注度、信息更新频率后，数字技术应用的治理效能评估主要受政治外在效能感和数字政府应用程度的显著影响。与社会公众相同，外在效能感越高的公职人员，越认为疫情期间数字技术的治理效能高，不同的是，网络乐观主义得分则仅对数字技术作用有显著正向影响，而对其他治理效能无影响。公共部门对数字技术的综合治理效能评估，同样显著受数字政府应用程度的影响（除商业数字政府应用程度对政府抗疫整体表现满意度无影响外）；而独立的治理效能变量，除医疗服务应用效度对技术作用无影响外，其他各治理效能变量均受到前一个治理效能评估变量的影响，表明数字技术应用对政府抗疫采取措施及整体表现满意度所发挥的重要作用。

首先，公职人员认为两类数字政府应用对疫情控制均尚未发挥足够作用，而在患者智能医疗服务系统、专家在线远程问诊等医疗服务应用方面，认为发挥了其有效性。因此，两类数字政府应用程度越高的公职人员，均认为疫情控制类应用效度越低，对医疗服务类应用效度的评价越高。其次，在大数据应用效度对技术作用的影响方面，认为疫情控制类应用效度高的公职人员，才认为数字技术对疫情防控发挥的作用大，而医疗服务类应用效度则对数字技术作用发挥无显著影响。原因在于，公职人员认为医疗服务类应用更多展示了数字技术企业对各地医院的在线整合能力，而在具体的数字技术应用方面，不及疫情防控类应用明显。最后，在措施有效性和效果满意度的影响因素中，与社会公众相同，公职人员亦认为这两类治理效能受技术作用的显著正向影响。由此，基于上述对治理效能影响因素的分析，从公共部门视角证实假设 H3，即数字技术应用程度越高，对大数据应用效度评价越高（证实对医疗服务类应用效度的影响，而对疫情控制应用效度则是反向影响），认为数字技术发挥的作用越大（证实疫情控制类应用效度对技术作用的影响，医疗服务类应用效度对技术作用无显著影响），政府抗疫措施越有效，且对政府抗疫表现越满意。

六、讨论与结论

人类在当前历史阶段所面临的自然灾害、公共卫生事件等突发性公共危机对政府治理能力和治理水平构成极大挑战。相关研究已从目标资源与管理工具维度①、全球化视野②以及党的领导③等不同视角，分别提出治理能力所包含的不同关键要素，且基于政策文本和地方治理实践探索出提升政府治理效能的指标、方式和途径等。然而，尚未有基于数字技术嵌入政府和社会实践所开展的治理能力评估与治理效能检验的实证研究。本节以我国新冠疫情应对中的数字技术应用为例，从公共部门和社会公众视角探索了数字技术应用对提升政府治理能力和治理效能的影响机制。

研究表明，数字技术赋权于不同主体，具有不同的网络乐观程度和政治内外部效能感，因而在传统数字政府和商业数字政府等不同类型数字技术应用程度上具有差异；与此同时，数字技术赋能于政府治理，不同主体应用不同数字政府应用的程度有所差异，因而认为数字技术提升了不同的政府治理能力。数字技术应用效度和治理效能评估基本上不因主体差异而有所影响，数字技术应用效度越高，对治理能力评价越高，亦更倾向于认为数字技术发挥作用越大，对政府采取措施的有效性和表现满意度更高。

然而，数字技术应用在政府内部数据共享、政府外部数据开放，以及决策预警研判等方面仍面临较多挑战，需通过各种创新机制予以系统性改善。数字技术嵌入政府科层机制的应用，首要挑战在于如何克服政府内部根深蒂固的政治分歧与组织分歧。两套系统的理念分歧决定着数字政府是否可以充分利用网络信息传播、大数据处理和云计算发挥其潜在益处。其次，疫情深刻反映出政府数据开放与共享任重道远。大数据的核心在于互联互通。为解决"数据烟囱"和数据壁垒问题，应打破部门壁垒，通过政府一把手自上而下强化领导，通过"三级协调""每日通报"和"驻场制度"等，逐步实现数据汇集和共享。大数据时代，治理创新迫切要求构建由政府、社会、企业和科技社群广泛参与的综合治理能力，以应对大数据语境下公共空间与私人领域、在线表达与线下参与、线上互动与政治沟通的日益整合和互相影响。④ 要构建数字治理共同体，促进数字化与治理现代化之间的协同与转化。各地政企研机构应建立常

---

① 楼苏萍. 地方治理的能力挑战：治理能力的分析框架及其关键要素 [J]. 中国行政管理, 2010 (09)：97－100.

② 郭蕊, 麻宝斌. 全球化时代地方政府治理能力分析 [J]. 长白学刊, 2009 (04)：67－70.

③ 沈传亮. 建立国家治理能力现代化评估体系 [J]. 学习时报, 2014－06－03.

④ 孟天广, 赵娟. 大数据驱动的智能化社会治理：理论建构与治理体系 [J]. 电子政务, 2018 (08)：2－11.

态化协同机制，通过技术人员在地化、政企研人员"旋转门"机制、在职在线在场培训等多元方式，培养数字技术人才，储备数字技术能力。数字化"思维＋能力＋人才＋机制"协同并举、常态建设，才可在公共危机治理和政府社会的数字化转型中发挥应有作用，推进国家治理能力现代化。

第二章　主体回应：政府回应性强化的底层逻辑*

政府回应性是指政府行为或公共政策符合公众意愿程度，它是现代民主政治的关键特征，也是衡量国家治理质量的核心指标。近年来，政府回应性成为我国政治学和公共管理领域的热点议题，并形成了诸如条件性吸纳、选择性回应等理论创新。这些理论超越西方政治制度语境下的政府回应行为，有效地解释了转型中国的政府回应性。① 西方学界长期困惑于我国政府的回应性，认为政府及其精英缺乏回应民意的内在激励，② 然而，大量实证研究却表明，中国政府具有较高水平的回应性并通过正式和非正式渠道将民意吸纳到政策制定过程。那么，影响中国政府回应性的内在机理是什么呢？

现有研究对政府回应性的解释存在社会中心论和政府中心论两种类型。前者主要关注外生于政府的社会经济因素，如公众参与、社会结构、经济发展、网络舆情等外部压力对政府回应性的影响；③ 后者则尤为关注政府内部回应民意诉求的政治逻辑，如回应性制度建设、参与渠道、科层压力等如何驱动政府回应民意。④ 社会中心论解释构成现阶段政府回应性的主导性理论，

　＊　赵金旭，孟天广. 官员晋升激励会影响政府回应性么？——基于北京市"接诉即办"改革的大数据分析 [J]. 公共行政评论，2021，14（02）：111 – 134，231.

　①　Hassid J. China's Responsiveness to Internet Opinion：A Double-Edged Sword [J]. Journal of Current Chinese Affairs-China Aktuell, 2015, 44（02）：39 – 68.

　②　Powell G B. Elections as Instruments of Democracy：Majoritarian and Proportional Visions [M]. New Haven，CT：Yale University Press，2000.

　③　Distelhorst G, Hou Y. Ingroup Bias in Official Behavior：A National Field Experiment in China [J]. Quarterly Journal of Political Science，2013，9（02）：203 – 230.

　④　Meng T G. Responsive Government：The Diversity and Institutional Performance of Online Political Deliberation Systems [J]. Social Science in China, 2019, 40（04）：148 – 172.

且两种观点均是在国家与社会的二元分析框架下，从官僚制的外在压力和内在激励寻求宏观性解释，而忽视了政府间关系——如中央与地方关系、上下级政府间关系这一关键维度，并在"中央－地方－社会"的三元分析框架内，审视中国多层级政府体制的上下互动机制，尤其是"牵动"其运作的官员晋升激励机制对政府回应性的影响。

政府回应民意的行为是一个复杂且难量化的领域，并不能像可量化的经济增长和财政税收那样容易得到实证数据支持。幸运的是，北京市自2018年开启了赋能基层政府的"吹哨报到"改革，这为检验主政官员晋升激励与基层政府回应性的关系提供了可能性。基于热线问政数据，本节对政府回应性进行了精准、多维的测量，并将回应行为在理论上区分为程序性回应和实质性回应，进而系统采集街乡镇和区两级书记简历对主政官员晋升激励进行编码，最后利用回归分析检验了在基层政府、上级政府和公众诉求的三元主体互动机制下，基层政府和上级政府缘何偏好两种不同的回应类型。

研究发现，与晋升激励相关的年龄效应、特殊工作经历和晋升路径均会影响基层政府的回应行为，但是其影响效应存在政府层级间、程序性回应和实质性回应间显著区别。街乡镇主政官员的晋升激励主要影响程序性回应，而区级官员的晋升激励则更多影响实质性回应。其背后的作用机制是，因执法权、人财物等治理资源的短缺，街乡镇政府缺乏直接解决公众诉求的能力，所以在主政官员晋升激励的驱动下会策略性地通过缩短回应时长、主动联系公众等程序性回应手段，间接提高公众满意度。相反，区级政府则拥有相对丰富的执法权和治理资源，具备解决公众诉求的能力，因而其官员的晋升激励有助于有效解决公众诉求。比较两者，晋升激励对政府回应性的影响存在层次效应，即区级主政官员大于街乡镇主政官员。本节研究有下列三方面可能贡献，一是在基层政府、上级政府和社会诉求的三元互动机制下提供了一种理解基层政府回应性的理论框架；二是阐述并验证了官员晋升激励对政府回应性的影响机制，且通过程序性回应和实质性回应的区分，展现出晋升激励存在政府层级和回应类型间异质性效应，从政府内部个体激励的视角丰富了政府回应性的"政府中心论"解释理论；三是结合热线大数据与官员履历小数据，探讨了大数据与小数据相结合开展因果推论的方法创新。

一、文献述评与理论假设

政府对人民意见的持续性回应是现代政治系统的基本功能之一,[①] 政府回应性在政治学和公共管理领域具有十分重要的理论价值。[②] 然而,政府回应性的经典理论,如温度调节器模型、宏观系统模型等都依赖于西方政治制度,所以迫切需要发展出适用于理解转型国家,尤其是政府回应性的理论模型。现阶段有关政府回应性的解释性理论,大体可分成社会中心论和政府中心论两类。

(一) 社会中心论

社会中心论关注外生于政府的社会经济因素,如公众参与、社会结构、经济发展、网络舆情等社会资源或外部压力对政府回应性的影响。首先,非正式制度制约政府回应性。"乡土社会"环境下,基层政府往往被沉浸和制约在"情、理、法"相互交织的社会情境,以儒家伦理规范为基础的血缘、地缘、业缘等社会关系网中[③]。尤其在中国一些落后而政府力量薄弱地区,社会原生的非正式制度,如宗族规范、公序良俗等,会制约公权力提高公共服务质量,促进对民意的有效回应[④]。其次,部分人民群众的自发参与和群体行动压力也会对政府回应性产生影响。农民、下岗工人等群体自发而有策略性地抗争维权会迫使政府积极回应民意诉求。[⑤] 最后,互联网政治和技术赋权的兴起,使网络参与、数字民主对政府回应性的制约作用日益明显。一方面,自由、开放、匿名的网络虚拟空间,以低门槛、低成本、低风险、高效率的形式,为普罗大众,尤其是弱势群体参与公共事务和表达政治诉求提

---

① Page B I, Shapiro R Y. Effects of Public Opinion on Policy [J]. American Political Science Review, 1983, 77 (01), 175–190.

② Dahl R. Poliarchy Participation and Opposition [M]. New Haven-London: Yale University Press, 1971.

③ 翟学伟. 中国人行动的逻辑 [M]. 北京: 生活·读书·新知三联书店, 2017.

④ Tsai L L. Solidary Groups, Informal Accountability, and Local Public Goods Provision in Rural China [J]. American Political Science Review, 2007, 101 (02): 355–372.

⑤ O'Brien K, Li L J. The Politics of Lodging Complaints in Rural China [J]. The China Quarterly, 1995, 143: 756–783.

供了新生机会和渠道，① 尤其是大规模的网民关注、评论、转帖等网络行为，会产生偶发、迅速而又声势浩大的网络舆情压力和集体行动威胁，迫使基层政府密切关注民意动向，并随时做出积极回应②。另一方面，许多学者观察到基于网络的政府回应呈现出"选择性"特征③，尤其对经济发展等议题的回应更积极，这可能受到时空因素、表达策略等影响。

（二）政府中心论

政府中心论关注政府内部回应民意诉求的政治逻辑，如回应性制度建设、回应渠道乃至科层压力等对政府回应性的影响。一方面，近年来在协商民主、网络问政、热线问政等制度化民意表达和回应渠道的驱动下，政府汲取和回应民意的制度设计逐步成形。④ 景跃进、孟天广等认为，中国政治制度运行具有一种"群众路线"和"全心全意为人民服务"的理念建构和价值基础。⑤ 也有学者发现，村民选举制度的完善，会显著增加公共物品支出，原因就是选举机制对干部追求公共利益的正向激励作用。⑥ 选举制度能够提供更多公共物品，所以能够更好回应弱势群体诉求，减少收入不平等。⑦ 另一方面，回应性渠道和平台的完善，尤其是信息技术的广泛应用驱动着囊括党委办、政府办、信息吸纳、纪检督察等部门在内的多元化回应性制度得以形成并发挥作用，⑧ 这对政府在治理过程中采集、处理和汇总民意，并将其引入决策

---

① 孟天广，季程远. 重访数字民主：互联网介入与网络政治参与——基于列举实验的发现 [J]. 清华大学学报（哲学社会科学版），2016（04）：43 - 54.

② Esarey A，Xiao Q. Political Expression in the Chinese Blogosphere：Below the Radar [J]. Asian Survey，2008，48（05）：752 - 772.

③ 张华，仝志辉，刘俊卿. "选择性回应"：网络条件下的政策参与——基于留言版型网络问政的个案研究 [J]. 公共行政评论，2013（03）：101 - 126.

④ Landry P，Davis D，Wang S. Elections in Rural China：Competition Without Parties [J]. Comparative Political Studies，2010，43（06）：763 - 790.

⑤ 景跃进. "群众路线"与当代中国政治发展：内涵、结构与实践 [J]. 湖南科技大学学报（社会科学版），2004（06）：5 - 14.

⑥ Lu J，Shi T J. The Battle of Ideas and Discourses Before Democratic Transition：Different Democratic Conceptions in Authoritarian China [J]. International Political Science Review，2014（03）：1 - 22.

⑦ Shen Y，Yao Y. Does Grassroots Democracy Reduce Income Inequality in China? [J]. Journal of Public Economics，2008（92）：2182 - 2198.

⑧ Meng T G，Yang Z S. Variety of Responsive Institutions and Quality of Responsiveness in Cyber China [J]. The China Review，2020，20（03）：13 - 42.

过程具有重要意义。①

政府内部也形成了吸纳和回应民意的动力机制,尤其是"压力型体制"下,存在"自上而下"要求下级政府回应民意的压力,且此种压力在党的十八大之后日益常规化和制度化。该观点又分两类,一是政府疏导应对说,认为政府在面对社会发展过程中,不断出现的新问题时,下级政府会渐进式和调试性地建立回应民意的临时性机构和常态化机制,以规避上级政府问责。例如,专门应对群众上访而设立的信访制度②,专门处理劳工纠纷而形成的大调解机制③等。二是科层组织激励说,认为中国式科层制的特殊性,如条块关系、④ 层级关系、⑤ 价值观念⑥等会形成回应民意的内在激发效应,并且这种激发效应在技术赋能中广泛渗透,政府行为日趋透明,尤其是上下级政府间、管理人员与一线执法人员间的监督机制日益健全的情况下,会大大提升政府回应民意的能力和动力。⑦ 然而,对政府内部民意回应动力机制的讨论尚显薄弱,缺乏系统、完整而逻辑统一的理论建构。

总之,已有研究主要通过"社会中心论"和"政府中心论"两种路径解释中国政府回应性。前者关心社会经济因素对政府吸纳民意之意愿、行为和能力的影响,而后者重在考察政府内部处理和吸纳民意的制度形态及动力机制。两者均建立在国家与社会二分的宏观分析框架之下,但都忽略了多层级政府"层层下包"治理逻辑下形成的官员晋升激励机制对政府回应性的影响。

---

① Zheng S, Meng T G. The Paradox of Responsiveness and Social Protest in China [J]. Journal of Contemporary China, 2020: 1 – 21.

② 何包钢,王锋. 信访机制的民主化——协商民主的视角 [J]. 浙江大学学报(人文社会科学版),2018(01):5 – 17.

③ 岳经纶,庄文嘉. 国家调解能力建设:中国劳动争议"大调解"体系的有效性与创新性 [J]. 管理世界,2014(08):68 – 77.

④ 李锋. 条块关系视野下的网络诉求与政府回应模式研究——基于中部某市网络问政平台的大数据分析 [J]. 电子政务,2019,197(5):27 – 37.

⑤ 张华,仝志辉,刘俊卿. "选择性回应":网络条件下的政策参与——基于留言版型网络问政的个案研究 [J]. 公共行政评论,2013(03):101 – 126.

⑥ 段哲哲. 基层公务员对群众回应性的来源:压力、价值观和观念形态?——基于我国东中部10市基层公务员调查证据 [J]. 公共行政评论,2019(06):85 – 109.

⑦ 孟天广,张小劲. 大数据驱动与政府治理能力提升——理论框架与模式创新 [J]. 北京航空航天大学学报(社会科学版),2018(01):18 – 25.

（三）理论框架构建

尽管已有大量学者讨论了官员晋升激励机制在国家治理中的重要作用，尤其是其对经济发展和财政税收等治理领域的深刻影响，[①] 但是较少有研究考察其对政府回应性的影响。本章试图构建一个用"基层政府—上级政府—社会诉求"三元主体互动机制来理解基层政府回应性的理论框架，进而检验官员晋升激励对程序性回应和实质性回应的差异化影响效应，从政府内部视角为政府回应性的"政府中心论"提供一种微观机制层面的理论解释。

在"委托－代理"分析框架下，国家治理离不开从中央到地方再到基层，多层级政府逐级"发包治理"的制度设计，但是因为信息不对称、目标不一致和有限理性等，上级政府（委托人）很难有效控制或激励下级政府（代理人）。在信息不对称条件下，解决代理人激励问题的最好办法，就是在委托人和代理人之间合理分配剩余索取权。[②] 借助此逻辑，周黎安提出"行政发包制"的概念，即认为中国上下级政府间是一种结果导向的"承包关系"，而非过程导向的"科层关系"，以此实现上级政府对下级政府的有效激励。具体表现有三：一是在行政权配置上，下级政府有大量自由裁量权，而非边界明晰的上下级职能划分；二是激励契约上，代理人（"一把手"）具有剩余索取权的强激励，而非固定薪酬的弱激励；三是在内部控制上，是一种结果导向的人格化责任分担，而非纯粹的规则导向。[③] 此三点，使上级政府对下级政府的有效激励，必须通过上级政府对下级官员的人事任命，尤其是主政官员的晋升考核来实现。简言之，主政官员晋升激励影响着其行为模式，因而约束主政官员晋升激励的因素，如年龄、特殊工作经历及其晋升路径构成影响政府回应性的三个关键机制。

厘清影响官员晋升激励的潜在因素后，更需辨清政府回应性概念的内涵特征和关键维度，才能分类剖析官员晋升激励影响政府回应性的深层次机理。从政府回应性的概念内涵看，它至少应包括政策回应性、行为回应性、分配

---

① 周黎安. 转型中的地方政府：官员激励与治理［M］. 上海：格致出版社，2008.

② Aldrich A A V，Demsetz H. Production Costs and Economic Organization［J］. American Economic Review，1972（62）：777 – 795.

③ 周黎安. 行政发包制［J］. 社会，2014，34（06）：1 – 38.

回应性和象征回应性等诸多方面,①　但因量化技术的局限,现有研究往往选择性地将其呈现出某个维度,致使政府回应性概念被诠释得片面化、简单化、混乱化甚至相互矛盾。承前所述,热线问政大数据恰为多维、精准且符合本土化特征的政府回应性概念测量和理论建构提供基础。基于此,本研究将政府回应性操作化成热线问政中,政府回应公众诉求的回应时长、联系率、解决率和满意率。其中,回应时长指从政府接到公众诉求,到最终办结事项之间的用时长度;联系率指政府承办部门在接到公众热线诉求后,是否及时回电与公众进行沟通互动;解决率是指政府对公众诉求问题的最终解决程度;满意率是指公众对政府回应的整体满意程度。

　　本章进一步将政府回应性建构成程序性回应和实质性回应两种理想类型。其中,程序性回应包括回应时长和联系率两个维度,主要关注政府基于形式理性或程序合法性,按照正式法规条文规定的政府职责和权限,对公众诉求的回应。实质性回应包括解决率和满意率两个维度,主要关注政府对公众诉求的实质回应结果和群众满意情况,进而得到图Ⅱ-2所示的理论模型,即年龄、上级政府兼职、异地交流、任前上调轮岗、晋升路径等因素,均会影响主政官员晋升激励而影响政府的程序性回应和实质性回应,最终呈现出回应时长、联系率、解决率和满意率上的差异,即正向晋升激励会使回应时长缩短,而联系率、满意率、解决率上升。

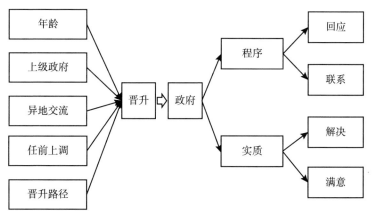

图Ⅱ-2　主政官员晋升激励影响政府回应性因果机制

---

① 　Eulau H, Karps P D. The Puzzle of Representation: Specifying Components of Responsiveness [J]. Legislative Studies Quarterly, 1977, 2 (03): 233 -54.

（四）研究假设

主政官员的晋升激励，首先在官员个体心理层面影响其晋升预期，进而通过其推动社会治理的积极性对治理结果产生影响，[①] 所以会影响政府回应性。而影响官员晋升预期的主要变量是年龄、特殊工作经历和晋升路径等，故提出如下假说。

1. 年龄激励假说

中国多层级官僚体制下，官员职业晋升路径极其漫长，容易出现官员级别不高，但年龄偏高，尤其是濒临退休等职业发展"天花板"效应，导致因晋升无望而带来工作懈怠问题。所以，年龄可能是影响政府回应性的重要变量。从实践看，干部年轻化早已成为政府人事部门选拔任用干部的关键性因素，[②] 尤其是1982年《中共中央关于建立老干部退休制度的决定》中，明确规定了中央、省部级等高层干部的退休年龄，这就从"出口端"倒逼"入口端"官员晋升的年轻化。研究显示，官员越年轻，晋升机会越大，仕途前景越好，晋升预期和晋升激励越大。[③] 故得出假设 H2-1。

假设 H2-1：主政官员越年轻的街乡镇，其政府回应性越好。

2. 特殊经历激励假说

在官员选拔任用中，以往某些特殊的工作经历往往意味着官员晋升的可能性大大提高。

首先，上级政府兼职。研究显示，具有中央委员身份的央企领导，具有更高的升迁概率，[④] 具有中央工作经历的省级领导晋升概率也会显著提升。[⑤] 故得出假设 H2-2。

假设 H2-2：主政官员在上级政府兼职的街乡镇，其政府回应性更好。

其次，任前上调轮岗。在选拔任用影响巨大的重要官员时，往往要进行

---

① ⑤ 周黎安. 中国地方官员的晋升锦标赛模式研究 [J]. 经济研究, 2007 (07): 36-50.

② Li H B, Zhou L A. Political Turnover and Economic Performance: The Incentive Role of Personnel Control in China [J]. Journal of Public Economics, 2005, 89 (9-10): 1743-1762.

③ 王贤彬, 徐现祥. 地方官员来源、去向、任期与经济增长——来自中国省长省委书记的证据 [J]. 管理世界, 2008 (03): 16-26.

④ 杨瑞龙, 王元, 聂辉华. "准官员"的晋升机制：来自中国央企的证据 [J]. 管理世界, 2013 (03): 23-33.

事前轮岗。究其原因，一是培养和弥补官员相应的业务素质和必要技能；二是信号激励，即在轮岗制度逐步制度化和常态化后，被选为"轮岗对象"，就会提前释放出这些官员进入"重点培养对象"和"下一步晋升竞争新梯队"的信号，便会深刻影响官员的晋升预期和晋升激励，进而影响政府回应性。故得出假设 H2-3。

假设 H2-3：主政官员任前上调轮岗的街乡镇，其政府回应性更好。

最后，异地交流。异地交流为官员提供了新的环境，除了拓展视野、锻炼能力、更新方法外，也是影响官员晋升和激励官员奉献的新渠道。研究显示，省长异地交流能使流入地的经济增长速度显著提高约 1 个百分点，① 重要原因就是异地交流对官员的晋升激励作用，因而会影响政府回应性。故得出假设 H2-4。

假设 H2-4：主政官员具有异地交流经历的街乡镇，其政府回应性更好。

3. 晋升路径激励假说

中国科层制层级多而条块关系复杂，导致官员晋升路径类型多样，甚至相互迥然不同。而不同晋升路径，往往意味着差异巨大的晋升流程、晋升周期、晋升概率和晋升机会，进而使官员产生不同的晋升预期和晋升激励。故得出假设 H2-5。

假设 H2-5：主政官员晋升路径的起点或平台越高的街乡镇，政府回应性越好。

二、数据来源与变量操作化

（一）研究设计

以北京"接诉即办"改革为案例，检验主政官员晋升激励对政府回应性的影响。以北京为案例，一是北京在我国地方治理中具有示范效应，也是治理创新的探索者。2018 年以来，北京贯彻"以人民为中心"治理理念，推出党建引领的"吹哨报到"改革，通过向基层政府赋权、下沉和赋能等方式，理顺基层政府间的条块关系，重塑基层民意回应机制，构建起基于热线问政

---

① 徐现祥、王贤彬、舒元. 地方官员与经济增长——来自中国省长、省委书记交流的证据. 经济研究，2007（09）：18-31.

的回应性社会治理体系。① 二是在"吹哨报到"改革后，街乡镇政府成为回应民意的基础治理单元，也成为"发包治理"逻辑下政府间横向排名竞争的基本单位，北京市数量众多、类型多样的街乡镇政府（333 个）及区级政府（16 个）成为研究的独特样本。三是数据获取的便捷性，热线问政大数据累积多年，已经形成实时、动态和系统的数字化记录，为量化分析提供数据基础。

（二）数据来源

本研究的数据来源有三个。一是北京市热线问政数据。选取 2018 年 1 月 1 日至 12 月 31 日的数据开展大数据分析。② 2018 年，北京市政府共收到公众来电诉求 172.5 万余条，③ 其中 16.3%，即 28.12 万余条，被随机抽取并进行了回访以了解政府回应状况。回访过程中，话务员会依据标准话术，向来电公众询问承办单位是否及时回电、问题是否解决、公众是否满意等信息，这为从不同维度综合测量政府回应质量提供了数据基础。二是区级和街乡镇级主政官员数据。借助街乡镇书记和区委书记来代表主政官员，通过官方网站收集了 333 位街乡镇书记和 16 位区委书记的个人简历，并通过人工编码的方式，对书记工作履历和晋升路径进行了操作化；三是官方统计数据。通过《中国县域统计年鉴》、北京统计局网站等渠道，收集整理了街乡镇层面的统计数据，如行政面积、人口总数和外来人口占比等。将这三部分数据合并后，再依据热线问政的数据标签筛选出承办单位为街乡镇，且具有回访记录的数据 10 万余条，作为以下分析的数据资料。

（三）变量操作化

1. 因变量

政府回应性基于热线问政大数据进行测量。回应时长为诉求工单办结时

---

① 注：2018 年 2 月，北京推出《关于党建引领街乡管理体制机制创新实现"街乡吹哨、部门报到"的实施方案》，并将其作为"一号改革课题"，试图通过在街乡镇建立"1 + 5 + N"综合执法队等形式，促进基层条块部门间职能衔接，形成"面向公众诉求和问题解决"的新型民意应机制。
② 选取 2018 年北京热线问政大数据进行分析的原因是确保分析覆盖一个完整周期。
③ 这里所说的来电数据是指有效来电数据，即 12345 话务员接电后，判定为需要相应职能部门处理并转出的工单数量。

间与承办单位接诉时间之差，是连续型变量；联系率是承办单位在接到公众诉求工单后，是否及时回电联系公众；解决率是承办单位在办理完成公众诉求工单后，是否最终为公众解决问题；满意率是承办单位在办理完成公众诉求工单后，公众是否满意，后三者均是二分变量。在此基础上，本研究进一步将政府回应性划分成程序性回应和实质性回应两个不同的层面。其中，程序性回应包括回应时长和联系率两个方面，主要关注政府基于形式合理性或程序合法性，按照法律条文规定的政府职责和权限，对公众诉求进行的回应。实质性回应包括解决率和满意率两个方面，主要关注政府在面对公众诉求过程中，对公众诉求的实际回应结果和群众真实满意情况。最后，综合利用多种大数据分析技术，实现对上述政府回应维度的精准测量。

2. 自变量

自变量为主政官员的年龄、特殊工作经历和晋升路径三个变量，三者均通过区和街乡镇书记两级书记的简历进行人工编码获得。首先，333 位街乡镇书记中，搜集到简历的有 293 位，其中 263 位有出生年份，其取值范围在 34～59 岁之间；16 位区委书记中，均搜集到了简历，其取值范围在 46～56 岁之间。

特殊工作经历指主政官员在过往的工作经历中，某些可能会影响其晋升预期的工作履历，包括上级政府兼职、异地交流经历、任前上调轮岗等。上级政府兼职指街乡镇书记（或区委书记）同时在区级政府（或市级政府）的党政、人大、政协等部门兼职；异地交流经历指街乡镇书记或区委书记具有到发达地区交流学习，或者到落后地区援助建设的工作经历。任前上调轮岗指街乡镇书记或区委书记有被调到相同级别的不同岗位上，短期内迅速轮换的工作经历。293 位获得简历的街乡镇书记中，26 位曾在区级政府兼职，30 位有异地交流经历，46 位具有任职前上调轮岗经历。16 位区委书记中，有 2 位曾在市级政府兼职，4 位有异地交流经历，7 位曾在任职前上调轮岗。

主政官员晋升路径指街乡镇书记或区委书记在晋升到该职位过程中，其晋升起点和晋升过程在不同行政级别政府的经历情况。将街乡镇书记晋升路径分为街乡镇成长、街乡镇区成长、区下派、市下派和其他五种类型；将区委书记晋升路径区分成区成长、市下派和其他三种类型，表Ⅱ-4 为操作标准。263 位有简历的街乡镇书记中，街乡镇成长的有 78 位，街乡镇区成长的有 30 位，区下派的有 112 位，市下派的有 16 位，其他晋升路径有 27 位。16 位区委书记中，区成长的有 6 位，市下派的有 5 位，其他晋升路径的有 5 位。

表Ⅱ-4   主政官员晋升路径编码表

层级	晋升路径类型	变量操作化
街乡镇书记	街乡镇成长	晋升路径只涵盖街乡镇级政府及以下，又晋升为街乡镇书记的情况
	街乡镇区成长	晋升起点在街乡镇及以下，且晋升路径包含在街乡镇和区级政府间有一次以上相互调动，又晋升为街乡镇书记的情况
	区下派	晋升起点在区级政府，后下派到街乡镇级别及以下部门或单位，又晋升为街乡镇书记的情况
	市下派	晋升起点在市级政府，后下派到街乡镇级别及以下部门或单位，又晋升为街乡镇书记的情况
	其他晋升路径	晋升路径主体在军队、企业、高校、医院等度过，后转调街乡镇级政府及以下部门或单位，又晋升为街乡镇书记的情况
区委书记	区成长	晋升路径只涵盖区级政府及以下部门或单位，后晋升为区委书记的情况
	市下派	晋升起点在市级政府，后下派到区级政府及以下部门或单位，又晋升为区委书记的情况
	其他晋升路径	晋升路径主体在军队、企业、高校、医院等度过，后转调区级政府及以下部门或单位，又晋升为区委书记的情况

3. 控制变量

控制变量包括诉求问题类型、诉求时间、街乡镇的面积、人口数和外来人口占比等。将诉求类型划分为市场监管、公共服务、社会管理和公共安全四种；将诉求时间分成春、夏、秋、冬四季；将街乡镇面积、人口数和外来人口占比等作为街乡镇异质性的代理变量，且加入街乡镇固定效应，以消除不可观测差异带来的影响。

三、研究发现

（一）主政官员晋升激励与政府程序性回应

通过政府回应时长和联系率来验证主政官员晋升激励对政府程序性回应的影响。回应时长是连续性变量，且符合正态分布，所以用 OLS 回归进行分析。联系率是二分类型变量，所以用 Logit 回归进行分析。表Ⅱ-5 中，模型1 至模型4 是主政官员晋升激励对回应时长影响的 OLS 回归结果；模型5 至模型8 是主政官员晋升激励影响联系率的 Logit 回归结果。

表Ⅱ-5 主政官员晋升激励对政府程序性回应的影响

	变量	模型 1 (OLS) 回应时长	模型 2 (OLS) 回应时长	模型 3 (OLS) 回应时长	模型 4 (OLS) 回应时长	模型 5 (Logit) 联系率	模型 6 (Logit) 联系率	模型 7 (Logit) 联系率	模型 8 (Logit) 联系率
自变量									
年龄	街乡镇书记年龄		-0.038 (0.057)	-0.027 (0.068)	0.012 (0.075)		-0.010 (0.040)	-0.006 (0.045)	-0.032 (0.049)
	街乡镇书记年龄的平方		0.000 (0.001)	-0.000 (0.001)	-0.001 (0.001)		0.000 (0.000)	0.000 (0.000)	0.000 (0.001)
	区委书记年龄		4.799 (6.940)	1.265 (6.477)	-1.894 (6.560)		-4.275** (2.680)	-8.023*** (1.362)	-9.416*** (1.678)
	区委书记年龄的平方		-0.043 (0.068)	-0.009 (0.063)	0.023 (0.065)		0.041** (0.026)	0.077*** (0.013)	0.091*** (0.017)
特殊经历	街乡镇书记在区兼职			-1.409*** (0.156)	-1.570*** (0.159)			0.577*** (0.124)	0.617*** (0.125)
	街乡镇书记有异地交流			-2.220* (0.118)	-2.172* (0.118)			0.056* (0.077)	0.068* (0.077)
	街乡镇书记任职前上调轮岗		-0.081* (0.057)	-0.049* (0.067)			0.159*** (0.038)	0.028** (0.044)	
	区委书记在市兼职			-1.883 (1.235)	-2.634* (1.480)			1.097*** (0.248)	0.737** (0.354)

	变量	模型1 (OLS) 回应时长	模型2 (OLS) 回应时长	模型3 (OLS) 回应时长	模型4 (OLS) 回应时长	模型5 (Logit) 联系率	模型6 (Logit) 联系率	模型7 (Logit) 联系率	模型8 (Logit) 联系率
特殊经历	区委书记有异地交流			0.702 (1.298)	1.508 (1.316)			0.406 (0.260)	0.142 (0.326)
	区委书记任职前上调轮岗			-0.744 (1.226)	-4.265* (2.433)			0.120 (0.245)	-0.462 (0.589)
晋升路径	街乡镇书记晋升路径（其他）								
	街乡镇成长				-0.303*** (0.098)				-0.158** (0.062)
	街乡镇区成长				-0.330*** (0.109)				0.320*** (0.075)
	区下派				-0.044* (0.095)				-0.132** (0.061)
	市下派				-0.722*** (0.133)				0.350*** (0.087)
	区委书记晋升路径（其他）								
	区成长				2.703 (3.675)				1.132 (0.904)
	市下派				-3.193* (1.926)				0.612* (0.480)

注：左侧分组为"自变量"。

续表

变量		模型 1 (OLS) 回应时长	模型 2 (OLS) 回应时长	模型 3 (OLS) 回应时长	模型 4 (OLS) 回应时长	模型 5 (Logit) 联系率	模型 6 (Logit) 联系率	模型 7 (Logit) 联系率	模型 8 (Logit) 联系率
控制变量	诉求类型（市场监管）	√	√	√	√	√	√	√	√
	诉求时间（春季）	√	√	√	√	√	√	√	√
	街乡镇面积	√	√	√	√	√	√	√	√
	街乡镇人口总数	√	√	√	√	√	√	√	√
	街乡镇外来人口占比	√	√	√	√	√	√	√	√
	街乡镇固定效应	是	是	是	是	是	是	是	是
	常数项	9.459*** (0.679)	−121.89 (177.711)	−28.722 (166.311)	47.825 (164.748)	2.120*** (0.267)	113.288* (68.62)	210.142** (35.090)	244.91*** (42.296)
	观察值	60414	48709	35330	35330	35013	48757	35365	35365
	R^2/Pseudo R^2	0.2999	0.2999	0.3121	0.3122	0.0741	0.0769	0.0831	0.0998

注：回归系数为标准回归系数；括号内数值为标准误差；***、**和*分别表示相关系数通过 0.01、0.05 和 0.10 水平的显著性检验；√ 表示该变量已被控制。

　　第一，基准模型。模型 1 和模型 5 是参照模型，两个模型加入街乡镇固定效应后，又分别加入公众诉求个体层面的问题类型和诉求时间两个控制变量，以及街乡镇宏观层面的行政面积、人口总数和外来人口占比三个控制变量。究其原因，一方面是问题类型不同，承办单位就不同，相应的办理流程和办理难度等就有差异，所以回应时长和联系率受影响；同时，诉求时间不同，公众诉求在日、周、月、年内的周期性问题集中程度就不同，进而又会与政府的行为周期发生作用，所以也会影响回应时长和联系率。另一方面，是人口数量和外来人口占比也意味着公共问题的总量、性质、难易程度等不同，而面积不同意味着到一线执法的路程等存在差异，这也都会对回应时长和联系率产生影响。

　　第二，年龄激励效应。一方面，主政官员年龄对政府回应时长的影响不显著。模型 2 与模型 1 相比，显示街乡镇书记的年龄和年龄平方、区委书记的年龄和年龄平方均与政府回应时长无显著相关性。另一方面，不同级别主政官员年龄对联系率的影响不同。模型 6 与模型 5 相比，发现街乡镇书记年龄与联系率不相关，但区委书记年龄平方与联系率显著负相关，且区委书记年龄平方与联系率显著正相关，说明区书记年龄激励显著缩短回应时长，且这种缩短效应并非与区书记年龄呈线性关系，而是在某个年龄段存在最大值。假设 H2-1 在区层面得到验证。

　　第三，特殊经历激励效应。一方面，街乡镇书记特殊经历激励显著缩短政府回应时长，区委书记特殊经历激励显著缩短政府回应时长。模型 3 与模型 2 相比，说明街乡镇书记具有在区兼职、异地交流和任前上调轮岗经历的街乡镇，其政府回应时长会显著缩短。模型 4 显示，区委书记有在市兼职和任前上调轮岗工作经历时，其辖区街乡镇的政府回应时长会显著缩短，这说明区委书记的工作经历对政府回应时长有显著影响。另一方面，街乡镇书记特殊经历激励会显著提升联系率，区委书记特殊经历激励对联系率产生显著影响。模型 7 与模型 6 相比，说明街乡镇书记具有在区兼职、异地交流和任前上调轮岗经历的街乡镇，政府联系率会显著提升，但区委书记只有在市兼职经历时，政府联系率才会显著提升。综合来看，主政官员特殊经历假说，即假设 H2-2 至假设 H2-4 在街乡镇层面得到充分验证，在区层面得到验证。

　　第四，晋升路径激励效应。一方面，街乡镇书记和区委书记的晋升路径均会影响政府回应时长。模型 4 与模型 3 相比，显示相对于其他晋升路径，街乡镇成长、街乡镇区成长、区下派和市下派类型的街乡镇书记，其辖区的政府回应时长会显著缩短；相对于其他晋升路径，市下派类型区委书记，其辖区内街乡镇的政府回应时长会显著缩短。这都与假设 H2 - 5 相符。另一方面，街乡镇书记和区委书记的晋升路径均会影响联系率。模型 8 与模型 7 相比，显示相对于其他晋升路径，街乡镇区成长和市下派类型的街乡镇书记，其辖区的联系率会显著提升，而街乡镇成长和区下派类型的街乡镇书记，其辖区的联系率反而显著降低。这与晋升激励假说并不矛盾，且符合侯麟科等"上下制约的基层治理结构更易提升治理效能"的讨论。① 同时，市下派相对于区成长类型的区委书记，其辖区街乡镇的联系程度显著更高，这与假设 H2 - 5 相符。

（二）主政官员晋升激励与政府实质性回应

通过解决率和满意率分别验证主政官员晋升激励对政府实质性回应的影响。解决率和满意率是二分类型变量，所以用 Logit 回归模型进行分析。表 Ⅱ - 6 中，模型 1 至模型 4 是主政官员晋升激励对解决率影响的 Logit 回归结果；模型 5 至模型 8 是主政官员晋升激励对满意率影响的 Logit 回归结果。

基准模型。模型 1 和模型 5 是参照模型，两个模型加入街乡镇固定效应后，又分别加入公众诉求微观层面的问题类型和诉求时间两个控制变量，和街乡镇宏观层面的行政面积、人口总数和外来人口占比三个控制变量。原因正如前文所述，这些变量可能对解决率和满意率产生影响。

年龄激励效应。一方面，街乡镇书记年龄激励会显著降低解决率，区委书记年龄激励会显著提升解决率。模型 2 与模型 1 相比，显示街乡镇书记年龄与解决率呈显著负相关，即越年轻的街乡镇书记，其所在街乡镇的解决率反而越低，这与假设 H2 - 1 相反。结合实地调研，发现其原因是程序性回应与实质性回应之间的内在张力，街乡镇由于缺乏执法权、人手、装备等多种执法资源，往往难以独立解决公众诉求问题，所以，街乡镇记年龄激励越大

---

① 侯麟科，刘明兴，淘郁. 双重约束视角下的基层治理结构与效能：经验与反思 [J]. 管理世界，2010 (05)：145 - 161.

表Ⅱ-6　主政官员晋升激励对政府实质性回应的影响

	变量	模型1	模型2	模型3	模型4	模型5	模型6	模型7	模型8
		（Logit）	（Logit）	（Logit）	（Logit）	（Logit）	（Logit）	（Logit）	（Logit）
		解决率	解决率	解决率	解决率	满意率	满意率	满意率	满意率
自变量									
年龄	街乡镇书记年龄		0.075*** (0.028)	0.098*** (0.032)	0.096*** (0.035)		-0.059** (0.030)	-0.073** (0.034)	-0.064* (0.037)
	街乡镇书记年龄的平方		-0.001*** (0.000)	-0.001*** (0.000)	-0.001*** (0.000)		0.001** (0.000)	0.001** (0.000)	0.001* (0.000)
	区委书记年龄		-2.047** (0.961)	-3.253*** (0.962)	-5.602*** (0.838)		-0.692** (0.601)	-1.878*** (0.666)	-3.624*** (0.536)
	区委书记年龄的平方		0.020** (0.009)	0.031*** (0.009)	0.055*** (0.008)		0.007** (0.006)	0.018*** (0.006)	0.036*** (0.005)
特殊经历	街乡镇书记在区兼职			0.118 (0.074)	0.111 (0.075)			0.077* (0.077)	0.050* (0.079)
	街乡镇书记有异地交流			0.103* (0.056)	0.105* (0.056)			0.147** (0.060)	0.147** (0.060)
	街乡镇书记任职前上调轮岗		0.005 (0.027)	0.009 (0.032)			0.003 (0.028)	0.025 (0.033)	
	区委书记在市兼职			0.095 (0.181)	0.277 (0.178)			0.117** (0.122)	0.218** (0.107)

续表

变量		模型 1 (Logit) 解决率	模型 2 (Logit) 解决率	模型 3 (Logit) 解决率	模型 4 (Logit) 解决率	模型 5 (Logit) 满意率	模型 6 (Logit) 满意率	模型 7 (Logit) 满意率	模型 8 (Logit) 满意率
特殊经历	区委书记有异地交流			0.068 (0.188)	0.238 (0.161)			0.040** (0.125)	0.240** (0.094)
	区委书记任职前上调轮岗			0.010* (0.178)	1.172*** (0.295)			0.035** (0.119)	0.662*** (0.177)
自变量	街乡镇书记晋升路径（其他）								
晋升路径	街乡镇成长				0.043 (0.046)				0.036 (0.048)
	街乡镇区成长				0.041 (0.051)				-0.022 (0.053)
	区下派				0.016 (0.044)				0.057 (0.046)
	市下派				-0.016 (0.063)				0.000 (0.065)
	区委书记晋升路径（其他）								
	区成长				1.819*** (0.451)				1.260*** (0.268)
	市下派				0.358* (0.238)				0.480*** (0.138)

续表

变量	模型 1 (Logit) 解决率	模型 2 (Logit) 解决率	模型 3 (Logit) 解决率	模型 4 (Logit) 解决率	模型 5 (Logit) 满意率	模型 6 (Logit) 满意率	模型 7 (Logit) 满意率	模型 8 (Logit) 满意率
诉求类型（市场监管）	√	√	√	√	√	√	√	√
诉求时间（春季）	√	√	√	√	√	√	√	√
街乡镇面积	√	√	√	√	√	√	√	√
街乡镇人口总数	√	√	√	√	√	√	√	√
街乡镇外来人口占比	√	√	√	√	√	√	√	√
街乡镇固定效应	是	是	是	是	是	是	是	是
常数项	0.061 (0.100)	51.382** (24.625)	81.927*** (24.759)	139.572*** (21.149)	0.743*** (0.064)	17.036 (15.413)	47.744*** (17.193)	90.830*** (13.657)
观察值	60473	48758	35366	35366	60472	48757	35366	35366
Pseudo R^2	0.0522	0.0664	0.00667	0.0702	0.0209	0.0236	0.0248	0.0256

注：回归系数为回归系数。括号内数字为标准误。***，** 和 * 分别表示相关系数数通过 0.01、0.05 和 0.10 水平的显著性检验。√ 表示该变量已被控制。

的街乡镇，越需要在规定时间内将诉求工单程序走完，但却并非真正解决问题，因此出现与假设 H2-1 相反的情况。模型 2 与模型 1 相比，同时显示，区委书记年龄与解决率显著负相关，这与假设 H2-1 相符，进一步说明街乡镇解决公众热线诉求问题，更需要区政府层面统合推动。另一方面，街乡镇书记和区委书记年龄激励均会显著提升满意率。模型 6 与模型 5 相比，显示街乡镇书记和区委书记的年龄均与满意率显著负相关，这都与假设 H2-1 相符。

特殊经历激励效应。一方面，街乡镇书记和区委书记特殊经历激励均显著提升解决率。模型 3 与模型 2 相比，显示街乡镇书记异地交流经历显著提升解决率，区委书记任前上调轮岗亦会提升解决率，这说明假设 H2-3 和假设 H2-4 得到验证。另一方面，街乡镇书记和区委书记的特殊经历激励均会显著提升满意率。模型 7 与模型 6 相比，显示街乡镇书记具有在区兼职和异地交流经历时，其所辖街乡镇的满意率会显著提升；同时，区委书记具有在市兼职、异地交流和任前上调轮岗经历时，其所辖街乡镇的满意率会显著提升。这都与假设 H2-2 至假设 H2-4 相符。

晋升路径激励效应。街乡镇书记晋升路径激励与对解决率和满意率均没有显著影响，而区委书记晋升路径激励对解决率和满意率均有显著影响。一方面，模型 4 与模型 3 相比，显示各种晋升路径的街乡镇书记，其辖区的解决率没有显著差异；然而，相对于其他晋升路径，区成长和市下派晋升路径的区委书记，其辖区内街乡镇的解决率会显著提升。另一方面，模型 8 与模型 7 相比，显示各种晋升路径的街乡镇书记，其辖区的满意率没有显著差异；然而，相对于其他晋升路径，区成长和市下派晋升路径的区委书记，其辖区内街乡镇的满意率会显著提升。综合来看，假设 H2-5 在区委书记层面得到验证。

四、结论与讨论

大量研究对政府回应性的解释尤为强调社会中心论，认为政府回应公众诉求的意愿和行为源于外生于政府的社会经济因素，如公众参与、社会结构、经济发展乃至集体行动的压力等。近年来，学界开始关注政府内部回应民意的作用机制，如回应渠道的制度化、官员特征如何促使政府回应民意等。本章结合中国治理的关键特征构建了一个由"中央-地方-社会"构成的三元分析框架，审视中国多层级政府的上下互动机制，从官员晋升激励视角解释了地方政府的回应行为。以北京市"接诉即办"改革为例，结合热线问政大数据和官员履历数据，对政府回应行为进行了多维、精准的测量，并依据政府回应的程度区分了程序性回应和实质性回应两种类型，并进一步通过回归分析检验了区级和街乡镇两级主政官员晋升激励对两种政府回应的异质性影响效应，归纳了主政官员晋升激励与政府回应性之间的深层因果机理，并展开理论对话。

主政官员晋升激励，不管是在街乡镇还是区级层面，都显著影响政府回应性。这在中国官僚体制内部，特别是在官员个体的微观机制层面，为政府回应性寻找到了新的动力源和理论解释。同时，这表明行政发包制理论在政府回应性领域依然成立。① 上级政府通过任命少数主政官员，实现对下级政府的控制和激励，所以主政官员晋升激励机制会影响政府回应性。

区委书记晋升激励对政府回应性的影响大于街乡镇书记，街乡镇书记晋升激励主要影响程序性回应，而区委书记晋升激励重在影响实质性回应。这表明，我国基层政府回应民意的行为与西方情境有显著差异，它并非街头官僚与社会的双向互动，② 而是形成了"基层政府—上级政府—社会"的三元互动机制。一方面，街乡镇基层政府直接面对公众诉求，但却存在执法权、人财物、专业性等治理资源匮乏问题；区政府等上级政府具有执法权和治理资源，但却远离公众诉求现场难以及时回应。这正是北京市"吹哨报到"改革的初衷，即通过增权、赋能、下沉，建立"1 + 5 + n"的新型基层执法流程和民意回应机制。③ 另一方面，主政官员晋升激励为基层政府回应公众诉求提供动力，当街乡镇在治理资源有限的条件下，优先通过提升回应效率和主动联系公众等手段策略性提升回应性。区政府代表了自上而下的官员晋升激励，也拥有更广泛的治理资源以有效解决公众诉求，因而更可能提供实质性回应。

总之，本研究从政府内部微观机制层面为政府回应性提供了新解释，基

---

① 周黎安. 转型中的地方政府：官员激励与治理［M］. 上海：格致出版社，2008.

② Lipsky M. Street-level Bureaucracy: Personal Confusion in public Service. New York: Russell Sage Foundation, 1980.

③ 孙柏瑛，张继颖. 解决问题驱动的基层政府治理改革逻辑——北京市"吹哨报到"机制观察［J］. 中国行政管理，2019（04）：1 – 7.

层政府是在与上级政府和社会诉求形成的三元互动机制下实现民意回应的。本研究的贡献有三个，一是从科层制内部主政官员晋升激励视角为基层政府回应行为提供了微观解释；二是结合大数据与小数据，利用热线问政大数据对政府回应行为进行了精准、多维测量，并形成了程序性回应和实质性回应两种类型学划分，进而结合官员履历数据验证了晋升激励假设；三是在基层政府、上级政府和社会诉求的三元互动机制下，为理解基层政府回应行为提供了一种超越"政府－社会"二元的分析框架，为基层政府偏向程序性回应和上级政府偏向实质性回应的模式提供了理论解释。本研究的局限，一是基于北京热线问政个案研究，缺乏多案例比较；二是截面数据，缺乏历史纵观数据支撑，需要在未来研究中进一步完善。

第三章 公众参与：政府回应驱动公众参与*

我国网民规模的大幅提升，显著改变了政府的施政环境。中国互联网络信息中心（CNNIC）第 51 次《中国互联网络发展状况统计报告》显示，截至 2022 年 12 月，我国网民规模已经达到 10. 67 亿人，互联网普及率达75. 6%。互联网技术丰富了公众参与渠道和方式，改变了社会公众向政府表达诉求和建议的传统模式，公众越来越多地通过微博、微信等新媒体进行网络政治参与和行使民主权利，或借助网络论坛、政府网站等网络平台向政府表达偏好和输入意见。① 习近平同志强调，"老百姓上了网，民意也就上了网，各级干部要通过网络走群众路线"。为了适应互联网时代的新形势，我国各级政府积极加强网络问政和数字政府建设。2022 年 6 月，国务院出台

---

　* 常多粉，郑伟海. 网络问政时代政府回应如何驱动公众参与——基于领导留言板面板数据的实证分析［J］. 社会发展研究，2023，10（02）：139－159，245.

　① Jiang J，Meng T G，Zhang Q. From Internet to Social Safety Net：The Policy Consequences of Online Participation in China［J］. Governance，2017，32（3）：531－546；郑石明，兰雨潇，黎枫. 网络公共舆论与政府回应的互动逻辑——基于新冠肺炎疫情期间"领导留言板"的数据分析［J］. 公共管理学报，2021，18（03）：24－37，169；赵玉林，原珂. 微信民主和制度吸纳：基层治理中微信政治参与的激进化——以浙江海盐垃圾焚烧发电厂抗议事件为例［J］. 甘肃行政学院学报，2016（04）：4－14，126.

《关于加强数字政府建设的指导意见》，明确指出将数字技术广泛应用于政府管理服务，推进政府治理流程优化、模式创新和履职能力提升；2023 年 2 月，中共中央、国务院印发《数字中国建设整体布局规划》，指出政务数字化、智能化水平明显提升，数字社会精准化、普惠化、便捷化取得显著成效。为了响应中央要求，各级地方政府设立了全方位、多领域、多渠道的网络问政平台，包含领导留言板、市长信箱、政务微博或微信等多种形式；① 出台了网络问政制度，明确了办理要求、办理时限和问责办法等内容规定。② 加强网络问政建设，提高公众参与度，是我国加强数字政府建设、提升国家治理体系和治理能力现代化水平的题中之义。③

但是，目前我国政府网络问政治理仍面临着严峻挑战。一方面，与实体社会不同，网络社会具有流动性、隐匿性、共态性和公共性等特征，导致网民身份错位、管理失序、公私域分界不清等现象时有发生；④ 另一方面，受政府制度建设、科层压力、协同惰性等因素影响，⑤ 地方政府存在"回应悖论""回应陷阱"等问题，主要表现为选择性回应、平台僵尸化、信息回应不透明、政务平台用户黏性低、公众参与程度有待提高等方面，⑥ 导致公众对政府的冷漠感、不信任感加剧。那么，数字时代，如何加强政府网络问政治理，提高公众参与程度，成为各级政府走好"网上群众路线"、践行全过程人民民主的必然要求，也是迫切需要研究的时代议题。

---

① 李华胤. 使回应运转起来：线上互动中的多维问责与有效回应——以 H 村"互助问答"平台运作为分析对象［J］. 江苏社会科学，2021（01）：80 - 90.

② Meng T G, Yang Z. Variety of Responsive Institutions and Quality of Responsiveness in Cyber China ［J］. The China Review, 2020, 20（03）.

③ 孟天广，田栋. 群众路线与国家治理现代化——理论分析与经验发现［J］. 政治学研究，2016（03）：25 - 35，125 - 126.

④ 陈国权，孙韶阳. 线上政府：网络社会治理的公权力体系［J］. 中国行政管理，2017（07）：34 - 40.

⑤ 杨良伟. 协同惰性、问责压力与地方政府回应——基于 A 市网络问政平台的混合研究［J］. 电子政务，2022（12）：23 - 34.

⑥ Zheng S, Meng T G. Selective Responsiveness: online public demands and government responsiveness in authoritarian China ［J］. Social Science Reseach, 2016, 59（09）：52 - 67；张华，仝志辉，刘俊卿. "选择性回应"：网络条件下的政策参与——基于留言版型网络问政的个案研究［J］. 公共行政评论，2013，6（03）：101 - 126，168 - 169；贾晓强，闻竞. 互联网思维视域下政府回应机制创新的路径探析［J］. 桂海论丛，2017，33（06）：83 - 86；李慧龙，于君博. 数字政府治理的回应性陷阱——基于东三省"地方领导留言板"的考察［J］. 电子政务，2019（03）：72 - 87.

一、政府回应构成要素及其研究假设

（一）政府回应的内涵、要素与形式

政府回应是政府为满足公众需求而采取的各种行为活动。格罗弗·斯塔林[①]在其著作《公共部门管理》中将政府回应定义为政府对公众提出的政策变化作出迅速反应的行为。同时，政府回应也是一种公共价值取向，[②] 反映了政府行为符合社会大众需求的程度或属性，[③] 代表了现代政治系统的基本特征。[④] 作为实现善治的基本要素和政府公信力的最直接来源，[⑤] 政府回应性体现了政府以人为本、服务导向、及时反应、依法治理的基本特征和价值理念。[⑥] 面对上级行政部门绩效考核和基层公众满意度的双重压力，各级政府采取提升服务质量、夯实组织基础、加强沟通学习等回应策略，在提高公众参与积极性、及时化解突发事件等方面取得显著成效。[⑦]

政府回应包括多种构成要素，且呈现出不同的特征。例如，根据机构职责的不同，政府回应机构可划分为党委主导型、政府主导型、混合型、吸纳部门主导型、业务部门主导型、监督部门主导型、信访部门主导型等七种类型，[⑧] 政府回应话语模式可划分为描述话语、共情话语、规则话语和

① 斯塔林. 公共部门管理 [M]. 陈宪，等，译. 上海：上海译文出版社，2003.

② 贾晓强，闻竞. 互联网思维视域下政府回应机制创新的路径探析 [J]. 桂海论丛，2017，33 (06)：83 - 86.

③ Roberts A, Kim B Y. Policy Responsiveness in Post-communist Europe：Public Preferences and Economic Reforms [J]. British Journal of Political Science，2011，41 (04).

④ Dahl R A. Polyarchy Participation and Opposition [M]. Yale University Press，1971.

⑤ 张欧阳. 政府回应：政府公信力产生机制的"供给侧" [J]. 江汉论坛，2017 (04)：63 - 66；俞可平. 全球治理引论 [J]. 马克思主义与现实，2002 (01)：20 - 32.

⑥ 卢坤建. 回应型政府：理论基础、内涵与特征 [J]. 学术研究，2009 (07)：66 - 70，138.

⑦ 汪锦军，李悟. 走向"回应 - 赋权"型政府：改革开放以来浙江地方政府的角色演进 [J]. 浙江社会科学，2018 (11)：4 - 13，21，156；Pei Z, Pan Y, Skitmore M. Political Efficacy, Social Network and Involvement in Public Deliberation in Rural China [J]. Social Indicators Research，2018，139 (02)；Valentino N A, Gregorowicz K, Groenendyk E W. Efficacy, Emotions and the Habit of Participation [J]. Political Behavior，2009，31 (03)；邓卫华，吕佩. 反转或缓解？突发事件政府回应有效性研究——基于在线文本情感分析 [J]. 中国行政管理，2021 (02)：123 - 130.

⑧ Meng T G, Yang Z. Variety of Responsive Institutions and Quality of Responsiveness in Cyber China [J]. The China Review，2020，20 (03).

混合话语等四种模式，① 政府回应的质量可划分为无回应、知情告知、建议说明、开展调查、实际解决等类型。② 同时，不同类型的构成要素具有不同的回应特征。例如，政府条块在法定地位和职能定位方面存在差异，面临的外部压力不同，因此政府条块回应存在差异性；③ 地市级政府更倾向回应正向情感的公众诉求，而省级政府更倾向回应负面情感的公众诉求；④ 层级越高的机构部门越倾向于使用混合话语，而层级越低的机构部门越倾向于使用共情话语；⑤ 行政业务部门或吸纳部门的回应机构实际解决率相对较高。⑥ 根据回应形式的不同，政府回应行为可分为线下回应行为和线上回应行为，两种回应行为在组织结构、管理方式等方面存在一定差异，⑦ 反映了传统政府和网络政府的治理特征。其中，线下回应是一种传统政府管理形式，属于条块组织结构形式和纵向层级化的管理方式，回应程序一般较为烦琐、回应效率较低；而线上回应是一种平台治理模式，⑧ 属于网络型组织结构和横向扁平化的管理方式，使网民与政府官员在透明的环境下直接平等对话，⑨ 回应效率较高。此外，线上回应受回应时长等制度内容规定的约束，同时受科层压力、基层民众、技术支撑的多维责任监督，⑩ 因此是一种"适

①⑤ 常多粉，孟天广. 动之以情还是晓之以理？——环境治理中网络问政的政府回应话语模式 [J]. 社会发展研究，2021，8（03）：44-62，243.

② 孟天广，黄德远. 重访回应性政府：网络问政制度的多样性与制度绩效（英文）[J]. Social Sciences in China，2019，40（04）：148-172.

③ 魏姝，吴少微，杜泽. 地方政府条块回应性差异及其形成机制——政务公开领域的嵌入式案例研究 [J]. 公共行政评论，2022，15（04）：75-97，197.

④ 曾润喜，黄若怡. 地方政府对网络问政的信息注意力分配的层级差异研究 [J]. 情报杂志，2021，40（08）：127-135.

⑥ 孟天广，赵娟. 网络驱动的回应性政府：网络问政的制度扩散及运行模式 [J]. 上海行政学院学报，2018，19（03）：36-44.

⑦ 陈国权，孙韶阳. 线上政府：网络社会治理的公权力体系 [J]. 中国行政管理，2017（07）：34-40.

⑧ 杨良伟. 协同惰性、问责压力与地方政府回应——基于A市网络问政平台的混合研究 [J]. 电子政务，2022（12）：23-34.

⑨ 李传军，李怀阳. 公民网络问政与政府回应机制的建构 [J]. 电子政务，2017（01）：69-76.

⑩ 李华胤. 使回应运转起来：线上互动中的多维问责与有效回应——以H村"互助问答"平台运作作为分析对象 [J]. 江苏社会科学，2021（01）：80-90；郭成玉，丛楷力. 在线政务服务平台中地方政府回应公众诉求的动力机制——以山东省为例 [J]. 西华师范大学学报（哲学社会科学版），2023（04）：52-60.

度压力型"政民互动。① 需要说明的是，线下回应和线上回应并不是互斥的，网络平台等线上回应和资源投入等线下回应是相辅相成的，如陈翀等根据线下投入和线上响应两个维度，将政府回应划分为倦怠型、话语型、行动型、均衡型四类模式。②

其中，网络平台是政府线上回应的重要治理工具，其本质是社会治理中政民互动的媒介，③ 对公众参与和政府回应均有显著影响。网络平台包括政府官网、领导留言板、市长信箱、微博和微信等多种形式，既提高了政民互动的便捷性，也降低了公众参与成本，有效解决了信息渠道缺乏、信息不对称以及信息公开程度低等问题，④ 有利于促进公众政治参与权利、参与认同感和参与能力的实现。⑤ 但同时，受到公众身份特征、特定诉求表达方式、议题归属、时空因素等因素影响，⑥ 政府资源倾斜方向或政府回应效率存在差异，影响政府有限注意力的分配，⑦ 会出现"会哭的孩子有奶吃"现象，而政府也常迫于网上民众诉求的舆论压力而采取迅速回应行为，⑧ 且大多数情况下会将公民意见纳入决策，⑨ 导致我国政府回应性呈现出"热点议题驱

①　曹艳辉."适度压力型"政民互动：基于中部省级网络问政平台的数据分析［J］. 新闻与传播评论，2023，76（02）：70-81.

②　陈翀，徐曾旭林，何立晗等. 网络问政的政府回应模式判断——基于 B 市和 S 市政府门户网站政民互动数据［J］. 文献与数据学报，2019，1（03）：3-17.

③　吕鹏，周旅军，范晓光. 平台治理场域与社会学参与［J］. 社会学研究，2022，37（03）：68-91，227-228.

④　郭成玉，丛楷力. 在线政务服务平台中地方政府回应公众诉求的动力机制——以山东省为例［J］. 西华师范大学学报（哲学社会科学版），2023（04）：52-60.

⑤　张成岗，李佩. 科技支撑社会治理体系构建中的公众参与：从松弛主义到行动主义［J］. 江苏行政学院学报，2020（05）：69-75.

⑥　孟天广，李锋. 网络空间的政治互动：公民诉求与政府回应性——基于全国性网络问政平台的大数据分析［J］. 清华大学学报（哲学社会科学版），2015，30（03）：17-29；Greg, Distelhorst, Diana et al. Performing Authoritarian Citizenship：Public Transcripts in China［J］. Perspectives on Politics, 2019. Chen J, Pan J, Xu Y. Sources of Authoritarian Responsiveness：A Field Experiment in China［J］. American Journal of Political Science, 2015（02）.

⑦　孙柏瑛，周保民. 政府注意力分配研究述评：理论溯源、现状及展望［J］. 公共管理与政策评论，2022，11（05）：156-168.

⑧　Hassid J. China's Responsiveness to Internet Opinion：A Double-Edged Sword［J］. Journal of Current Chinese Affairs, 2015, 44（02）：39-68.

⑨　Meng T G, Pan J, Yang P. Conditional Receptivity to Citizen Participation：Evidence From a Survey Experiment in China［J］. Comparative Political Studies, 2017, 50（04）：399-433.

动模式"。①

本节主要研究网络问政时代线上政府回应是否影响以及如何影响公众参与。具体而言，基于已有研究，从政府是否回应、谁来回应、如何回应和回应效果如何四个维度建构政府回应要素，分析政府回应率、回应机构、回应话语和回应效果等构成要素对公众参与的影响。其中，政府回应机构包括机构层级（如省、市、县）和机构类型（如党政办公厅、各职能部门等）等，回应效果包括回应时长和实际解决率（如无回应、知情告知、建议说明、开展调查、实际解决）等。需要说明的是，政府回应的构成要素并非仅限于本节所提出的构成要素，但碍于人力物力和研究数据结构限制，其他构成要素将在未来研究中继续深入分析。

（二）研究假设与分析框架

为了系统回答上述研究问题，本章将探讨政府回应的各项构成要素对公众参与的影响效果，并提出研究假设。

1. 政府回应率与公众参与

政府是否对公民提出的问题给予解答、对公民诉求予以回应，影响着政民互动效果和公众参与积极性。② 颜海娜等指出，政府回应的过程显著影响公众参与，即公众是否选择参与，更多受政府是否回应等"政府如何做"因素的影响，而不在于"政府做得怎样"等因素。③ 据此，提出如下假设。

假设 H1：政府回应率正向影响公众参与。

2. 政府回应机构与公众参与

政府回应机构的属性包括回应机构层级和回应机构类型。由于政府回应具有层级分化和职能归属的特征，④ 不同政府部门依据层级和职能形成"上

---

① 唐啸，周绍杰，赵鑫蕊等. 回应性外溢与央地关系：基于中国民众环境满意度的实证研究 [J]. 管理世界，2020，36（06）：120 – 134，249.

② 王洛忠，崔露心. 公民参与政策制定程度差异的影响因素与路径模式——基于31个案例的多值定性比较分析 [J]. 南京大学学报（哲学·人文科学·社会科学），2020，57（06）：99 – 111，159 – 160.

③ 颜海娜，彭铭刚，王丽萍. 公众治水参与：绩效结果抑或过程驱动——基于S市926个样本的多层线性回归分析 [J]. 甘肃行政学院学报，2021（02）：61 – 70，126.

④ 周伟. 自媒体时代网络舆情政府回应困境与消解路径 [J]. 情报杂志，2018，37（04）：99，100 – 105.

下分治的治理体制"。① 其中，不同层级的政府信用、行政资源存在差异，对有限资源、注意力配置也具有差异性，② 因此，不同层级的政府部门在回应公众的诉求领域、解决问题的能力等方面存在差异，给公众带来不同的政治效能感，影响着公众参与。③ 资源依赖理论认为，高层级政府占有更多的行政资源和权威优势，能够更好地调配资源解决公共问题，也能够对下级部门的办理情况进行监督和考核；信任理论认为，公众更信任较高层级的政府，因此更愿意参与高层政府的互动。④ 例如，中央督察能够调动公众参与积极性，激励公众参与对地方政府环境治理行为的监督。⑤ 本章将省市政府界定为高层政府，并提出如下假设。

假设 H2a：省市政府参与回应率正向影响公众参与。

此外，就回应机构类型而言，政府回应体系制度化程度、决策的专业化程度影响公众参与。⑥ 一般而言，我国政府回应机构可划分为党委办公厅/室、政府办公厅/室、业务类部门、吸纳类部门、监督类部门和信访类部门等机构。⑦ 其中，权威程度高和专业化程度高的机构的解决率更高，对公众参与积极性和政治效能感的提升作用最强，例如党委主导型模式下的公众参与度最高，而监督部门和信访部门主导型模式下的公众参与度较低。⑧ 因此，根据已有研究，本章将党委办公厅/室、政府办公厅/室等权威性回应机构称为统管部门，将业务类等专业化部门称为职能部门，并提出如下假设。

假设 H2b：政府回应机构类型显著影响公众参与；

假设 H2b1：统管部门参与回应率正向影响公众参与；

---

① 曹正汉. 中国上下分治的治理体制及其稳定机制 [J]. 社会学研究，2011，25（01）：1 – 40，243.

② 曾润喜，黄若怡. 地方政府对网络问政的信息注意力分配的层级差异研究 [J]. 情报杂志，2021，40（08）：127 – 135.

③ 崔岩. 当前我国不同阶层公众的政治社会参与研究 [J]. 华中科技大学学报（社会科学版），2020，34（06）：9 – 17，29.

④⑥ 黄振威，刘斌. 邻避事件治理中的公众参与——基于领导干部调查问卷的结构方程模型分析 [J]. 贵州社会科学，2020（10）：52 – 60.

⑤ 张国兴，林伟纯，郎玫. 中央环保督察下的地方环境治理行为发生机制——基于30个案例的 fsQCA 分析 [J]. 管理评论，2021，33（07）：326 – 336.

⑦ Meng T G, Yang Z. Variety of Responsive Institutions and Quality of Responsiveness in Cyber China [J]. The China Review, 2020, 20（03）.

⑧ 孟天广，赵娟. 网络驱动的回应性政府：网络问政的制度扩散及运行模式 [J]. 上海行政学院学报，2018，19（03）：36 – 44.

假设 H2b2：职能部门参与回应率正向影响公众参与。

3. 政府回应话语与公众参与

"良言一句三冬暖，恶语伤人六月寒。"政府回应话语既体现了一种权力关系，[1] 也反映了一种价值理念，直接影响公众的参与体验。根据政府回应话语的情感色彩和法治化程度，我国政府部门回应话语可划分为描述话语、共情话语、规则话语和混合话语四种模式，且目前使用的共情话语多于规则话语。[2] 王炎龙、郭玉以政府提案为例，指出政府为将自身塑造成公民服务者的身份，会以谦逊、克制的话语表达，从而与提案人和公众建构起平等沟通、互惠合作的社会关系，同时会使用模糊词语等符号系统建立自己的优势;[3] 周彬、孔燕也指出，当前政治传播中政府回应不足的一个表现就是回应语言艺术不够，浓厚的"官腔官调"不能贴近人民群众的语言，而成功的政府回应则是站在人民的立场积极发声，往往会赢得民众认可。[4] 据此，根据已有研究，本章将运用信任、关心、高度重视、支持等感性词汇的回应话语称为共情话语，将依据政府出台的法律法规或政策文件、标准等的回应话语称为规则话语，并提出如下假设。

假设 H3：政府回应话语显著影响公众参与；

假设 H3a：共情话语使用程度正向影响公众参与；

假设 H3a：规则话语使用程度负向影响公众参与。

4. 政府回应效果与公众参与

政府回应效果主要表现为回应时长和实际解决率。其中，回应时长是指政府回应公众的时间长短，反映了政府回应的速度，影响着公众的参与。[5] 回应吸纳机制是公民参与的关键程序设置，公民意见得到及时回应是公民参与有效性的主要标志，[6] 有利于提升公众对政府工作的正面评价，增强公众

---

[1] 董志强. 话语权力与权力话语 [J]. 人文杂志, 1999 (04).

[2] 常多粉, 孟天广. 动之以情还是晓之以理？——环境治理中网络问政的政府回应话语模式 [J]. 社会发展研究, 2021, 8 (03): 44–62, 243.

[3] 王炎龙, 郭玉. 话语共识与协商回应: 文化宣传类提案的传播互构研究 [J]. 湖南科技大学学报 (社会科学版), 2020, 23 (05): 111–120.

[4] 周彬, 孔燕. 回应与互动: 政府网络传播创新机制研究 [J]. 行政管理改革, 2021 (07): 100–106.

[5] Abramson P R, Aldrich J H. The Decline of Electoral Participation in America [J]. American Political Science Review, 1982, 76 (03).

[6] 王聪. 治理效能视角下公民参与公共服务的制度研究 [J]. 重庆大学学报 (社会科学版), 2021, 27 (05): 250–262.

对政府的信任度和满意度，从而提高公众参与积极性。① 此外，政府对问题的实际解决率的本质反映了政府公共服务质量，质量高低意味着公众诉求实现的程度，影响着公众对政府部门的信任程度和持续参与的积极性。研究表明，如果政府公共服务质量高，那么民众等社会主体就会因信任而与政府合作，也更加乐于加入治理网络。② 据此，本章提出如下假设。

假设 H4：政府回应效果对公众参与具有显著影响；

假设 H4a：回应时长负向影响公众参与；

假设 H4b：实际解决率正向影响公众参与。

5. 政府回应对公众参与影响的异质性

不同议题的政府回应具有差异性和选择性。③ 由于不同议题的公众诉求在问题特征、治理难度、影响范围等方面存在显著差异，这一方面影响着政府对不同领域的治理偏好以及财政支持程度，④ 另一方面也影响着公众参与的自主性程度、参与方式、参与意识与参与能力等。⑤ 据此，本章提出假设H5：政府回应对公众参与的影响具有议题异质性。

综上所述，基于已有研究和基础假设，建构如下分析框架（见图Ⅱ-3）。

二、研究设计

（一）研究数据

领导留言板是我国典型的全国性网络问政平台。本章选取人民网领导留言板 2010 年 1 月 1 日至 2016 年 12 月 31 日期间 31 个省份（不包括香港特别行政区、澳门特别行政区和台湾地区）群众留言与政府回应数据来研究网络

---

① 崔岩. 当前我国不同阶层公众的政治社会参与研究 [J]. 华中科技大学学报（社会科学版），2020，34（06）：9-17，29.

② 王力立，刘波，姚引良. 地方政府网络治理协同行为实证研究 [J]. 北京理工大学学报（社会科学版），2015，17（01）：53-61.

③ 李慧龙，于君博. 数字政府治理的回应性陷阱——基于东三省"地方领导留言板"的考察 [J]. 电子政务，2019（03）：72-87.

④ 滕玉成，郭成玉. 什么决定了地方政府的回应性水平？——基于模糊集定性比较分析 [J]. 西安交通大学学报（社会科学版），2022，42（06）：150-159.

⑤ 孙柏瑛. 全球化时代的地方治理：构建公民参与和自主管理的制度平台 [J]. 教学与研究，2003（11）：27-33.

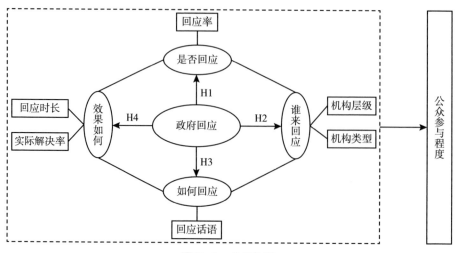

图Ⅱ-3　分析框架

问政时代政府回应对公众持续参与的影响，其原因有三。一是领导留言板已成为网民与各级政府政治互动的重要平台，汇集了海量一手资料。自2006年创办以来，数以万计的群众通过领导留言板向各级党委书记、省/市/县长等领导表达诉求、建言献策等，积极参与网络问政。二是各级政府部门逐渐形成相对完善规范的政府回应体系，各省市也先后出台了留言办理工作的意见。三是领导留言板数据具有相对独立性、可得性、透明性、内容较为全面等优势，既包括留言时间、留言内容等公众参与字段，也包括回复内容、回复时间、回复机构等政府回应字段，能够有效测量研究问题。通过运用网络爬虫方法，共获取群众留言数据924733条，政府回应数据634368条。需要说明的是，实际回应部门中存在多部门、多层级共同回应现象，但因此类回应现象数量极少，分析数据暂不包括此类回应，仅分析单一部门的政府回应。

（二）研究方法与变量测量

在获取留言板数据的基础上，运用有监督的机器学习方法处理留言和回应字段。

首先，随机抽样提取5000条文本进行人工编码分类，确定公众参与的留言对象及其层级等变量，以及政府回应的机构层级、机构类型、话语模式等变量。其中，政府回应层级包括省、市、县级三级；政府回应机构类型包括统管部门和职能部门，其中统管部门主要指党委办公部门、政府办公部门等综合性部门，职能部门主要指环保局、交通局等业务职能部门；政府回应话语字段根据政府回应内容编制词典库，如共情话语包括高度重视、真诚希望、信任等感情色彩浓重的词汇，规则话语则包括法律、规则、通知等内容；回应时长表现为政府回应时间与公众留言时间的差值；实际解决率表示实际解决公众留言问题的比例。

其次，以 1∶4 的比例，随机将 5000 条样本数据分为测试集（1000 条）、训练集（4000 条），结果得到加权整体一致性系数为 0.76，且政府回应话语四个维度的一致性系数均在 0.7 以上（分别为 0.77、0.74、0.72 和 0.80），说明人工编码具有高水平的一致性和有效性。

最后，使用词典库对留言字段和回应文本进行数据处理，得到包括公众参与和政府回应字段的数据分析结果。以省份、年份为单位，将数据处理结果整合成面板数据，主要包括不同机构层级、机构类型、回应话语、实际解决率的政府回应量，以及公众留言量、省市县三级留言量，最终形成我国 31 个省份 2010~2016 年的面板数据。具体测量内容见表Ⅱ-7。

表Ⅱ-7　　　　　　　　　　核心变量及其基本信息

变量		测量指标	变量解释	均值	方差	最小值	最大值
因变量	留言总量	次年留言总量	次年留言总量	4809.86	6042.87	150	43358
自变量	回应率	回应率	政府回应总量/当年留言总量	0.52	0.25	0.01	0.99
	回应主体	省市政府参与回应率	省市级政府回应量占政府回应总量比例	0.71	0.39	0	1
		统管部门参与回应率	党政办公室回应量占政府回应总量比例	0.69	0.17	0.08	1
		职能部门参与回应率	职能业务部门回应量占政府回应总量比例	0.18	0.12	0	0.61
	回应话语	共情话语使用率	共情话语回应量占各类话语模式回应总量比例	0.14	0.07	0	0.53
		规则话语使用率	规则话语回应量占各类话语模式回应总量比例	0.20	0.07	0	0.41
	回应效果	回应时长	（回应时间 - 留言时间）的平均值	97.53	116.58	14.91	732.29
		实际解决率	实际解决回应量占总回应量比例	0.23	0.07	0	0.491

变量	测量指标	变量解释	均值	方差	最小值	最大值
控制变量	人口	人口/百万	4.37	2.76	0.30	11.00
	互联网普及率	固定宽带入户数除以当年年末人口	6.73	1.09	2.88	9.35
	人均 GDP	GDP/万人口	10.65	0.46	9.49	12.51

需要说明的是，考虑到政府回应影响的时间滞后性，本章将政府回应次年的公众留言量作为因变量，用时间差避免政府回应与公众参与互为因果的内生性问题。此外，将人口数量、互联网普及率、人均 GDP 等作为控制变量，并通过查询统计年鉴等途径搜集相关数据。

在模型选择方面，由于本节数据结构为公众参与和政府回应的面板数据，通过比较随机效应和固定效应的检验，采用面板数据的固定效应模型，具体如下：

$$Y_{i,t} = \alpha_{i,t} + \beta_1 X_{i,t-1} + \beta_0 Z_{i,t} + \lambda_i + \omega_t + \mu_{i,t}$$

其中，i 表示不同省份，t 表示不同年份，被解释变量 $Y_{i,t}$ 表示当年各省份的公众参与留言量，解释变量 $X_{i,t-1}$ 表示前一年各省份的政府回应及其构成要素，β_1 表示政府回应对公众参与的影响程度，$Z_{i,t}$ 表示控制变量，β_0 表示控制变量对公众参与的影响，λ_i 表示省份固定效应，ω_t 表示年份固定效应，$\alpha_{i,t}$ 表示截距项，$\mu_{i,t}$ 表示误差项。

三、研究结果

（一）政府回应的描述性分析

2010～2016 年，我国公众留言总量、政府回应总量、政府回应率、实际解决率均有所提高；回应时长大幅下降，回应速度大大提高，说明政府回应日益规范化和制度化，政府网络治理能力逐渐提高。由图Ⅱ-4 可知，2010～2012 年为缓慢增长阶段，公众留言量、政府回应量相对较少，回应率较低，且回应时长较长；2012～2015 年为快速增长阶段，"两量一率"快速增长，且平均回应时长已控制在 100 天以内；2015 年以后为稳步发展阶段，"两量一率"保持较高水平，平均回应时长已下降到 40 天，回应速度大大提高，这与各省份日益重视走好"网上群众路线"，出台留言办理工作意见等回应制度，对回应时长等内容进行规定有密切关系。由此可知，随着互联网技术的发展，公众日益倾向于利用网络表达诉求，而政府部门也日益重视利用网络来回应民众，网络政民互动加强；同时 2012 年以后，我国网络问政制度日渐完善，基本保障了公众参与的高回复率。但需要说明的是，实际解决率一直在 20% 左右，这说明我国政府实际解决率有待进一步提高。

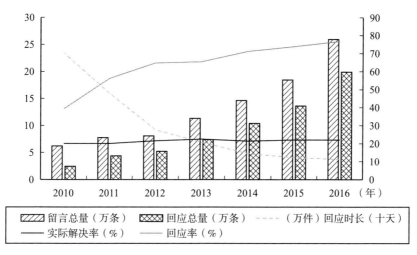

图Ⅱ-4 留言总量、回应总量、回应时长、实际解决率与回应率的年度分布

在政府回应层级方面（见表Ⅱ-8），省市级政府回应占比较高，但其所占比例逐年下降，县级及以下政府部门的回应占比逐年升高，2015 年以来县级及以下政府部门回应占比超过省市级回应占比。这可能是因为，一方面，随着互联网的发展和网络问政的不断渗透，县级及以下政府先后在领导留言板开通账号，积极参与回应公众留言；另一方面，基于各级政府权属分配关系，上级政府日益重视基层政府在回应民意中的重要作用，通过采取一系列措施，按照属地原则将相关诉求转派到下级政府，由下级政府承办所属辖区内的民意留言。在机构类型方面，统管部门的回应占比始终占多数（50% 以上），职能部门的回应占比保持在 20% 左右，可见这两类机构是政府回应机构的主要类型，其中，统管部门在政府网络问政中发挥着主体作用。

在回应话语方面，政府运用共情话语和规则话语的占比均在增加，但整体而言，规则话语的占比要高于共情话语，说明政府部门更倾向于依据法律条款回应公众留言。

表Ⅱ-8　　　　　政府回应构成要素回应占比的年度变化情况　　　　单位：%

年份	省市级	县级及以下	统管部门	职能部门	共情话语	规则话语
2010	72.54	27.46	36.57	9.32	12.89	21.50
2011	66.57	33.43	52.03	18.21	12.86	16.64
2012	65.55	34.45	50.30	17.20	13.62	15.88
2013	58.27	41.73	57.17	19.11	13.71	19.14
2014	52.32	47.68	59.20	19.42	12.45	19.78
2015	47.46	52.54	61.55	19.66	13.12	19.90
2016	42.90	57.10	60.50	18.98	13.98	20.05

（二）政府回应对公民参与程度影响的固定效应分析

表Ⅱ-9中模型（1）至模型（6）分别为包含不同变量的方程，其中模型（6）为全模型，且 R^2 最高（0.658），说明该模型解释力度最大。

表Ⅱ-9　　　政府回应对公众参与影响的解释模型：基于固定效应模型

变量	（1）	（2）	（3）	（4）	（5）	（6）
回应率	1.999 *** (0.103)				1.061 *** (0.209)	0.781 *** (0.214)
省市政府参与回应率		−1.226 *** (0.311)			−0.483 ** (0.233)	−0.386 * (0.202)
统管部门参与回应率		1.533 *** (0.283)			0.483 ** (0.202)	0.339 * (0.186)
职能部门参与回应率		1.346 ** (0.565)			0.290 (0.333)	−0.026 (0.313)
共情话语使用率			1.602 (1.123)		1.584 *** (0.473)	1.323 *** (0.451)

变量	（1）	（2）	（3）	（4）	（5）	（6）
规则话语使用率			1.101 （0.877）		0.365 （0.393）	0.448 （0.388）
回应时长				-0.502*** （0.046）	-0.280*** （0.057）	-0.174*** （0.048）
实际解决率				0.155 （0.749）	0.366 （0.501）	0.128 （0.506）
人口						-0.394 （0.603）
互联网普及率						0.280** （0.130）
人均GDP						0.219 （0.255）
省份固定效应	是	是	是	是	是	是
时间固定效应	是	是	是	是	是	是
常数	6.861*** （0.053）	7.480*** （0.094）	7.460*** （0.267）	9.969*** （0.270）	8.100*** （0.294）	5.468* （2.790）
观测值	216	216	216	216	216	216
R^2	0.512	0.260	0.025	0.451	0.629	0.658

注：括号内数值为标准误，* 表示 $p < 0.1$；** 表示 $p < 0.05$；*** 表示 $p < 0.01$。

由模型（6）可知，政府回应率、省市政府参与回应率、统管部门参与回应率、共情话语使用率、回应时长均显著影响公众参与；而职能部门参与回应率、规则话语使用率、实际解决率的影响并不显著，故假设 H1 至假设 H4 得到不同程度的验证（见表Ⅱ-10）。

表Ⅱ-10   研究假设的成立情况

假设	H1	H2			H3		H4		H5
		H2a	H2b1	H2b2	H3a	H3b	H4a	H4b	
成立与否	成立	负向成立	成立	不成立	成立	不成立	成立	不成立	成立

首先，回应率反映了政府注意力分配情况，影响着公众参与的政治效能感。研究发现，回应率显著正向影响公众参与，即回应率每增加1个单位，公众参与增加1.999个单位，说明政府回应公众留言越多，越会吸引公众参与网络问政。我国政府作为权力主体和资源分配者，对公众具有很强的权威影响力，政府回应行为能够使公众认可自己能够影响政府或政治，有助于公众实现主人翁地位和参与目标，[1] 提升公众政治效能感或者归属感。[2] 马海韵[3]研究指出，"胜任、自主和归属"是公众参与动机的组成部分，这说明政府回应能够满足公众参与动机，进而扩展公众参与。

条块结构是我国地方政府的基本结构关系，[4] 其中机构层级和机构类型反映了我国政府条块结构的基本组织属性。研究发现，我国政府条块间因面对的压力不同而存在着"回应性差异"[5]，同时条块回应性对公众参与的影响程度也存在差异。其中，公众参与与省市政府参与回应呈正相关的原假设不同，研究发现，省市政府参与回应率对公众参与的影响为显著负相关，且影响系数为 -0.386。这可能是因为，网络空间中公众与省市政府的距离感缩短，政府权力层级和网络结构相对扁平化，省市政府出于对风险规避、转移或控制的需要，[6] 往往将相关诉求转派到下级政府进行办理，通过实行"中央治官，地方治民"的策略有效回应市民诉求，减少了公众网上集体行动的可能性，维护了国家社会稳定。同时，省市政府受到上级政府和群众监督的约束相对较小，[7] 而下级政府更接近群众，[8]

---

① 孙柏瑛. 公民参与形式的类型及其适用性分析 [J]. 中国人民大学学报，2005（05）：124 - 129.

② 陈升，卢雅灵. 社会资本、政治效能感与公众参与社会矛盾治理意愿——基于结构方程模型的实证研究 [J]. 公共管理与政策评论，2021, 10（02）：16 - 30.

③ 马海韵. 市域社会治理中的公众参与：理论框架与实践路径 [J]. 行政论坛，2021, 28（04）：113 - 120.

④ 曹正汉，王宁. 一统体制的内在矛盾与条块关系 [J]. 社会，2020, 40（04）：77 - 110.

⑤ 魏姝，吴少微，杜泽. 地方政府条块回应性差异及其形成机制——政务公开领域的嵌入式案例研究 [J]. 公共行政评论，2022, 15（04）：75 - 97, 197.

⑥ 王刚. 风险的规避、转嫁与控制策略：基于中央与地方政府的对比分析 [J]. 中国行政管理，2020（10）：121 - 128.

⑦ 赵金旭，孟天广. 官员晋升激励会影响政府回应性么？——基于北京市"接诉即办"改革的大数据分析 [J]. 公共行政评论，2021, 14（02）：111 - 134, 231.

⑧ 张会平，邓凯，郭宁等. 主体特征和信息内容对网民诉求政府回应度的影响研究 [J]. 现代情报，2017, 37（11）：17 - 21, 27.

因此地方各层级政府对信息注意力配置存在层级差异现象，层次越高，回应情况越不乐观或存在回应缺位问题，而公众网络问政行为主要集中在"属地化"层级。①

回应机构类型反映了政府部门间的资源分配和专业化程度。研究发现，统管部门参与回应率显著正向影响公众参与，其占比每增加 1 个单位，公众参与率增加 0.339 个单位。这可能是因为，统管部门是个综合性部门，与政府领导联系更为密切，可调配的资源和管理权限较大，更利于协调不同部门间关系，因此对公众留言的实际解决率更高，更能提高公众参与程度。孟天广等按照政治权威性和专业性程度对我国回应机构进行分类，并得出权威程度高的机构实际解决率更高，② 公众参与程度也较高。③ 但是，职能部门参与回应率对公众参与的影响系数为 -0.026，且系数不显著；通过进一步分析不同层级职能部门回应性的影响发现，不同层级职能部门对公众参与程度的影响均不显著。这可能是因为，公众对相关职能部门的参与需求是弹性的、有选择的、有策略的，④ 职能部门回应针对的是公众反映的特定议题，且一般对于网络舆情、社会抗争、公共危机、集体行动等议题的回应更为迅速，⑤ 但不同议题对公众的影响范围是不同且有限的，公众对某些跟自己无关的议题回应可能并不能感受到激励。

回应话语体现了政府回应的公共价值观，影响着公众的服务体验或满意度。⑥ 米歇尔·福柯指出，话语既是权力的产物，也是权力本身；⑦ 切斯特·巴纳德⑧提出"权威接受"理论，指出权威的存在是以接受命令的人

① 曾润喜，黄若怡. 地方政府对网络问政的信息注意力分配的层级差异研究［J］. 情报杂志，2021，40（08）：127 - 135.

② Meng T G，Yang Z. Variety of Responsive Institutions and Quality of Responsiveness in Cyber China［J］. The China Review，2020，20（03）.

③ 孟天广，赵娟. 网络驱动的回应性政府：网络问政的制度扩散及运行模式［J］. 上海行政学院学报，2018，19（03）：36 - 44.

④ 李锋. 条块关系视野下的网络诉求与政府回应模式研究——基于中部某市网络问政平台的大数据分析［J］. 电子政务，2019（05）：27 - 37.

⑤ 翁士洪，叶笑云. 网络参与下地方政府决策回应的逻辑分析——以宁波 PX 事件为例［J］. 公共管理学报，2013，10（04）：26 - 36，138.

⑥ 常多粉，孟天广. 动之以情还是晓之以理？——环境治理中网络问政的政府回应话语模式［J］. 社会发展研究，2021，8（03）：44 - 62，243.

⑦ 董志强. 话语权力与权力话语［J］. 人文杂志，1999（04）.

⑧ ［美］巴纳德. 经理人员的职能［M］. 孙耀君等，译，北京：中国社会科学出版社，1997.

为前提的。因此，政府回应话语应兼具政治性、政策性、技巧性和专业性特点，① 使用何种话语关系到政府合法性、权威性问题，甚至关系到政府风险危机的形象补救。② 研究结果显示，共情话语使用率显著正向影响公众参与，其占比每增加 1 个单位，公众参与增加 1.323 个单位。这说明共情话语更符合现代民主的内涵，更易得到公众认可和接受。政府运用有温度的语言来回应公众参与，提高了公众的政治效能感和参与体验，有利于形成良好的政民互动关系，从而激励公众持续参与。但是，规则话语使用率对公众参与的影响是不显著的，这可能是因为，规则话语体现了政府的任务型公共价值观，③ 具有明显的强制性、专业性，体现了政府理性声明的回应策略，④ 但是这种话语模式与民间话语模式差异较大，较难达到自由平等有效的沟通对话效果；⑤ 同时，有学者指出，互联网话语对传统官方话语产生冲击，官话、套话、空话不但难以达到沟通效果，反而可能起到适得其反的效果，引起人们反感。⑥

政府回应效果是公众参与的直接目标。其中，回应时长反映了政府能否迅速及时回应公众留言，实际解决率反映了公众问题是否得到实质性解决。研究发现，回应时长显著负向影响公众参与，回应时长每减少 1 个单位，公众参与就增加 0.174 个单位，说明政府回应及时体现了政府对民众知情权的尊重，⑦ 能够提升公众对政府工作效率等方面的评价，保障公众参与行为的持续性。随着网络技术的迅速发展和政府回应制度的日益规范化，各级政府回应时长呈逐年下降趋势，⑧ 体现了政府对公众诉求的重视程度提高，积极

---

① 曾婧婧，龚启慧，凌瑜. 政府即时回应的剧场试验：基于武汉电视问政（2011—2015 年）的扎根分析 [J]. 甘肃行政学院学报，2016（02）：15 – 23，126.

② 刘红波，王郅强. 城市治理转型中的市民参与和政府回应——基于广州市 150 个政府热线沟通案例的文本分析 [J]. 新视野，2018（02）：94 – 101.

③ Suzanne J P, Rosenbloom D H. Nonmission-Based Values in Results-Oriented Public Management: The Case of Freedom of Information [J]. Public Administration Review，2002，62（06）：643 – 657.

④ 马翔，包国宪. 网络舆情事件中的公共价值偏好与政府回应绩效 [J]. 公共管理学报，2020，17（02）：70 – 83，169.

⑤⑥ 陈新. 话语共识与官民互动：互联网时代政府回应方式的政治学思考 [J]. 湖北社会科学，2013（10）：43 – 47.

⑦ 杨一熠."电视问政"中政府回应的限度及提升回应能力的建议——对武汉市 2012—2015 年"电视问政"中政府回应能力的分析 [J]. 经营与管理，2017（09）：140 – 142.

⑧ 孙宗锋，赵兴华. 网络情境下地方政府政民互动研究——基于青岛市市长信箱的大数据分析 [J]. 电子政务，2019（05）：12 – 26.

践行网上群众路线，既有利于提高政府回应效率，也有利于改善公众参与体验，提高公众参与积极性。但是，实际解决率对公众参与的影响不显著，这也说明公众对政府做得如何不是特别关心，而是更关心政府如何做。[①] 此外，我国网络问政尚处于初期阶段，整体上实际解决率仍有待提高，主要表现为"问题类型"的公众诉求，[②] 因此公众对实际解决率尚不关心。

在控制变量中，人口数量、人均 GDP 对公众参与的影响均不显著，但互联网普及率正向影响公众参与程度，互联网普及率每增加 1 个单位，公众参与程度增加 0.280 个单位。这是因为，从政府回应的供给侧而言，互联网技术在一定程度上反映了地方政府的数字化建设水平和互联网思维，促进了政府回应机制在理念、工具、平台和组织方面的创新性，[③] 提高了政府回应的及时高效性、信息开放性和良好公信力；[④] 从公众需求侧而言，互联网普及营造了良好的网络民主制度环境，既降低了公众参与网络问政的成本，[⑤] 也提高了公众的政治参与能力和政策影响力，[⑥] 有利于提高公众参与程度。

需要说明的是，由于政府回应与公众参与是一种持续互动的关系，公众参与可能会受前一期公众参与的影响，因此，本章将因变量一期滞后项加入方程进行了检验。结果发现，因变量一期滞后项的影响并不显著，且与原方程相比，主要自变量的变化程度不大，主要包括省市政府参与回应率和规则话语使用率的影响发生变化，且均在可解释范围内。其中，省市政府参与回应率的影响系数仍为负值，但变得不显著，这可能的原因是从长期来看，省市政府参与回应率对公众参与具有削弱作用，但在控制了因变量一期滞后项这一短期时间效应后，省市政府参与回应率对公众参与的影响就不存在了。规则话语使用率的影响仍为正数，但由不显著变为显著，

① 颜海娜，彭铭刚，王丽萍. 公众治水参与：绩效结果抑或过程驱动——基于 S 市 926 个样本的多层线性回归分析 [J]. 甘肃行政学院学报，2021（02）：61–70，126.

② 于君博，李慧龙，于书鳗. "网络问政"中的回应性——对 K 市领导信箱的一个探索性研究 [J]. 长白学刊，2018（02）：65–74.

③ 贾晓强，闻竞. 互联网思维视域下政府回应机制创新的路径探析 [J]. 桂海论丛，2017，33（06）：83–86.

④ 张欧阳. 政府回应：政府公信力产生机制的"供给侧"[J]. 江汉论坛，2017（04）：63–66.

⑤ 张成岗，李佩. 科技支撑社会治理体系构建中的公众参与：从松弛主义到行动主义 [J]. 江苏行政学院学报，2020（05）：69–75.

⑥ 王建容，王建军. 公共政策制定中公民参与的形式及其选择维度 [J]. 探索，2012（01）：75–79.

可能的原因是在控制了因变量一期滞后项这一短期时间效应后，政府运用规则话语回应也能对公众具有显著的吸引参与作用，但长期来看影响则会不显著。

（三）政府回应对公众参与影响的异质性分析

政府回应在不同议题上具有差异性。已有研究发现，公众诉求涉及议题较为广泛，既包括城建、交通等经济类议题，也包括教育、医疗等民生福利类议题，[1] 且不同议题的公众关注度和政府回应情况有所不同。[2] 例如，农村农业发展、城建、交通等议题与公民生产生活的关系更为密切，因此相关议题的留言量及回应量均较多。[3]

为了进一步分析不同议题的政府回应性对公众参与的影响是否具有差异性，本章选择留言诉求量最多的前七大议题进行异质性分析，具体包括"三农"、城建、交通、环保、教育、就业、旅游七个领域。由表Ⅱ-11可知，整体而言，各方程的 R^2 存在差异，除了就业和旅游议题，其他领域的 R^2 均大于0.6，说明方程模型整体而言是合理的，且在不同议题的解释力度存在差异，对城建、环保、教育等议题的解释力度最大，这可能与关注该议题的群体特征有一定的关系。一般而言，城市居民或教育水平、经济水平更高的群体对这三个议题的关注程度比较多，因此，政府对三个议题的回应力度或注意力分配较多，进而显著提高了该类群体的政治效能感和参与积极性。就不同变量的系数而言，不同议题的政府回应对公众参与的影响也具有异质性。例如，政府回应率对不同议题的公众参与均具有显著影响，但系数差异较大，其中旅游、就业和"三农"问题的系数最大，这是因为这三个领域的相关人群基数较大，因而政府回应产生的影响效应相对较大。此外，政府回应的各构成要素对不同议题的影响显著性也存在差异，这可能是因为，不同议题的治理难度或迫切程度不同，存在选择性回应现象。

---

①③ 孟天广，李锋. 网络空间的政治互动：公民诉求与政府回应性——基于全国性网络问政平台的大数据分析 [J]. 清华大学学报（哲学社会科学版），2015，30（03）：17-29.

② 李锋，孟天广. 策略性政治互动：网民政治话语运用与政府回应模式 [J]. 武汉大学学报（人文科学版），2016，69（05）：119-129.

表 II-11　政府回应对公众参与影响的议题异质性分析

	"三农"	城建	交通	环保	教育	就业	旅游
回应率	1. 907 *** (0. 432)	1. 197 *** (0. 229)	1. 079 *** (0. 257)	0. 781 *** (0. 262)	1. 076 *** (0. 313)	2. 155 *** (0. 486)	2. 808 *** (0. 453)
省市政府参与回应率	−0. 301 (0. 351)	−0. 652 (0. 455)	−0. 667 (0. 448)	−0. 981 ** (0. 357)	−0. 955 *** (0. 245)	0. 281 (0. 288)	−0. 014 (0. 647)
权威部门参与回应率	0. 613 (0. 425)	−0. 097 (0. 224)	0. 275 (0. 381)	0. 067 (0. 223)	0. 854 *** (0. 288)	0. 983 *** (0. 306)	0. 510 (0. 355)
专业部门参与回应率	1. 221 (0. 855)	−0. 247 (0. 282)	0. 169 (0. 235)	0. 067 (0. 284)	0. 517 * (0. 302)	1. 230 *** (0. 309)	1. 811 *** (0. 602)
共情话语使用程度	1. 010 (0. 665)	−0. 455 (0. 558)	0. 155 (0. 371)	0. 315 (0. 303)	−0. 362 (0. 461)	0. 199 (0. 333)	0. 835 (0. 728)
规则话语使用程度	0. 853 (0. 691)	0. 057 (0. 358)	0. 018 (0. 330)	−0. 196 (0. 261)	−0. 444 (0. 285)	−0. 053 (0. 368)	−0. 710 ** (0. 339)
回应时长	−0. 049 (0. 109)	0. 036 (0. 074)	−0. 101 (0. 087)	0. 049 (0. 059)	−0. 091 (0. 060)	−0. 261 *** (0. 091)	−0. 204 * (0. 101)
实际解决率	−0. 625 (1. 567)	−1. 632 ** (0. 753)	−1. 310 ** (0. 541)	0. 286 (0. 840)	−0. 222 (0. 573)	0. 377 (1. 405)	1. 830 (1. 655)
人口	−0. 393 (1. 408)	1. 152 (0. 737)	−0. 675 (0. 548)	0. 447 (1. 051)	−0. 316 (0. 912)	−0. 093 (0. 124)	−0. 013 (0. 057)
互联网普及率	0. 792 *** (0. 223)	0. 603 ** (0. 294)	0. 673 ** (0. 309)	0. 661 ** (0. 306)	0. 665 *** (0. 220)	0. 114 (0. 194)	−0. 021 (0. 199)
人均 GDP	0. 649 (0. 549)	1. 949 ** (0. 883)	0. 263 (0. 447)	1. 995 ** (0. 907)	0. 907 * (0. 523)	0. 290 (0. 462)	−0. 335 (0. 292)
省份固定效应	是	是	是	是	是	是	是
时间固定效应	是	是	是	是	是	是	是
常数	−6. 490 (8. 008)	−24. 841 ** (9. 067)	0. 740 (3. 986)	−23. 649 ** (8. 811)	−8. 174 (4. 865)	−0. 536 (4. 269)	4. 605 ** (2. 252)
观测数	234	237	246	232	242	225	201
R^2	0. 625	0. 850	0. 697	0. 788	0. 736	0. 486	0. 494

注：括号内数值为标准误，* 表示 $p < 0.1$，** 表示 $p < 0.05$，*** 表示 $p < 0.01$。

四、研究结论

政府回应是全过程人民民主的重要内容。本章基于 2010～2016 年 31 个省份政府网站的领导留言板数据，系统分析了网络问政中政府回应对公众参与的影响作用，既对完善网络问政的政府回应及条块关系理论具有理论价值，也对加强政府回应和民主建设、走好"网上群众路线"具有实践价值。

本章研究丰富了政府回应理论在中国场景和网络空间的应用。政府回应是政府行政责任、民主政治的重要体现，[①] 具有工具性和价值性两大取向。[②] 随着网络平台的发展和应用，政府回应面临着来自公众和上级政府的舆论压力和行政监督，能够对公众参与进行实质性回应。同时，我国政府具有较强的权威性和资源分配权，政府回应一定程度上代表了政府注意力的分配情况，因此，我国政府回应能够显著影响公众的政治效能感，进而实质性提升公众参与。同时，研究也拓展了线上政府回应理论。与传统实体政府不同，线上政府是一种平台式政府，组织结构更为扁平化，权力运行效率更高，[③] 因此不同层级、职能部门或区域间的线上政府回应具有差异性，网络问政平台能够突破时空束缚，提高政府实际解决率和回应效率，提高公众参与程度。

根据政府回应的影响结果，研究提出政府回应驱动公众参与理论。目前我国政府回应研究主要集中在政府回应的内涵、类型、因素、困境、转向、路径等内容，[④]但是，目前有关政府回应性能否以及如何促进公众持续参与的研究较少。根据不同分析维度，政府回应可划分为不同的回应模式或类型。例如，根据表现内容，政府回应分为话语回应、行动回应、制度回应等回应方式;[⑤] 根据行为倾向，政府回应分为差异性回应、选择性回应和时效性回

[①④] 何永松. 关于政府回应理论的国内文献综述 [J]. 山东行政学院学报，2016（05）：8－13.

[②] 柳新元，顾月霞. 国内政府回应研究的现状及热点聚焦——基于 2000—2019 年文献计量分析 [J]. 贵州省党校学报，2019（06）：103－115.

[③] 王伟玲. 中国数字政府形态演进和发展瓶颈 [J]. 行政管理改革，2022（05）：23－30.

[⑤] 李放，韩志明. 政府回应中的紧张性及其解析——以网络公共事件为视角的分析 [J]. 东北师大学报（哲学社会科学版），2014（01）：1－8.

应等,① 也包括根据重视程度、② 体系构成③等维度的类型划分。研究基于平台治理等理论,从回应率、回应机构、回应话语、回应效果等维度分析了政府回应的构成要素对公众参与的影响程度,并探讨了政府回应行为对公众参与的影响机制。

最后,研究对加强我国政府回应建设具有实践意义,应充分发挥政府回应对提高公众参与的积极影响,以实现全过程人民民主。首先,政府回应率是提高公众参与的基本前提。由于政府回应是一种公共资源分配,公众留言得到回复表明公民诉求引起政府关注,这会使公众从心理上觉得自己的行为能够对政府行为产生影响,提高其政治效能感。其次,在政府回应机构方面,省市政府参与回应率显著负向影响公众参与,这可能与省市政府倾向于办理的问题类型或办理方式有关,应积极发挥基层政府参与回应的作用;就机构类型而言,统管部门可调配资源更多,更能提高公众的参与程度,但职能部门因专业性较强,对公众的激励效果并不显著。再次,在政府回应话语方面,与规则话语相比,公众更愿意参与使用共情话语回应的政民互动,因此应提高共情话语使用程度,改善公众参与体验。最后,在回应效果方面,回应时长显著负向影响公众参与,而实际解决率却对公众参与无显著影响,应在提高实际解决率的同时提高回应及时性。此外,政府回应的构成要素对公众参与的影响具有议题差异性,其中对城建、环保、教育等议题的解释力度最大,应因题制宜发挥政府回应构成要素的影响作用。

当然,研究也存在一定的局限性。本章虽然基于已有研究和数据基础列出了政府回应的构成要素,系统地从政府回应率、回应主体、回应话语、回应效果等方面分析了政府回应对公众参与的影响,但由于人力物力和研究数据结构的限制,可能还有其他构成要素尚未考虑在内;同时,我国各地区网络问政的制度规定或实践操作可能具有区域特殊性,如对回应机构的规定有所不同,本节尚未进行细分,暂统一按照机构名称进行层级和类别区分,而

---

① 吴太胜. 公众政策参与下地方政府民意回应的行为选择 [J]. 广西社会科学,2014 (01): 127 - 133.

② 吕艳滨. 不回应　乱回应　模式化回应　官方回应社会关切:问题及建议 [J]. 人民论坛,2015 (15): 70 - 71.

③ 景云祥. 和谐社会构建中政府回应机制建设的基本维度 [J]. 云南行政学院学报,2008 (02): 102 - 105.

这些局限性将是后续研究的改进方向。

第四章　治理算法：算法风险的治理逻辑*

近年来，随着人工智能发展进入快车道，智能化应用浪潮席卷而来，以数据为原料，以算法为引擎，以算力为支撑的智能社会快速来临。算法作为人工智能技术的核心，在提升社会经济运转效率和国家治理效能的同时，也重构着市场秩序与治理体系，深刻地影响着国家与社会、技术与社群之间的关系。

随着智能社会的到来，人们逐渐注意到算法技术的负外部性，如算法致瘾性推荐与认知窄化、大数据"杀熟"与歧视性定价、机器自动化决策与社会圈层化加剧等智能时代的新型社会风险。算法的滥用不仅危害着用户的合法权益，还可能使社会为之付出高昂的代价。算法的两面性意味着智能时代的算法治理不仅涉及使用算法进行治理，更包括对算法进行治理，使其能够合乎伦理地释放巨大价值。

现阶段，算法风险治理已经成为国际趋势。一方面，各国政府对人工智能和算法监管进行立法和执法，如欧盟、中国均将算法监管作为人工智能监管的关键维度；另一方面，全球范围内的科技社群和科技企业也越来越关注算法的伦理问题，开始制定多元化人工智能与算法应用的伦理指南。从作为法律法规的"硬法"和作为伦理准则的"软法"两方面来看，算法治理的既有框架大多包含自主决定、公平公正、安全可靠、公开透明、责任担当、隐私保护等伦理要素。这一趋势也体现在学术研究中，近年来学术界从技术、应用、过程、结果等多个视角分析了智能时代算法驱动所带来的新生社会风险及其产生的伦理问题。

本节基于既有研究对算法风险的认知框架，从算法治理的价值和路径两个维度，初步构建了一个基于"权力－权利"和"技术－社群"的算法治理

---

* 孟天广，李珍珍．治理算法：算法风险的伦理原则及其治理逻辑［J］．学术论坛，2022，45（01）：9－20.

理论框架。算法治理的价值维度在于确立算法权力与用户权利之间的平衡，算法治理的路径则主要涉及技术机制与社群机制。基于这一理论框架，本节基于算法治理的自主、安全、公平、透明四个关键伦理原则，阐述了这些原则的内涵及其治理逻辑，力求为正处于探索阶段的人工智能算法的监管实践和制度设计提供一个理论思路，从而有助于在算法技术的效率优势和伦理价值之间寻求平衡。同时，研究也试图为算法风险及其伦理的理论推进，尤其是从"技术－社群"两个系统互动的关系视角提供一个理解算法风险及其治理逻辑的类型学框架。

一、算法风险：智能时代社会风险演化的新样态

在计算机科学意义下，算法通常指"为了解决一个特定问题或者达成一个明确目的所采取的一系列步骤"[①]，目的是达成给定情况下的最佳行动或者对给定数据做出最佳理解。譬如，数据挖掘就是使用算法来理解数据的一门学科，即"利用数据发现新的模式和知识，并生成可以用来对数据进行有效预测的模型"[②]，算法设计是数据挖掘的关键环节。

在智能时代，算法作为人工智能技术的核心，已经不可逆转地渗透到日常生活乃至国家治理领域，全方位重塑着社会经济运行。然而，由滥用人工智能算法而产生的社会风险与伦理事件也不断冲击着人们的神经，引发社会热议。譬如，新闻个性化推荐中低俗、同质化内容增多，搜索引擎竞价排名，购物平台利用大数据"杀熟"，外卖系统算法变成监工试探配送时间底线等。这些现象不断将算法及其掌控者推向风口浪尖，引发社会的广泛关注。简言之，算法在全面赋能人类社会发展，为人类生产生活带来效率和便捷的同时，也引发或激化了技术与社会系统之间的分歧和冲突。人们担心算法会导致用户过度沉迷而丧失自主性、社会公平性缺乏，乃至隐私安全等危及人类社会的严重后果。

人工智能算法风险已经成为哲学、政治学、法学、智能科学的热点议题。学界从人工智能算法的技术逻辑和权力属性角度，讨论了其应用于商业领域

---

① Diakopoulos N. Algorithmic accountability：Journalistic investigation of computational power structures. Digital Journalism，2015，3（03）：398－415.

② Hildebrandt M，Vries K D. Privacy，Due Process and the Computational Turn：philosophers of law meet philosophers of technology，2013.

及嵌入国家治理与公权力使用之中的风险，并提出诸如"信息茧房"、算法"黑箱""算法利维坦"等新概念，试图阐述算法的嵌入对社会经济运行产生的深远影响。

首先，从个体角度看，人们日常使用的新闻服务和信息分发智能化算法伴随着造成"信息茧房"的认知窄化风险。当前，数据爆炸与个人信息系统容纳量不足，很容易导致个人信息超载，因而愈发需要基于习惯和偏好的差异化信息消费。① 在此背景下，基于智能推荐算法的个性化信息服务开始兴起。智能推荐系统运用协同过滤推荐、内容推荐、关联规则推荐等技术，帮助用户降低信息噪声、提高信息消费效率。② 然而，智能推荐算法也有可能导致"信息茧房"，即用户只认同他们选择的、令他们愉悦的内容。③ 智能推荐算法对信息的过滤，可能阻碍异质性信息消费与多元化观点交流，导致用户处于算法打造的"无菌环境"或者个性化的"过滤气泡"。不论是"信息茧房"还是"过滤气泡"中，都直指算法时代个性化信息服务下的"信息偏食"，造成用户信息视野狭窄并对其观念与行为产生影响。④ 虽然目前学界对信息茧房作为一种现象的证实与证伪、现实中是否存在理论上的形成机制等问题还有不同观点，但相关探讨无疑反映出人们对由算法充当"把关人"的信息传播风险的一种担心。

其次，从市场角度看，基于大数据的人工智能算法因遵循商业逻辑而酝酿着"监控资本主义"的风险。人类社会的信息化伴随着个人的属性、关系、地点、行为、情绪、偏好等信息被全方位地以数字化的方式表示、记录、存储。海量个人信息汇总而成的大数据具有经济属性，而大数据分析算法则是挖掘大数据商业价值所必不可少的工具。"监控资本主义"是数据经济环境下的新兴资本主义经济秩序，形成于大数据、算法能力与资本力量的联合，其核心是以攫取利润为目的的科技企业对个人数据的商业化利用。⑤ 大数据

① 喻国明，曲慧."信息茧房"的误读与算法推送的必要——兼论内容分发中社会伦理困境的解决之道 [J].新疆师范大学学报（哲学社会科学版），2020，41（01）：127 - 133.

② 喻国明，韩婷.算法型信息分发：技术原理、机制创新与未来发展 [J].新闻爱好者，2018（04）：8 - 13.

③ 桑斯坦.信息乌托邦——众人如何生产知识 [M].毕竞悦，译.北京：法律出版社，2008.

④ 彭兰.导致信息茧房的多重因素及"破茧"路径 [J].新闻界，2020（01）：30 - 38，73.

⑤ 武青，周程.资本主义条件下大数据技术的政治经济学批判——《监控资本主义的时代》述评 [J].科学与社会，2020，10（01）：113 - 124.

企业通过对互联网上个人数字痕迹的大规模监控以获取数据，将算法作为生产工具实现了数据从原材料到价值的转化。这些企业大规模收集用户点击、浏览、逗留时长的数字痕迹，利用大数据技术对用户信息进行统计分析并建立预测模型，通过数据持续积累和模型不断优化来越来越准确地判断用户心理和喜好，做出诸如精准的价格歧视、劳工剥削、定向营销等行为，最终实现企业利润最大化。"监控资本主义"的典型例子是商业平台滥用用户数据进行"杀熟"。在这种经济秩序下，用户在大数据企业面前迅速透明化，退化为免费的数据来源与被反复实验的对象。①

最后，从国家与公权力角度看，人工智能算法的技术力量日益嵌入国家权力运行与国家治理过程，不仅孕育着"技术赋权"的巨大机会，② 也隐藏着被特定利益集团用于社会控制和政治权力再生产的政治风险。③ 利维坦是《圣经·旧约》中记载的海怪，一种神话生物，英国哲学家霍布斯用之比喻凌驾于所有人之上的强势的国家。面对国家治理算法化态势，有学者用"算法利维坦"比喻智能时代的一种强制性治理方式与算法接管治理的潜在风险。人们在通过算法治理获得便利的同时，也被置于算法程序的监控体系之下，而国家则通过算法技术来施加秩序、延伸权力、贯穿意志。④ 这种能力需要配合数据才能达到，国家借助公权力和资源优势收集个人信息，通过数据系统对社会展开全景化的了解、执法与审查。⑤ 不少文献讨论过类似观点，即数字技术导致国家控制强化，一些相似的表述包括"技术利维坦""数字利维坦"等。尽管数字技术赋能国家治理会显著提升国家采集和处理信息的能力，⑥ 但其风险在于，"国家依靠信息技术的全面装备，将公民置于彻底而富有成效的监控体系之下，而公民却难以有效地运用信息技术来维护其公民

---

① Zuboff S. Big other：Surveillance Capitalism and the Prospects of an Information Civilization ［J］. Journal of Information Technology，2015，30（01）：75 – 89.

② 孟天广. 政府数字化转型的要素、机制与路径——兼论"技术赋能"与"技术赋权"的双向驱动 ［J］. 治理研究，2021，37（01）：5 – 14.

③ 王小芳，王磊."技术利维坦"：人工智能嵌入社会治理的潜在风险与政府应对 ［J］. 电子政务，2019（05）：86 – 93.

④ 张爱军."算法利维坦"的风险及其规制 ［J］. 探索与争鸣，2021（01）：95 – 102，179.

⑤ 帕斯奎尔. 黑箱社会：控制金钱和信息的数据法则 ［M］. 赵亚男，译. 北京：中信出版社，2015.

⑥ 孟天广，张小劲. 大数据驱动与政府治理能力提升——理论框架与模式创新 ［J］. 北京航空航天大学学报（社会科学版），2018，31（01）：18 – 25.

权利"①。

简言之，算法极大地提升了生活便利化程度、生产经营效率和治理精准性，对经济社会运行和国家治理的逻辑产生深远影响。面对算法给人类带来的新型社会风险，学者们围绕算法风险治理正在形成多元视角的理论讨论。从新兴产业监管视角看，薛澜和赵静认为，包括智能算法技术创新在内的新兴产业具有高度不确定性，传统监管模式不适用于其产业风险管理。新兴产业的监管在目标、内容、节奏、力度、思维以及规则上都有别于传统产业，应该建立以敏捷为核心的治理框架：在治理原则上，以抽象的法律原则配合灵活的政策工具；在治理关系上，在监管者与被监管者之间建立互动、相互依赖的关系；在治理工具上，选择"下手快、力度轻"的治理措施。② 从算法生命周期视角看，从模型的开发、部署到使用，要将标准、测试和控制嵌入模型的生命周期的各个阶段，在不同阶段采取针对性措施来限制特定风险。比如，在建立模型阶段，可以采取模型稳健性检验、数据泄露控制、标签质量评估等风险控制方法。③

本节从算法风险及其治理的视角出发，认为"信息茧房""监控资本主义""算法利维坦"等不同层面的算法风险，充分反映着算法"黑箱"、不确定性和安全、歧视与支配的广泛存在，进而对人类社会的自主、平等、知情、安全等核心价值造成威胁。因此，我们迫切需要确立算法伦理以规范算法使用与监管，使人类社会有能力防范与化解算法风险的潜在危害。

二、算法伦理：定义算法风险的治理原则

算法风险、算法伦理与算法治理之间存在内生性关系，需要由算法伦理来确立与重申算法风险的治理原则。算法伦理是对算法活动施加的伦理道德要求。随着人工智能监管制度化进程的加快，软性伦理规范也有可能演变为

---

① 肖滨. 信息技术在国家治理中的双面性与非均衡性 [J]. 学术研究，2009（11）：31 – 36.

② 薛澜，赵静. 走向敏捷治理：新兴产业发展与监管模式探究 [J]. 中国行政管理，2019（08）：28 – 34.

③ Baquero J A, Burkhardt R, Govindarajan A et al. Derisking AI by Design: How to Build Risk Management into AI Development [EB/OL]. https://www.mckinsey.com/business-functions/mckinsey-analytics/our-insights/derisking-ai-by-design-how-to-build-risk-management-into-ai-development.

刚性法律规制。无论是讨论算法的伦理约束，还是经由立法以规制算法，首先要确立算法伦理。算法伦理涉及算法本体（自身）、算法与人类的关系、算法与环境的关系三个层次，其实质是阐明智能时代人、机、物之间的交互关系，识别三者之间互动关系中存在的社会风险，进而构建相应的治理原则。

（一）比较视角下的算法伦理主张

2016 年以来，随着人工智能算法开发及应用逐步进入快车道，算法伦理相关讨论显著增加，各国政府、非政府组织和科技企业纷纷开始关注"合乎伦理的"人工智能和算法，旨在发挥算法的技术潜力的同时，降低算法产生的风险。[①] 然而，算法伦理还不是一个成熟的研究领域，所涉伦理主题不明确、界限不清晰。综合来看，已有文献从技术、原则、应用、过程、结果等角度讨论人工智能算法的风险、伦理与治理。比如，贾开根据人工智能算法的技术逻辑和应用方式的特性，认为深度学习等算法本身的复杂性导致"算法黑箱"以及难以监督与问责，基于历史数据的训练与学习会导致固化、偏差与歧视，而且算法在各类应用场景下替代人类行为难以避免引发事故归责、知识产品版权等方面的争议。他认为，算法治理的公共政策框架应该包括提高公众的人工智能认知、推动算法伦理的专家对话，以及有优先级地制定相关政策。[②] 刘培和池忠军认为，算法作为技术手段，其排序、分类、关联、过滤的标准负载着设计者的知识背景、社会文化与价值判断，因而内在地关涉伦理问题。而且，算法因其技术的复杂性与后果的不确定性而天然地具备不透明性与失败的可能。面对算法歧视等伦理问题，他们认为应该从算法设计本身及外部约束来解决。[③] 丁晓东从算法引起的法律后果出发，认为算法崛起会挑战知情权与自主性、隐私与自由、平等保护的基本原则，应该基于算法应用的具体场景构建算法公开、数据赋权、反歧视的制度。[④]

米特尔施泰特等从人工智能算法过程的角度，提出算法伦理争论的六重

---

① Tsamados A, Aggarwal N, Cowls J et al. The Ethics of Algorithms: Key Problems and Solutions [J]. AI & society, 2021: 1 - 16.

② 贾开. 人工智能与算法治理研究 [J]. 中国行政管理, 2019 (01): 17 - 22.

③ 刘培, 池忠军. 算法的伦理问题及其解决进路 [J]. 东北大学学报（社会科学版）, 2019, 21 (02): 118 - 125.

④ 丁晓东. 论算法的法律规制 [J]. 中国社会科学, 2020 (12): 138 - 159, 203.

维度。他们根据算法如何将数据转化为结果以及算法所触发的行动，提出以下算法伦理的六个方面。一是非决定性证据，指通过推断统计和机器学习技术从数据中获取的结论，不可避免地具有不确定性。非决定性证据只能指示相关关系，不能揭示因果关系。非决定性证据可能导致不公正的行动。二是难以理解的证据，指不了解机器学习算法如何从数据中生成结论。难以理解的证据导致不透明。三是误导性证据，此则伦理强调"垃圾进、垃圾出"，输出永远不会超越输入，只有输入的数据是可靠的，算法产生的结果才有可能是可靠的。误导性证据会导致偏见。四是不公平的结果，指算法驱动的行动可能是不公平的，会产生歧视性后果。五是转换效应，指算法决策是充满价值判断的，影响着人们如何理解与概念化这个世界，并基于算法生成的洞见驱动行动。转换效应为自主性和信息隐私带来挑战。六是可追溯性，指算法活动造成的损害可以调试，也能够确定谁应对损害负责。可追溯性可以明确道德责任。这六个方面中，前三者属于证据质量不良引发的伦理问题，发生于算法将数据转化为决策（结果）的过程；不公正的结果和转换效应则属于算法决策（结果）的社会后果，源于算法驱动的行动未能体现伦理中立；而可追溯性关切算法驱动的行动可能出现的失败风险及责任分配问题。

在实践中，全球范围内各个国家和各类组织也开始出台自己的算法伦理准则或指南（见表Ⅱ-12）。当前，较有影响力的算法伦理原则主要来自欧美国家，提出者涵盖政府、专业社群、科技企业等各类主体。[1] 譬如，2017年1月，美国计算机协会公共政策委员会专门发布了《关于算法透明度和问责制的声明》，倡议在算法开发和部署中落实知情、访问与救济机制、可问责、可解释等七个原则。[2] 2019年4月，欧盟人工智能高级专家组发布《可信赖人工智能伦理指南》，根据该指南，可信赖的人工智能应该是合法的、道德的和稳健的，并满足人类能动性和监督、技术稳健性和安全性、隐私和数据治理等七项关键要求。[3]

---

① 贾开. 人工智能与算法治理研究 [J]. 中国行政管理, 2019 (01): 17-22.

② Association for Computing Machinery US Public Policy Council. Statement on Algorithmic Transparency and Accountability [EB/OL]. https://www.acm.org/binaries/content/assets/public-policy/2017_usacm_statement_algorithms.pdf.

③ European Commission. Ethics guidelines for trustworthy AI [EB/OL]. https://digital-strategy.ec.europa.eu/en/library/ethics-guidelines-trustworthy-ai.

表Ⅱ-12　　　　　　　　　　算法伦理规范的跨国比较

美国	《国家人工智能研发战略规划：2019 更新》（美国白宫，2019） 《关于算法透明度和问责制的声明》（美国计算机协会，2017） 《微软人工智能原则》（微软，2018）
欧洲	《欧盟人工智能》（欧盟委员会，2018） 《可信 AI 伦理指南》（欧盟人工智能高级专家组，2019） 《人工智能道德守则》（博世，2020）
中国	《新一代人工智能发展规划》（国务院，2017） 《网络安全标准实践指南——人工智能伦理安全风险防范指引》（全国信息安全标准化技术委员会，2021） 《人工智能应用准则》（旷视，2019）

我国也高度重视算法伦理。作为人工智能发展大国，我国于 2019 年 6 月发布《我国新一代人工智能治理原则——发展负责任的人工智能》，强调人工智能发展相关各方应遵循和谐友好、公平公正、包容共享、尊重隐私、安全可控、共担责任、开放协作、敏捷治理八项原则。[①] 2021 年 1 月全国信息安全标准化技术委员会发布的《网络安全标准实践指南——人工智能伦理安全风险防范指引》，是我国首个国家层面的一般性、基础性的人工智能伦理和安全风险防范的指引性文件。[②] 文件指出人工智能存在失控性风险、社会性风险、侵权性风险、歧视性风险以及责任性风险，并将人工智能研究开发、设计制造、部署应用、用户使用都纳入安全风险防范的范畴。[③]

（二）算法伦理的核心关切

研究从算法治理的价值与路径两个维度重新阐述了算法伦理的核心关切（见表Ⅱ-13）。一方面，算法风险的治理价值是约束算法权力以及保障人的权利，即实现"权力-权利"关系的平衡。另一方面，在算法风险的治理路径上，每一个伦理原则都可以通过技术机制和社群机制来实现，即"技术-

---

　　① 科技部. 发展负责任的人工智能：新一代人工智能治理原则发布 [EB/OL]. http：//www. most. gov. cn/kjbgz/201906/t20190617_147107. html.

　　② 贾开、薛澜. 人工智能伦理问题与安全风险治理的全球比较与中国实践 [J]. 公共管理评论，2021，3（01）：122-134.

　　③ 全国信息安全标准化技术委员会秘书处. 网络安全标准实践指南——人工智能伦理安全风险防范指引 [EB/OL]. https：//www. tc260. org. cn/upload/2021-01-05/1609818449720076535. pdf.

社群"双重约束的治理路径。由此，算法治理的价值约束和路径选择共同构成了表Ⅱ-13所呈现的算法伦理的四种类型，即算法可控、算法透明、算法安全和算法公平。

表Ⅱ-13　　　　　　　　　算法伦理的二维分析框架

算法治理的路径	算法治理的价值	
	权力	权利
技术	算法可控（无支配）	算法透明（无黑箱）
社群	算法安全（无危险）	算法公平（无歧视）

首先，算法治理的价值是限制算法权力以及保障用户权利，即实现"权力-权利"平衡。上文已经讨论过人工智能算法风险的多种形态，不论是"监控资本主义""信息茧房"还是"算法利维坦"，算法应用引发的各类风险都指向算法背后的权力逻辑。换句话说，算法接管了人类的决策，开始实质性地融入和重塑社会、经济、政府治理系统，掌握算法的人或机构施展着广泛的影响力和基于技术的控制力。甚至有学者断言，"掌握了数据，就意味着掌握了资本和财富；掌握了算法（algorithm），就意味着掌握了话语权和规制权。"[1] 事实上，当算法从数学和计算科学，向政治学、社会学、法学等社会科学领域扩散时，社会科学家就开始思考算法与权力的关系。[2] 权力是实施支配与控制的关键力量，而算法的规则属性[3]使其实质上具备支配与控制的能力。代码是算法的载体，莱斯格鲜明地提出代码的权力属性：代码作为网络空间的法律，它与立法机构颁布的法律有类似的规制作用，是网络空间的向导和强有力的规制者。代码作为网络空间中的预设环境，反映了代码制定者的选择和价值理念，对网络空间中的人拥有某种程度的强制力。[4]

---

① 马长山. 智慧社会的治理难题及其消解 [J]. 求是学刊, 2019, 46（05）：91-98.
② Beer D. The Social Power of Algorithms [J]. Information, Communication & Society, 2017, 20（01）：1-13.
③ 贾开. 人工智能与算法治理研究 [J]. 中国行政管理, 2019（01）：17-22.
④ 莱斯格. 代码2.0：网络空间中的法律 [M]. 李旭, 沈伟伟, 译. 北京：清华大学出版社, 2018.

文化研究专家拉什指出，社会中权力越来越多地存在于算法之中。[1] 算法权力就是以算法为工具实施的影响力或控制力，看似理性、中立、技术性的行为，实质上是规则的施加。[2] 类似的，帕斯奎尔[3]和迪亚科普洛斯[4]指出，社会生活中的关键决策越来越多地依靠数据驱动的算法来裁定，算法的决策地位是其具备潜在权力的基础。这样的视角开启了一系列关于算法在权力部署和表达中的作用的讨论。[5] 比如，张凌寒认为，算法在海量数据运算的基础上发展成为一支新兴力量，它调配着社会资源，规范着人的行为，甚至辅助或替代公权力进行决策，从而形成事实上的技术权力。[6] 可以说，算法是构建和实现权力的新途径，掌握算法的人或机构在这个意义上拥有更高的权力和地位，[7]可以通过调整算法参数来执行自身意志。[8] 相比之下，用户权利在日益强大的算法权力面前岌岌可危，算法下的个体甚至可能沦为智能时代的"囚徒"。[9]

其次，算法治理的有效实现依赖于"技术－社群"双重路径的同步演进。"算法黑箱"、算法歧视、算法操纵等算法风险的治理需要运用综合手段，这些路径可以被分为技术的路径和社群的路径。对于算法所呈现的技术面孔，算法治理的技术路径旨在通过优化算法设计来实现算法伦理原则。比如，当前算法决策和数据挖掘建立在相关关系而非因果关系基础上，[10] 并且

① Lash S. Power After Hegemony：Cultural Studies in Mutation？［J］. Theory，Culture & Society，2007，24（03）：55－78.

② 赵一丁，陈亮. 算法权力异化及法律规制［J］. 云南社会科学，2021（5）：123－132；陈鹏. 算法的权力和权力的算法［J］. 探索，2019（04）：182－192.

③ 帕斯奎尔. 黑箱社会：控制金钱和信息的数据法则［M］. 赵亚男，译. 北京：中信出版社，2015.

④ Diakopoulos N. Algorithmic Accountability Reporting：on the Investigation of Black Boxes［R］. New York：Columbia Journalism School，Tow Center for Digital Journalism，2013.

⑤ Beer D. The Social Power of Algorithms［J］. Information，Communication & Society，2017，20（01）：1－13.

⑥ 张凌寒. 算法权力的兴起、异化及法律规制［J］. 法商研究，2019，36（04）：63－75.

⑦ 宋锴业. "算法"与国家治理创新——数据、算法与权力的知识生产与逻辑呈现［J］. 科学学研究，2022，40（03）：401－409.

⑧ 喻国明，杨莹莹，闫巧妹. 算法即权力：算法范式在新闻传播中的权力革命［J］. 编辑之友，2018（05）：5－12.

⑨ 彭兰. 假象、算法囚徒与权利让渡：数据与算法时代的新风险［J］. 西北师大学报（社会科学版），2018，55（05）：20－29.

⑩ Mittelstadt B D，Allo P，Taddeo M et al. The Ethics of Algorithms：Mapping the Debate［J］. Big Data &Society，2016（02）：1－68.

由于历史的或者算法设计者的原因，用于训练模型参数的数据本身分布可能是有问题的，而依赖相关关系和分布有偏的数据得出的决策结果可能是错误、不公正的。对此，可以通过发现因果机制以及改善数据分布结构来缓解此类技术问题。[①] 需要指出的是，算法作为一个内涵广泛的概念，在技术原理、应用场景等方面可以进一步分类。不同算法有不同的技术特点，其风险存在差异，在治理价值和治理路径上也各有侧重。换言之，算法的技术治理应遵循分类治理原则，在实践中可以结合本节理论框架审查算法风险并形成差异化的治理对策。

社群路径则以强调立法与监管为主，同时促进科技行业自律以及培养大众的算法素养等。[②] 比如，欧盟《通用数据保护条例》、英国《解释 AI 决策的指南》、美国《过滤泡沫透明度法案》、加拿大《自动化决策指令》、日本《改善指定数字平台上的交易的透明度和公平性法》等，都对算法应用的规范作出要求。我国从 2021 年以来针对网络空间算法活动采取了一系列措施以增进算法活动的透明度、公平性，保护数据安全和主体权益。比如，《国务院反垄断委员会关于平台经济领域的反垄断指南》禁止平台通过算法来实施垄断行为，《中华人民共和国个人信息保护法》（以下简称《个人信息保护法》）对自动化决策行为进行规制，以及国家互联网信息办公室等部门印发算法治理的指导意见，旨在规范算法推荐活动，厘清算法滥用的边界。

三、治理价值："权力－权利"的重新分配

人工智能算法风险反映了算法权力和用户权利之间的不平衡，它折射出算法权力运行忽视对人的权利的关切，算法设计过分关注技术理性、执行效率和预测准确度。不同于作为控制和支配的权力，权利是现代社会中人们所拥有的自由、隐私、知情、平等、自主、尊严等资格或价值。算法伦理的核心价值在于约束算法的权力，保障用户的权利。譬如，要求算法透明以保障人们对算法过程的知情权；要求算法公平以防范歧视和偏见，确保社会不同群体在算法面

[①] 汝绪华. 算法政治：风险、发生逻辑与治理 [J]. 厦门大学学报（哲学社会科学版），2018 (06)：27－38.

[②] 汪怀君，汝绪华. 人工智能算法歧视及其治理 [J]. 科学技术哲学研究，2020，37（02）：101－106.

前平等；要求算法可控以约束算法支配与操纵的权力；要求算法安全，包括个人数据和利益安全，以制约算法过度收集与滥用个人信息的权力。总体而言，可控和安全更侧重制约算法权力，透明和公平更强调保障人的权利。

（一）透明

算法不透明指的是算法处于一种"黑箱"状态。"黑箱"指一个神秘的、不可观察的运作机制，在其中我们只能获得输入和输出，不了解输入转化为输出的逻辑和过程。[①]"算法黑箱"有两层含义。一是指源于算法本身的技术复杂性而导致的模型不可解释，这类问题存在于深度学习等算法中。例如，在计算机视觉、自然语言处理中被广泛使用的卷积神经网络（convolutional neural network，CNN）算法，是一种包含卷积计算、具有深度结构的前馈神经网络（feedforward neural network）。卷积神经网络通常具有很多隐含层，形成多个计算层级，每一层级里都设置了很多计算节点；各个节点之间会交叉传递和处理信息，并且每一节点的计算参数是多变的，这使得整个神经网络具有相当高的计算复杂度。因此，即便知晓整个网络的结构和每一节点的计算方法，仍然无法通过公式进行说明，故而连算法的设计者也无法充分解释神经网络的运作原理。这类"黑箱"问题根植于深度学习等算法固有的技术特性，是机器学习在某些领域（如风险评估）应用的最大障碍。二是指算法设计者不向用户公开其算法原理与机制，导致用户对算法特征与运算过程毫不知情。例如，欧盟曾指责谷歌不公开其搜索引擎算法，称此举是在制造"扭曲的棱镜"。此外，互联网平台所采用的算法通常具有不稳定性，算法开发通常以连续、分布式和动态的方式重新编程，设计者对算法不断修正，导致后来的使用者不了解前期算法开发的历程。[②] 这类"算法黑箱"问题很容易导致算法用户处于信息不对称中的劣势地位。这一方面导致用户知情权受损，由此降低用户对算法决策结果的信任与遵从，另一方面也造成对算法决策问责的困难。算法透明的意义在于既有利于监督算法决策过程，实现算法操控者的可问责性，又赋予用户知情权，以便检验或审查

---

① 帕斯奎尔. 黑箱社会：控制金钱和信息的数据法则［M］. 赵亚男，译. 北京：中信出版社，2015.

② Tsamados A，Aggarwal N，Cowls J et al. The Ethics of Algorithms：Key Problems and Solutions［J］. AI & Society，2021：1-16.

算法决策结果的合理性。① 虽然算法透明原则因其可行性仍存在诸多争议，但是算法透明被普遍认为是算法规制的重要维度。

（二）公平

公平即非歧视与无偏见，是善治的基本目标之一。现代社会在政治价值上强调规则面前人人平等，并以法律的形式反对歧视和偏见。然而，在特定情景下，数据驱动的智能算法可以通过隐性、难以察觉的方式潜移默化地实现系统化、静悄悄的歧视。有研究发现，算法正在基于年龄、性别、种族、收入等社会特征对特定群体实施系统性的、可重复的不公正对待，② 挑战着作为当代权利体系基础之一的平等权。③ 例如，卡内基·梅隆大学的研究人员做了一项实验，他们模拟谷歌用户访问就业网站，然后统计了谷歌推送的广告，结果发现男性组收到谷歌"20 万美元 +"职位广告推送达 1852 次，而女性组只有 318 次。④ 亚马逊以 10 年中收到的简历为训练数据集开发简历筛选算法，因为训练数据有偏，简历大多来自男性，导致根据训练出来的算法，所有带有"女性"相关特征的简历均受到排斥。⑤ 这是就业场景下算法系统"偏见进，偏见出"的典型案例。除了就业歧视，"评分社会"⑥ 中的算法歧视也屡见不鲜，如价格歧视、信用歧视、教育歧视等。造成算法决策结果不公平与算法歧视的原因很多，包括数据维度权重不一、使用有偏的训练数据集、将模型误用于特定场景、研发者的偏见、企业的逐利动机，甚至算法所执行的自动分类本身就是一种直接的歧视。⑦ 算法歧视损

---

① 沈伟伟. 算法透明原则的迷思——算法规制理论的批判 [J]. 环球法律评论，2019，41 (06): 20 – 39.

② 刘友华. 算法偏见及其规制路径研究 [J]. 法学杂志，2019，40 (06): 55 – 66.

③ 崔靖梓. 算法歧视挑战下平等权保护的危机与应对 [J]. 法律科学（西北政法大学学报），2019，37 (03): 29 – 42.

④ Miller C C. When Agorithms Discriminate [EB/OL]. https://www.nytimes.com/2015/07/10/upshot/when-algorithms-discriminate.html.

⑤ Dastin J. Amazon Scraps Secret AI Recruiting Tool that Showed Bias Against Women [EB/OL]. https://www.reuters.com/article/us-amazon-com-jobs-automation-insight-idUSKCN1MK08G.

⑥ Citron D K, Pasquale F. The Scored Society: Due Process for Automated Predictions [J]. Washington Law Review, 2014c: 1 – 33.

⑦ Lepri B, Oliver N, Letouze E et al. Fair, Transparent, and Accountable Algorithmic Decision-making Processes [J]. Philosophy & Technology, 2018, 31 (04): 611 – 627.

害了公众在就业机会、工作待遇、享受公共品等方面的公平机会和合法权益，算法"杀熟"更是凸显了算法歧视直接损害个体经济权益。[①] 随着大数据"杀熟"成为流行词汇，算法歧视被广泛视为智能时代算法规制所要破解的基本问题。

（三）可控

20 世纪 60 年代，马尔库塞曾批判现代新技术形态对人进行操纵与控制，半个世纪之后，科学史学家戴森讽刺道："脸书决定了我们是谁，亚马逊决定了我们想要什么，谷歌决定了我们怎么想。"[②] 当前自动化智能化决策系统业已广泛进入经济交易和公共治理等场景，在金融、就业、新闻、政治、健康和公共服务领域，越来越多的预测模型潜移默化着人们的决策，干预甚至控制着个体的选择。算法结合了公共权力与资本权力，对社会施加系统化、高精度的控制与规训，很容易使个人在社会认知、社会流动、生产劳动等方面沦为算法的"囚徒"。[③] 首先，如果将互联网媒体作为认知世界的工具，用户所获取的信息就可能被这些媒体的个性化算法过滤，导致用户对现实世界的多样性和复杂性的简化、片面理解，从而限制个体的判断力和决策力。上文提及的"信息茧房"和"致瘾性推荐"是互联网媒体运用算法干预和控制用户信息选择的重要机制。其次，算法亦有可能固化社会分层，通过对个体施加结构性的歧视，影响个体获得稀缺资源和向上流动的机会。尤班克斯在《自动不平等》一书中指出，公共服务项目中的资格自动认证系统、排名算法和风险预测模型，构成一张控制、操纵与惩罚之网，对人们进行精准画像与分类服务，并且通过不公正的信息反馈系统，将边缘化群体特别是弱势群体排斥出去。个体一旦被算法锁定，就会面临更密集的受监测和追踪的负担，甚至会妨碍其申请维系生计所需的公共资源，被打入"数字济贫院"。[④] 最后，在生产劳动方面，以外卖骑手的劳动控制为例，平台算法持续地收集和分析骑手数据，并根据分析结果建立起高强度的劳动秩序，实现资本对劳动

---

① 刘友华. 算法偏见及其规制路径研究 [J]. 法学杂志，2019，40（06）：55 – 66.

② 帕斯奎尔. 黑箱社会：控制金钱和信息的数据法则 [M]. 赵亚男，译. 北京：中信出版社，2015.

③ 彭兰. 算法社会的"囚徒"风险 [J]. 全球传媒学刊，2021，8（01）：3 – 18.

④ 尤班克斯. 自动不平等 [M]. 李明倩，译. 北京：商务印书馆，2021.

的精准控制。① 因此，如何摆脱算法的支配、拥有使用算法的自主性，对处于数字化生存时代的人们，特别是算法身份意义上的弱势群体，是一项严峻挑战。

（四）安全

安全原则约束着算法权力，保障算法使用者的人身、信息与财产安全不受智能算法威胁。随着智能算法在社会生活、生产交易和公共治理中的广泛应用，算法系统的设计安全隐患时有暴露。例如，自动驾驶汽车作为能够综合体现人工智能发展高度的复杂智能系统，因算法缺陷而引起的安全事故近年来时有发生。可见，复杂智能系统的本体安全尚未能完全实现，仍然存在一定的脆弱性和不确定性。除了确保自身安全，智能算法系统还需要具备防范外部威胁的技术韧性。由于智能系统所处环境的开放性，在从输入到输出的过程中都有可能遭遇外部攻击。② 例如，亚马逊某款智能语音助手在维基百科上读取了经过恶意编辑的文本后，对使用者进行危险行为诱导，甚至建议使用者自杀。③ 安全原则是一项底线原则，它要求算法系统是安全可靠、不作恶的，其基本原则是不能伤害人类。此外，对于众多算法产品和算法服务的用户而言，个人隐私保护和数据安全成为当下安全感的构成要素。在当前技术环境下，用户经常面临着个人隐私或个人信息一揽子授权、网站强行留痕、软件内置后门程序、APP 超范围收集用户信息等问题，严重威胁着个人隐私保护和数据安全。尽管利用这些数据，智能算法可以对用户进行深度计算，推理用户的兴趣、偏好、需求等，以此向用户精准推送新闻、商品与服务，但是，对此类数据的过度收集与滥用不仅侵犯了用户的数据权利，还有可能对社会秩序和公共安全造成潜在威胁。因此，智能时代算法使用如何实现从个体安全到公共安全、从本体安全到环境安全的底线保障就成为算法治理的基本维度。

---

① 陈龙."数字控制"下的劳动秩序——外卖骑手的劳动控制研究 [J]. 社会学研究，2020，35（06）：113 – 135，244.

② 陈宇飞，沈超，王骞等. 人工智能系统安全与隐私风险 [J]. 计算机研究与发展，2019，56（10）：2135 – 2150.

③ Crowley J. Woman Says Amazon's Alexa Told Her to Stab Herself in the Heart for 'the Greater Good' [EB/OL]. https：//www. newsweek. com/amazon-echo-tells-uk-woman-stab-herself – 1479074.

四、治理路径:"技术—社群"的双重约束

算法在一定程度上继承并放大了人类社会固有的不透明、不公平、操纵与安全风险,[①] 相应地,约束算法权力以保障人的权利,应着力于技术改进与社群约束两条路径,有效防范"算法黑箱"、算法歧视、算法支配所带来的风险,以及保障用户使用算法的安全性。

(一) 算法计算的可解释性

算法透明的呼声一向很高,但是绝对的透明或简单公开算法源代码的可操作性不高。首先,因技术固有的复杂性而导致的"算法黑箱"当前还无法透明,解决这一问题有赖于技术的突破性进展。其次,对于因平台不公开算法特征及运算过程而导致的"算法黑箱",要求其透明虽然可以为用户提供关键信息,但也会导致用户信息过载。并且,算法属于科技企业的核心技术,强制算法公开会导致引发业界效仿、损害科技企业创新、引发动机不良者操纵等问题。[②] 例如,谷歌曾经公开著名的 PageRank 网页排名算法的排序标准,但是一些恶意网站却利用谷歌披露的算法与其博弈,操控搜索结果排名,导致谷歌不得不对排名算法进行保密,谷歌搜索服务只得又成为一项"黑箱"业务。[③] 谷歌搜索引擎的案例非常经典地展示了黑箱文化的演变过程。[④] 这就是所谓的"透明性悖论",即透明性在增进信息对称性与保障知情权的同时,也可能引发某些非预期的负面后果。在此情况下,提高算法的可解释性被视为增进算法透明的有效路径。近年来,可解释的人工智能 (explainable artificial intelligence,XAI) 已经成为计算科学研究的前沿主题。XAI 指所有能够帮助人类理解人工智能模型行为的技术丛,使用解释作

---

① 郭毅."人吃人":算法社会的文化逻辑及其伦理风险 [J]. 中国图书评论,2021 (09):45 – 53.

② 徐凤. 人工智能算法黑箱的法律规制——以智能投顾为例展开 [J]. 东方法学,2019 (06):78 – 86.

③ 沈伟伟. 算法透明原则的迷思——算法规制理论的批判 [J]. 环球法律评论,2019,41 (06):20 – 39.

④ 帕斯奎尔. 黑箱社会:控制金钱和信息的数据法则 [M]. 赵亚男,译. 北京:中信出版社,2015.

为模型与人类之间的接口，使模型的运转能够被人类简单、清晰地理解。[1]
XAI 是打开算法决策黑箱的可行路径，向用户解释算法决策的依据和原因，
保障用户的知情权，提高用户对算法系统的认知和信任。一些大型算法公司
开始已经介入 XAI 实践，通过提供相关开源工具箱来帮助开发者和普通公众
理解机器学习算法。例如，IBM 的 AI explainability 360 帮助使用者了解机器
学习算法的推理、规则以及事后解释，[2] 谷歌的 What-if tool 帮助人们用最少
量的代码来探索、可视化以及分析机器学习系统[3]。

（二）算法应用的公平性

面对智能算法决策在日常消费、劳动雇佣、政府监管和司法裁定等领域
发挥的作用越来越大，算法歧视或偏见对特定社会群体造成实质性损害，因
此约束算法歧视成为必然选择。要限制算法歧视，除了数据审计和算法审计
等技术进路，更重要的是将传统的反歧视法律规制有效地延伸到智能算法。
譬如，美国《算法责任法案》认为应对年收入超过 5000 万美元或拥有超过
100 万消费者数据的公司进行算法影响评估，以最小化机器学习系统的算法
偏见。在伊利诺伊州，《人工智能视频面试法》规定雇主在使用人工智能分
析视频面试时，需向申请人解释人工智能的工作方式及其使用了哪些特征来
评估申请人，雇主要事先征得申请人同意，以及依申请人要求在 30 天内销毁
视频。欧盟《通用数据保护条例》实行"数据清洁"原则，要求在自动化决
策中移除种族、性别、基因等敏感数据，以防止对特殊群体的歧视。[4] 加拿
大《自动化决策指令》要求政府部门在使用算法决策系统时，就算法决策对
个体与群体的权利、健康与福祉、经济利益以及生态系统的可持续性的影响
进行评估。日本《改善指定数字平台上的交易的透明度和公平性法》和韩国
《在线平台公平交易法》均致力于提高数字平台交易的透明性和公平性。在

---

① 孔祥维，唐鑫泽，王子明. 人工智能决策可解释性的研究综述［J］. 系统工程理论与实践，
2021，41（02）：524 –536.

② Mojsilovic A. Introducing AI Explainability 360［EB/OL］. https：//www. ibm. com/blogs/research/
2019/08/ai-explainability – 360/.

③ Wexler J，Pushkarna M，Bolukbasi T et al. The What-if Tool：Interactive Probing of Machine
Learning Models［J］. IEEE Transactions on Visualization and Computer Graphics，2019，26（01）：56 –65.

④ 章小杉. 人工智能算法歧视的法律规制：欧美经验与中国路径［J］. 华东理工大学学报（社
会科学版），2019，34（06）：63 –72.

我国，新落地的《中华人民共和国个人信息保护法》禁止大数据"杀熟"的差异化定价行为，要求自动化决策的透明度，保证决策结果公平公正。另外，规制算法的社群路径还包括算法公司的自我规制和科技社群的行业自律。例如，谷歌倡导在学习中实行"机会均等"原则，以审查与防止基于种族、性别、残疾或宗教等敏感属性的歧视。①

（三）个体对算法的自主性

算法应用产生了人困于算法的异化现象，反映了人的自主性和独立性受到严重影响。② 自主性要求用户能够摆脱算法控制，人的决策应优先于算法决策，而非被算法支配。这意味着让算法回归工具性角色，强化人对算法的主体地位，保护使用者免于沦为算法的奴隶。在算法应用实践中，算法可控是指"人们可以有效规制算法或者自主决定算法是否继续执行"③。被算法计算的对象应该有选择的机会，能够不需要付出高昂代价就可以拒绝自动化决策算法，摆脱算法的预测模型。为此，需要在机器学习的计算过程中引入人的意见和价值。例如，近年来倡导的"人在环中"（human-in-the-loop）的算法系统是一种结合了人类智能与机器智能的方案，允许用户监督与控制算法决策过程，调整或优化算法决策的输出。另外，一种增强用户自主性的技术改进路径是，算法系统给被决策对象保留退出选项。就像飞行员能够关闭自动驾驶并重新获得对飞机的完全控制一样，④ 科技公司的算法产品与服务需给使用者提供类似的选择，例如可以修改自己的标签、免于被画像、可以关闭算法推荐服务等。同理，公共部门算法也不能凭借其数据收集与关联优势，对公众进行道德分类与社会控制。各种算法决策系统通过在不同程度上赋予用户退出机制，还原人在决定自身事务上所享有的自主权利。

（四）算法使用的安全性

为识别和防范算法系统的安全风险，全球主要国家从战略、技术标准、

---

① Hardt M. Equality of Opportunity in Machine Learning ［EB/OL］. https：//ai. googleblog. com/2016/10/equality-of-opportunity-in-machine. html.
② 张凌寒. 自动化决策与人的主体性 ［J］. 人大法律评论，2020（02）：20-48.
③ 袁康. 可信算法的法律规制 ［J］. 东方法学，2021（03）：5-21.
④ Floridi L，Cowls J，Beltrametti M et al. AI4People—an Ethical Framework for a Good AI Society：Opportunities，Risks，Principles，and Recommendations ［J］. Minds and Machines，2018，28（04）：689-707.

法律法规等方面寻求对策。例如，美国《国家人工智能研发战略计划：2019更新版》将确保人工智能系统安全可靠列为一项核心战略，欧盟《可信赖人工智能伦理指南》把技术稳健性和安全性视为可信赖的人工智能系统关键要求。对人工智能系统进行安全监管的法律法规经常出现于具体领域。例如，在自动驾驶领域，美国制定《联邦自动驾驶汽车政策》《确保车辆演化的未来部署和研究安全法案》，将自动驾驶汽车安全监管纳入法律框架，对自动驾驶系统提出安全规范。此外，在个人隐私保护及数据安全方面，针对算法驱动的侵犯与滥用个人信息行为，传统的规制思路是个人数据赋权，即通过赋予个体一系列数据权利来强化个体对自身数据的控制，数据控制者与处理者则承担维护个人数据安全的责任。[1] 例如，欧盟《通用数据保护条例》旨在让数据主体重新获得对个人数据的控制，其对个人数据的界定涵盖了个人身份、生物特征、电子记录等数据，规定个人数据收集应当具有具体、清晰、正当的目的，要求数据采集者通过恰当的方法告知数据主体，赋予数据主体被遗忘权、限制处理权、可携带权等数据权利。美国加州《加州隐私权法案》规定企业智能系统要在合理、必要、具有特定目的的条件下收集、处理、使用、存储个人信息。我国《个人信息保护法》规定个人信息收集应仅限于处理目的的最小范围，不得过度收集个人信息，且全面规定了个人在个人信息处理活动中享有决定权、限制权、拒绝处理权等权利。《个人信息保护法》出台后，工业和信息化部等部门下架了一批超范围、超频次强制收集非必要个人信息的 APP。除了法律规制，还应向社会普及个人数据被窃取、泄露、滥用的潜在风险，让用户在享受智能化所带来的便利性和精准性的同时，具备算法安全风险意识与个人数据权利意识。

五、结论与讨论

在人工智能算法蓬勃发展的今天，学界从多个视角围绕算法伦理及其风险治理进行了广泛讨论。可以说，算法应用应该在提高效率和合乎伦理这两个目标之间取得平衡已经成为普遍共识，而自主、透明、公平、安全也被视为算法治理的四项基本伦理原则。本章从算法治理的价值和路径两

---

① 丁晓东. 论算法的法律规制［J］. 中国社会科学，2020（12）：138 – 159，203.

个维度提出了一个算法治理的分析框架。算法风险反映了算法权力与用户权利两者之间关系的失衡。换言之，算法权力无序扩张以及用户权益不受保护，导致算法控制、算法黑箱、算法歧视以及算法安全风险。因此，算法治理的价值是通过制定与践行算法伦理原则，以达到约束算法权力与保障用户权利的目的。相应地，算法风险的治理路径包括技术内生路径与社群外生路径。

在此基础上，本节讨论的四个伦理原则在不同程度上都可以通过技术或社群路径来实现。例如，算法安全风险治理既要依赖赋权与监管等社群约束，也需要经由优化深度学习和提升算法韧性来达成。基于自主、透明、公平和安全四项伦理原则，欧盟以及美国、日本、韩国等国正在探索算法治理的多样化路径，作为算法大国的我国也是全球算法治理的开拓者。本节分析表明，现阶段算法治理正在汇聚多元治理主体，未来可进一步基于"权力－权利"的治理价值和"技术－社群"的治理路径构建算法的多元治理框架。

首先，随着国家层面硬性法规出台，应加快推进算法监管体系建设。中央网信办等监管部门已经就算法推荐管理出台规定，并宣布利用三年左右建立起算法综合治理体系，以保护公民的合法权益、维护国家安全和社会公共利益。针对各类算法活动，相关部门要加快探索算法测试、评估与审计的启动条件和技术标准，将监管目光投向算法的设计与运行。其次，科技企业作为算法研发、部署与推广的首要主体，应主动承担主体责任，成立算法伦理部门，建立算法安全责任制度、科技伦理定期审查和结果披露制度，强化科技企业的伦理责任意识。再次，大力开发第三方科技社群的算法治理能力，制定行业算法伦理规范推进行业自律，依托专业力量就平台算法风险进行评估，测试算法的透明度、识别算法是否存在歧视与损害性后果。探索算法审计报告向社会公布制度，并与平台信用挂钩，倒逼平台改进算法。最后，通过政府、科技企业、科技社群和社会参与构建协同治理体系，使得全社会在发挥算法红利、用算法进行治理的同时，充分考虑个人权利和公共利益，对算法风险进行识别和防范，实现对算法的治理，从而构建一个以人为本、公平公正、公开透明、安全可靠的算法治理生态。

第五章　治理数据：数据要素的类型学及其产权归属*

随着数字化浪潮席卷全球，数字技术正深刻影响着人类生活的方方面面，数字化已然成为各国经济社会转型的必然方向，处于数字化发展核心地位的数据要素受到了国际社会的普遍关注。2017 年，习近平同志在中央政治局实施"国家大数据战略"集体学习时指出"要构建以数据为关键要素的数字经济。建设现代化经济体系离不开大数据发展和应用"。同年，《经济学人》封面文章也提出"当今世界最有价值的资源不再是石油，而是数据"。美国 2019 年发布的《联邦数据战略与 2020 年行动计划》更是将数据视为"战略资源"（strategic asset）。2020 年，中共中央、国务院发布的《关于构建更加完善的要素市场化配置体制机制的意见》（本节简称《意见》）更是将数据视为一种新型生产要素，与土地、劳动力、资本、技术等传统生产要素处于并列地位。数据的重要性不言而喻。

数据要素的价值已经得到广泛认可，但如何厘清数据要素的产权归属、明确数据权利保护与数据治理体系是世界各国面临的共同难题，直接制约着数据要素价值的最大化开发与释放。目前，有关数据要素的产权归属存在多种竞争性观点：个人所有、企业所有、企业与个人共有、国家所有、公众共有。[1] 而对于数据要素的产权保护，学者们已经从人格权、财产权、知识产权等角度展开讨论，但上述问题至今尚未形成共识。[2] 本节在学界已有研究的基础上，聚焦数据要素的权属界定与治理规则，从数据要素的概念、特征、

---

* 严宇，孟天广. 数据要素的类型学、产权归属及其治理逻辑 [J]. 西安交通大学学报（社会科学版），2022，42（02）：103 – 111.

① 梅夏英. 数据的法律属性及其民法定位 [J]. 中国社会科学，2016（09）：164 – 183，209；丁晓东. 什么是数据权利？——从欧洲《一般数据保护条例》看数据隐私的保护 [J]. 华东政法大学学报，2018，21（04）：39 – 53；丁晓东. 数据到底属于谁？——从网络爬虫看平台数据权属与数据保护 [J]. 华东政法大学学报，2019，22（05）：69 – 83；赵磊. 数据产权类型化的法律意义 [J]. 中国政法大学学报，2021（03）：72 – 82.

② 龙卫球. 数据新型财产权构建及其体系研究 [J]. 政法论坛，2017，35（04）：63 – 77；龙卫球. 再论企业数据保护的财产权化路径 [J]. 东方法学，2018（03）：50 – 63；徐实. 企业数据保护的知识产权路径及其突破 [J]. 东方法学，2018（05）：55 – 62.

类型、价值等方面展开论述，辨析不同类型数据要素的产权归属与保护路径，为充分挖掘数据要素价值、构建数据要素市场提供理论基础。

本节将首先讨论数据要素的定义与特征，辨析数据与信息、原始数据与衍生数据的区别。其次阐述数据要素在经济、社会与政府治理三方面的价值，并说明数据要素的价值形成不仅依赖于数据采集与汇聚，更依赖于数据流通与利用。针对现有数据要素的分类方法，提出新的类型学分类，从"数据谁持有"与"数据谁生成"两个维度切入，区分政府和企业作为数据持有者所管理的四类数据。基于数据要素的类型学分析，本节界定了数据要素的产权归属，并结合人格权和财产权视角讨论了四个类型数据要素的治理逻辑。最后就数据要素治理提出相关思考与建议。

一、数据要素的定义与特征

（一）数据要素的定义

对数据要素的理解，其核心是界定何为数据。各国通常将数据定义为信息的数字化表现形式，后者是前者的主要内容。2021 年我国发布了《中华人民共和国数据安全法》，将数据定义为"任何以电子或者其他方式对信息的记录"。在"淘宝诉美景案"[①] 中，一审法院也明确承认信息与数据是内容与形式的关系。国际标准化组织（ISO）将数据视为信息的形式化体现，便于后者的交流、理解和处理。欧盟 2018 年颁布的《通用数据保护条例》（General Data Protection Regulation，GDPR）将个人数据（personal data）定义为是能够直接或间接识别自然人的任何信息，可见 GDPR 对个人数据的定义也是聚焦于其内容——信息。由此可见，信息是数据的内容，数据是信息的表现形式，信息以数据的方式生成、传输、储存、分析和处置。因此，数据作为信息的载体，掌握数据并不仅仅是掌握了信息，还影响着信息的权属、流通、使用、收益和处置等整个生命周期。

数据所承载的信息，就其内容而言，可以是关于政府或企业的，也可以是关于个人的。这一分类方式将在下文具体讨论，在此，本节着重讨论信息

---

① 案情介绍见 https：//www. chinacourt. org/article/detail/2019/10/id/4591196. shtml。

内容是关于个人的数据，即个人数据。个人数据可以分为两类：个人信息与个人数字痕迹。两类数据的差别可以体现在它们能否直接体现自然人身份，即可识别性。首先，个人信息，或个人信息数据，主要指能够直接识别个人身份的信息，如姓名、身份证号、家庭住址、手机号码、银行账号、生物信息等。[①] 上述信息能够单独，或与其他信息相结合，用来识别个人身份。其次，数字痕迹，也被称为非个人信息数据，指的是个人使用数字化服务与设备设施时留下的使用痕迹，如浏览、搜索、购买、对话、运动轨迹等在数字设备上遗留的记录。[②] 单独使用数字痕迹时，尤其是脱敏加密的状态下，其所承载的信息是难以识别个人身份的。因此也有学者将个人信息与数字痕迹视为敏感和非敏感数据。[③] 但这一分类日益受到质疑，原因在于大数据技术日益发达的今天，任何数字痕迹都可能具有将非敏感数据转化为敏感数据以识别个人身份的能力。[④] 甚至有学者认为并不存在绝对不可识别个人身份的个人数据。在这种情况下，对数字痕迹的利用也必须要考虑对其承载的个人身份信息进行隐私保护。

数据也可分为原始数据与衍生数据，其中原始数据又被称为"原生数据"或"基础数据"，而衍生数据由于其一般具有更高的社会经济价值，也被称为"增值数据"[⑤]。原始数据指的是未经加工、编辑的数据，例如政府收集的政务数据、公众在互联网上留下的个人信息与使用痕迹（如浏览记录、购买记录）。原始数据通常具有体量大、结构复杂、来源众多等特点，原始数据在未经整理、分析的情况下，其价值通常难以体现与释放。衍生数据则指基于特定目标、通过数据分析和计算对原始数据进行加工处理所提取的数据结果，例如企业通过计算消费者线上购物行为所得出的消

---

① 李爱君. 论数据权利归属与取得 [J]. 西北工业大学学报（社会科学版），2020（01）：89-98.

② 沙丽. 数据资源权属判断及司法保护路径 [J]. 人民司法，2020（10）：102-105.

③ 胡文涛. 我国个人敏感信息界定之构想 [J]. 中国法学，2018（05）：235-254；李永军. 论《民法总则》中个人隐私与信息的"二元制"保护及请求权基础 [J]. 浙江工商大学学报，2017（03）：10-21；张新宝. 从隐私到个人信息：利益再衡量的理论与制度安排 [J]. 中国法学，2015（03）：38-59.

④ Paul O. Broken Promises of Privacy：Responding to the Surprising Failure of Anonymization [J]. UCLA Law Review，2010，57：1701-1778.

⑤ 丁道勤. 基础数据与增值数据的二元划分 [J]. 财经法学，2017（02）：5-10，30. 杨立新，陈小江. 衍生数据是数据专有权的客体 [N]. 中国社会科学报，2016-07-13（005）.

费者画像、消费群体的消费模式等，前者可以为企业个性化服务提供依据，后者则反映了消费行为的普遍规律，可以为企业改善经营提供依据。在"淘宝诉美景案"① 中，淘宝公司开发的"生意参谋"数据产品就属于衍生数据，能够为淘宝、天猫店铺商家提供商品销售行情，为其改善经营提供参考。

（二）数据要素的特征

数据要素作为一种"无形"要素，与资本、劳动、技术等三大传统生产要素相比，具有虚拟性、非竞争性、排他性与非均质性等显著特征。对这些特征的理解不仅呈现了数据要素的独特性，还有助于厘清这些特征如何影响数据要素的产权归属问题。

虚拟性。作为一种"无形"的要素，数据要素的虚拟性使其无法独立于数字技术与设备而存在。数据的生成、采集、存储、分析与处理都必须依托于数字技术与设备，因此虚拟性被视为数据要素的核心特征之一。② 数据要素的存在必须依托数字技术与设备，例如平台企业的消费者数据（包括消费者个人信息与消费记录等）不仅需要消费者的行为付出，即使用平台、提供信息，还需要平台企业使用其技术与设备采集、整理、存储这些信息。数字技术与设备是数据得以生成、存续与价值发挥不可或缺的基础条件。有学者认为数据要素和信息与通信技术产品的有效结合是目前全球经济增长的主要动力之一。③

非竞争性。非竞争性指的是某一物品被生产后可以被多人消费、使用，某一使用者对该物品的使用不会减少对其他使用者的供应。这意味着增加该物品消费者的边际成本为零。典型的例子如国防，人口的增加并不会使得国家对每个人的安全保障有所降低。数据要素也同样具有非竞争性。数据要素一旦生成，就可以同时被多个主体使用，新增使用主体并不会影响到原

---

① 资料来源：https：//www. federalregister. gov/documents/2019/02/14/2019 – 02544/maintaining-american-leadership-in-artificial-intelligence。

② 徐翔，厉克奥博，田晓轩. 数据生产要素研究进展 ［J］. 经济学动态，2021 （04）：142 – 158.

③ Jorgenson D W，Vu K M. The ICT Revolution，World Economic Growth，and Policy Issues ［J］. Telecommunications Policy，2016，40 （05）：383 – 397；徐翔，厉克奥博，田晓轩. 数据生产要素研究进展 ［J］. 经济学动态，2021 （04）：142 – 158.

有主体对数据要素的使用效用，即数据要素的使用边际成本为零。[①] 有研究指出得益于数据要素的非竞争性，任何企业、个人都可以同时使用同一组数据，且不会减少他人可用的数据量，因此数据要素的使用效率极高、潜在价值极大。[②]

排他性。排他性指的是当某一物品被某一主体拥有后，其他主体就无法再使用该物品。数据要素的排他性则指的是数据的生成、收集与利用通常会被某些主体控制，其他主体则被排除在使用该数据要素的范畴之外。例如，科技企业所拥有的用户个人信息与数字痕迹通常只服务于本企业的经营活动，其他企业则会被排斥在外。当数据要素的体量越来越大、信息量越丰富、结构越复杂时，数据要素的经济价值会持续走高，排他性则会越发明显。因此，数据要素日益被科技企业视为核心资产，其排他性也日益凸显。

非均质性。并不是所有的数据都有高社会经济价值。例如，个体拥有的关于自身信息的数据，虽然受到法律严格保护，但因为体量有限，并不具有较高的社会经济价值。再如，平台企业持有体量庞大、结构复杂、维度多元的用户数据，但运用专业知识对数据进行深度挖掘与分析之前，这些数据的价值抑或是较低，抑或是难以体现的。[③] 此外，不同主体会从不同角度对数据要素进行挖掘和分析，其所产生的社会经济价值也不尽相同。因此，数据价值的不一致性，既来自数据体量、结构、维度等方面的丰富程度，也来自对数据进行分析利用的程度与方式。

二、数据要素的经济、社会与治理价值

2020 年，中共中央、国务院发布的《关于构建更加完善的要素市场化配置体制机制的意见》将数据作为新型生产要素，这充分肯定了数据要素的经济价值。数据要素还具有巨大的社会价值与治理价值。这些价值无疑体现了数据要素对促进经济社会发展、强化国家治理的重要作用。本节认为数据要

---

① Acquisti A et al. The Ecomics of Privacy [J]. Journal of Economic Literature, 2016, 54 (02): 442 - 492.

② Jones C I, Tonetti C. Nonrivalry and the Economics of Data [R]. NBER Working Paper, 2020, No. 26260.

③ 韩旭至. 数据确权的困境及破解之道 [J]. 东方法学, 2020 (01): 97 - 107.

素价值的实现依赖数据要素的采集、汇聚、分析与利用全过程，因此理解数据要素的价值对于界定数据权属和提出数据要素的治理逻辑至关重要。

数据要素的经济价值体现在以下三方面：优化企业个性化服务、改善企业经营策略和推动经济增长。第一，数据要素分析能够为企业刻画消费者的个人偏好，① 为企业满足消费者需求提供个性化服务，例如有针对性的信息推送与产品推荐。第二，数据要素能为企业提供消费者群体的信息，通过对数据的分析计算，企业能更好地掌握市场动向，发挥数据辅助经济决策的功能，改善其经营策略，优化企业资源配置，提升产品与服务质量，帮助企业扩大市场份额。在这方面，淘宝的"生意参谋"数据产品最为典型。第三，通过为企业的个性化服务、应对市场需求提供数据依据，数据要素能够在市场层面加快资源流通速度、优化资源配置效率，进而推动经济增长。②

数据要素的社会价值体现在三个方面：感知社情民意、识别社会风险和赋权社会组织。第一，数据，尤其是在政府、社交媒体等非经济平台采集的数据，是数字时代社情民意的传声筒。数字技术的革命带来了信息自由，让普通个体在社会议题上拥有了选择、制作和传播信息的能力。③ 当反映个体意见的数据汇聚起来时，就形成了社会舆论，而这些数据也成为感知社情民意的重要指标。第二，数据能够助力社会风险的识别和预测。④ 当前，我国正处于全面深化改革的关键时期，各种社会矛盾相对比较突出，社会风险呈现出新的特点。通过对政府公开网站、微博、微信、论坛、新闻网站等来源的数据进行数据解析、关联关系挖掘、风险指数计算和可视化展示，构建地区社会风险指数，不仅可以为政府管理和决策提供参考依据，还可以反映政策的实施效果，帮助政府及时评估政策的正确性和有效性。⑤ 第三，数据要

---

① 赵磊．数据产权类型化的法律意义［J］．中国政法大学学报，2021（03）：72 - 82.
② 李直，吴越．数据要素市场培育与数字经济发展——基于政治经济学的视角［J］．学术研究，2021（07）：114 - 120；王胜利，樊悦．论数据生产要素对经济增长的贡献［J］．上海经济研究，2020（07）：32 - 39，117；陶卓，黄卫东，闻超群．数据要素市场化配置典型模式的经验启示与未来展望［J］．经济体制改革，2021（04）：37 - 42.
③ 陶卓，黄卫东，闻超群．数据要素市场化配置典型模式的经验启示与未来展望［J］．经济体制改革，2021（04）：37 - 42.
④ 孟天广，黄种滨，张小劲．政务热线驱动的超大城市社会治理创新——以北京市"接诉即办"改革为例［J］．公共管理学报，2021，18（02）：1 - 12，164.
⑤ 孟天广，赵娟．大数据驱动的智能化社会治理：理论建构与治理体系［J］．电子政务，2018（08）：2 - 11.

素的创新应用能赋权社会组织。① 数字时代，社会组织必须依靠互联网思维，实现网络化、全球化、平台化的转变，② 数据要素是实现上述转变的必备基础。数据的海量积累与分析运用是社会组织重塑组织结构、提升自治能力的重要依托。

数据要素对政府治理具有三种价值：培育政府数字治理能力、优化政府治理内部流程与提升政府科学决策水平。第一，数据培育政府数字治理能力。在"一切皆可数"的数字化浪潮中，数据成为政府融合数字空间与现实社会的重要桥梁。以数据要素为基础，运用大数据、人工智能等工具分析数据，政府能够更加全面地掌握经济社会运行规律，预测研判潜在的社会风险，增强政府的社会监督管理能力。③ 第二，数据要素优化政府内部运作流程。借助数字技术，对数据要素的分析与利用可以改善政府的决策流程，优化政府的决策目标，提升政府治理效率和精准度，诊断政府治理效果，便利政府施政评估。④ 第三，数据要素提升政府科学决策水平。数据要素通过精准、动态地反映社会生活的运行状态，提高了政府对社情民意和社会风险的敏感度和反应度，为科学决策提供数据依据。⑤

通过梳理数据要素的经济、社会与治理价值，不难发现数据要素的价值实现需要两个必要条件：海量数据的收集汇聚和依托专业知识的数据分析。第一，只有数据要素总量达到较大规模的时候，数据要素才能具备反映经济规律和社情民意的能力。即便是利用消费者个体消费行为所计算出的用户画像，也需要依靠海量数据提高计算结果的准确度。第二，数据要素必须依赖于专业的数据分析才能从信息转化为相应领域的知识，助力于经济、社会和治理活动。淘宝的"生意参谋"之所以有较高的经济价值，被商家所青睐，

---

① 丁未. 新媒体赋权：理论建构与个案分析——以中国稀有血型群体网络自组织为例 [J]. 开放时代, 2011 (01)：124-145；胡锐军. 社会冲突触发因素的政治学分析 [J]. 政治学研究, 2015 (02)：22-35.

② 李海舰, 田跃新, 李文杰. 互联网思维与传统企业再造 [J]. 中国工业经济, 2014 (10)：135-146；孟天广. 政府数字化转型的要素、机制与路径——兼论"技术赋能"与"技术赋权"的双向驱动 [J]. 治理研究, 2021, 37 (01)：2, 5-14.

③ 孟天广, 张小劲. 大数据驱动与政府治理能力提升——理论框架与模式创新 [J]. 北京航空航天大学学报（社会科学版）, 2018, 31 (01)：18-25.

④ 孟天广, 黄种滨, 张小劲. 政务热线驱动的超大城市社会治理创新——以北京市"接诉即办"改革为例 [J]. 公共管理学报, 2021, 18 (02)：1-12, 164.

⑤ 王山. 大数据时代中国政府治理能力建设与公共治理创新 [J]. 求实, 2017 (01)：51-57.

是因为其投入大量智力劳动，通过深度开发将大量用户消费行为转化为能够反映市场行情的知识。例如，北京市"接诉即办"改革之所以能取得显著成效，是因为北京市政府对海量政务热线数据进行深度挖掘分析以理解城市运行。由此生成的数据分析结果一方面系统地、精准地、动态地展现出社情民意的热点和社会风险的潜在分布，另一方面也有效推动了北京市对其治理结构、制度、机制进行重构，进而提升其风险感知能力、民意回应能力和科学决策能力。①

三、数据要素的类型学

现有研究通常将数据要素分为政府数据、企业数据与个人数据。这一分类方式最主要的不足在于混淆了"数据谁持有"与"数据谁生成"这两个基本问题。例如，已有文献所提到的个人数据通常指的是有包含个人信息与数字痕迹的个人数据，且是涉及众多个体、带有群体性质的个人数据集合。如此体量的个人数据实际上被政府和企业所持有，个人是不可能持有如此庞大的个人数据的。

针对现有分类的不足，本节提出新的数据要素类型学理论，以数据要素持有者与数据要素生成者为两个维度划分数据要素的类型。数据持有者或管理者，指的是数据要素被谁所持有，或者数据要素的使用被谁所管理。这里的持有与管理并不能等同于所有，尤其不等同于法律意义上的所有权。即便在现实世界中，数据要素被某些主体（如企业）持有或管理，意味着这些主体掌握了数据要素的"实际"所有权，但这并不意味着法律上也是如此，或者就应该由这些主体所有。现阶段数据要素持有者主要有两类：政府与企业。数据要素持有者一般具有两个特征：一是持有者通过其数字技术与设备采集、汇聚数据，数据体量虽或大或小，但数据内容的丰富程度要远超个人所拥有的数据。二是持有者能够通过运用专业数据分析方法、或购买服务的方式，挖掘数据的经济、社会与治理价值，即持有者通过投入各类资源挖掘数据价值。

① 孟天广，赵金旭，郑兆祐. 重塑科层"条块"关系会提升政府回应性么？——一项基于北京市"吹哨报到"改革的政策实验 [J]. 中国行政管理，2021（04）：31 – 39.

　　本节并未将个人视为数据要素的持有者，因为虽然个人拥有自身的信息，但其并非唯一的拥有者，同时也不拥有其在政府网站、企业网站、移动客户端等设备设施上的数字痕迹。例如，个人是其个人信息的所有者，如姓名、身份证号、手机号等，但这些信息并非只存储于个人手中，政府、企业都或多或少持有这些信息。而个人的数字痕迹，如购物、浏览、搜索等记录，个人甚至并不全部持有，这些数据都被完整地存储于生成这些数据的网站、移动客户端等设备设施，被拥有这些设备设施的政府或企业主体所控制着。因此，实际上，这些数据虽是个人信息，但并不被个人持有。

　　数据要素生成方式指的是数据通过何种方式实现从无到有的创造和价值实现，具体包括四种方式：自有数据、用户授权、用户使用和加工创造。本节以数据要素持有者和数据要素生成方式为维度，提出了新的数据要素类型学划分方法，具体分类见表Ⅱ-14。

表Ⅱ-14　　　　　　　　　　　　数据要素的类型学

数据生成方式	数据持有者	
	政府	企业
自有数据	政务数据	企业经营数据
用户授权	个人信息	个人信息
用户使用	数字痕迹	数字痕迹
加工创造	衍生数据	衍生数据

　　首先，自有数据指的是数据持有者自身存在与运行过程中所生成的数据。对于政府，自有数据指的是有关政府履行职责过程中生成的数据，或称为政务数据，如财政收支、规划文件、执法记录等政府运作过程中生成的数据。对于企业，自有数据指的是企业生产或经营数据，如生产管理数据、运营数据、财务数据等企业经营过程中生成的数据。

　　其次，第二类数据要素是指通过用户授权、数据持有者在授权范围内记录所生成的个人信息，例如个人在数据持有者网站和移动客户端上注册成为其用户时所提供的姓名、手机号和身份证号。个人信息与其他数据要素不同的是，其存在并不依赖于数据持有者所拥有的数字设备设施，例如个人的姓名、手机号和身份证号码。这些身份信息在个人使用网站、移动客户端等数字设备设施之前就已经存在。这意味着个人信息与数字设备设施是可以独立存在的。而将两者连接在一起的关键在于用户授权，即用户个人通过签署服务协议同意提供其身份信息。政府和企业作为数据持有者则在用户授权范围内管理、使用和保护这类数据。

再次，第三类数据要素指的是基于用户使用行为所生成的数字痕迹，包括用户浏览、搜索、消费等使用数字产品与设备时产生的记录。数字痕迹有两大特点。一是数字痕迹的生成虽然源于用户的主动行为，但其行为目标主要是获取服务，而非创造价值。以用户搜索行为为例，用户对于信息的搜索旨在获取相关信息，而非创造信息。二是不同于个人信息，数字痕迹的存在必然需要数据持有者所提供的数字产品、服务与设备，后者无法独立存在。结合上述两大特点，可以发现在一定意义上，数据持有者的贡献更为重要，因为用户的主动行为是在使用数据持有者的服务，并从中获益。个人信息与数字痕迹这两类数据是目前社会各界争议的焦点所在，然而多数现有文献并不加以区分，而是以两者混为一谈的方式去讨论产权界定与归属的问题。基于上述讨论，本节对两者分开讨论，区分两者的差异，并在下文提出不同的产权归属与治理原则。

最后，第四类数据要素——衍生数据指的是数据持有者运用相关专业知识、数据分析技术对其持有的各类数据进行加工与分析所创造出的数据分析结果。这类数据要素之所以能够存在的关键在于加工创造。对数据的加工创造具有经济、社会与治理价值的知识，推动社会经济发展。例如，政府对公民通过政务热线所反映的诉求数据进行分析，数据分析结果反映了社情民意，为政府科学决策提供数据依据。企业通过对用户的消费行为进行数据分析，探究经济规律，了解市场行情，从而为企业优化经营提供数据支持。

四、数据要素产权界定与治理原则

当前，有关如何优化配置数据要素的讨论中，最关键问题在于如何界定数据的产权。产权制度被视为市场经济的基石，是优化资源配置、推动经济增长的重要条件。① 有关数据产权的界定影响着数据要素的价值发挥、数据保护制度的建立以及数据要素市场的培育与发展。

有关产权的定义，经济学界与法学界历来存在差异。一方面，经济学者通常将产权视为对"物"的占有、使用中形成的权利。② 例如，常修泽从广义角度定义产权，认为广义角度的产权包含三大要义：广领域（覆盖领域广泛）、多权能（以所有权为基础的权利体系）、四联动（产权界定、产权配置产权交易和产权保护）。③ 其中，产权包括所有、占有、支配、收益和处置等权能。另一方面，法学家则多采用狭义理解，将产权视为物权。产权在法学领域是指财产所有权和与财产所有权有关的财产权，具体包括经营权、使用权、采矿权和承包经营权。④ 本节所说的数据产权借鉴了经济学界对产权的广义定义，将数据产权界定为数据占有、使用中形成的权利，具体包括所有、使用、收益、处置等产权权能。

数据产权的界定与保护有两大路径：一个是人格权路径，另一个是财产权路径。人格权路径一般聚焦个人数据，尤其强调个人数据中涉及可识别个人身份的信息数据。人格权路径强调个人的隐私权，重视个人信息与人格尊严的关系。与之相对的，财产权路径则提出数据产权归属应该采取财产权方式。这样做不仅是出于提高数据挖掘分析水平、充分释放数据价值的目的，而且还被认为能够更好地保护个人利益。财产权界定的基础是以洛克为代表的劳动权理论。洛克认为当劳动使得某一物品脱离了自然状态，那么这一物品就属于劳动的付出方。⑤ 劳动权理论对劳动与财产权归属关系的论断，为我们判定数据产权归属提供了借鉴。在对数据采取财产权路径进行产权归属界定时，其根本在于界定数据是由谁的劳动而生成。

以上提到数据的主要持有者——政府与企业。他们都持有四类数据：有关自身的数据、用户个人信息、用户数字痕迹和衍生数据。本节运用人格权和财产权两种产权界定路径，对这四类数据进行分类讨论。

---

① Coase R H. The nature of the firm [J]. Economica, 1937, 16 (04)：386 – 405.

② 石佳友. 健全以公平为原则的产权保护论纲 [J]. 中国政法大学学报, 2021 (03)：53 – 71.

③ 常修泽. "广义产权论"三大要义与产权保护制度 [J]. 战略与管理, 2016 (06)：1 – 10.

④ 谢次昌, 王修经. 关于产权的若干理论问题 [J]. 法学研究, 1994 (01)：42 – 47.

⑤ [英] 洛克. 政府论 [M]. 叶启芳, 瞿菊农, 译. 北京：商务印书馆, 1964.

（一）政务数据与企业运营数据

对于有关政府与企业自身的数据——政务数据与企业运营数据，其产权归属较为明确，理论界也基本达成共识。对于政务数据的产权归属，有学者认为应当明确将政务数据界定为政府所有，对社会公开。[①] 政务数据政府所有的依据来自政务数据收集、生成的主体是国家行政机关，他们在履行法定职责所收集、生成的数据由他们所有具有正当性。政务数据由政府所有的界定，不仅要实现政府部门之间的数据共享，还要将其视为公共资源，对社会公众开放。将政务数据视为政府所有的做法目前已经在福建省、重庆市等地有所实践。对于企业自身经营数据，理论界与法律界普遍认为该类数据归企业所有。企业对其自身开展经营活动所需要、所生成的信息，如企业名称、经营成本与收入等，享有数据产权。

（二）用户个人信息

对于个体在政府和企业的网站、移动客户端等数字设备设施上留下的个人信息，理论界普遍认为应该归个人所有。虽然已有研究多关注企业持有的用户个人信息，但政府持有的用户个人信息与之相同，不仅直接涉及个人隐私，还都是用户授权政府与企业持有，因此个人信息都应被视为个体所有。用户个人信息划归个人所有后，其保护主要依靠人格权路径，重在保护个人隐私信息。人格权保护路径的典型案例如欧盟颁布的 GDPR，对个人数据（在国内语境下，即为个人信息）设定了八项权利：知情权、访问权、更正权、被遗忘权、限制处理权、反对权和不受制于自动化决策。目前，我国虽然尚未正式颁布《中华人民共和国个人信息保护法》，但个人信息保护已有一定法律雏形，相关法律规定已经出现在《中华人民共和国刑法》《中华人民共和国民法总则》《中华人民共和国消费者权益保护法》《中华人民共和国电子商务法》与《中华人民共和国网络安全法》。

对个人信息采取人格权保护在我国已有一定实践经验。例如，2018 年江苏省消费者权益保护委员会（以下简称江苏消保委）诉百度民事公益诉

---

① 曾娜. 政务信息资源的权属界定研究 [J]. 时代法学，2018，16（04）：29 - 34；程啸. 区块链技术视野下的数据权属问题 [J]. 现代法学，2020，42（02）：121 - 132.

讼案中，① 江苏消保委指出百度公司旗下"手机百度""百度浏览器"两款手机软件在用户安装前，百度均未告知用户其信息获取的权限和目的，且在未经用户同意的情况下，获取诸如"监听电话""定位""读取短彩信""读取联系人""修改系统设置"等涉及用户个人信息安全的权限。这些权限被江苏消保委认为已经超出合理范围，侵犯了消费者个人隐私。江苏消保委在两次约谈百度无果后，认为百度无法有效保障消费者知情权和选择权，因此向南京市中级人民法院提起公益民事诉讼。

除对个人信息进行人格权保护之外，近期也有学者提出要考虑财产权保护的方式。原因在于，随着数字时代尤其是数字经济的发展，个人信息开始出现商品化现象，例如信息盗卖。在个人信息的经济价值日益显现的今天，仅仅使用人格权对其进行保护，已经无法完全应对个人信息遭受侵害的问题。因此，有学者提出对个人信息的保护应加入财产权保护路径，构建"个人信息资料权"，将人格权和财产权两种保护路径相结合。人格权保护重在保护个人信息的精神利益，维护人的尊严与自由；财产权保护聚焦个人信息的财产利益，当受到侵害时，损失应按照市场价格计算。

（三）用户数字痕迹

对于用户在政府、企业的网站、移动客户端等产品与设备留下的数字痕迹，其产权界定则不像个人信息那么清晰明确。目前，理论界对政府持有的用户数字痕迹讨论相对较少，对企业持有的用户数字痕迹已多有讨论，本节认为虽然政府与企业性质不同，但对后者的讨论能够为判定不同情景下用户数字痕迹的权利归属提供借鉴。

目前，对于企业持有的个人数字痕迹的产权归属问题，至少存在四种观点：个人所有、企业所有、企业与个人共有、社会共有说。② 第一，数据归个人所有的观点聚焦个人作为用户、消费者所生成的数据，认为这些数据是个人合法且不可让渡的权利。第二，数据归企业所有的观点认为个人在企业网站、移动客户端等渠道留下的数据属于企业，企业通过个人在使用其服务

---

① 资料来源：新华网客户端（作者：中国青年报·中青在线记者　李超）https：//baijiahao. baidu. com/s？ id = 1588987596905776748&wfr = spider&for = pc。

② 丁晓东. 数据到底属于谁？——从网络爬虫看平台数据权属与数据保护［J］. 华东政法大学学报，2019，22（05）：69 – 83.

时签署的服务协议获得个人数据的使用权、收益权与处置权。第三，个人和企业共有的观点认为个人数据属于企业与个人共同所有，这一观点在中国法院判决中较为常见。第四，个人数据社会共有的观点认为在互联网企业平台上的个人数据具有公共属性，不能简单归个人或企业所有。

　　本节认为用户数字痕迹的产权界定应当采取政府与个人共有、企业与个人共有的方式，其保护路径应以人格权和财产权相结合的方式。这种方式主要来源于用户数字痕迹的生成机制与信息特性。一方面，用户数字痕迹的生成来自用户在数据持有者网站、移动客户端等产品与设备上的使用，而这些都需要数据持有者的资源投入，因此数字痕迹的生成需要用户和数据持有者的共同贡献。将用户数字痕迹划归为个人与数据持有者共有产权符合该类数据要素的生成方式。另一方面，上文提到，大数据时代，用户数字痕迹同样可能具有识别个人身份的能力。此前，多数人认为用户数字痕迹并不能直接用于识别用户个人身份，但学者发现数字痕迹在与其他数据结合、在巧妙算法的计算下，也可能具有识别个人身份的功能。某些类型的数字痕迹，如医疗健康、宗教信仰等，可能更容易被挖掘出具有识别个人身份的能力。因此，对数字痕迹的使用应当遵循人格权和财产权保护相结合的方式，坚持底线原则，在个人隐私最大化保护的基础上开发利用数字痕迹。

　　对数字痕迹采取人格权和财产权保护相结合的方式在我国司法界已有判例基础。例如，2018 年法院在淘宝诉美景信息科技有限公司（以下简称美景公司）不正当竞争纠纷案中①，就专门针对淘宝收集和使用其用户信息的正当性进行了界定。涉案的数据产品名为"生意参谋"，是淘宝通过收集、整理、计算、提炼用户浏览、搜索、收藏、加购、交易等数字痕迹所生成的衍生数据产品，能够帮助商家实时掌握相关商品的市场行情变化，改善其经营水平。法院认为虽然用户的数字痕迹不具备单独或者与其他信息结合识别个人身份的可能性，但数字痕迹仍然会涉及个人或商家的敏感信息，有可能暴露个人隐私或经营秘密。经过法院审查，淘宝在开发其数据产品时所使用的信息均符合隐私政策所宣示的原则、范围。法院最终认定淘宝在研发其数据产品时满足了保护用户信息安全的要求，其行为具有正当性。

---

　　① 资料来源：https://www.federalregister.gov/documents/2019/02/14/2019 – 02544/maintaining-american-leadership-in-artificial-intelligence。

（四）衍生数据

衍生数据一般来源于政府与企业对自身数据、用户个人信息、用户数字痕迹的单独或结合分析，可见其生成离不开数据持有者的"加工"。[①] 在对数据"加工"的过程中，数据持有者不仅需要投入设备、资金等有形资源，还非常依赖于数据分析人才及其专业知识。有学者甚至指出后者更加重要，认为人才依靠专业知识制定出的算法才是释放数据价值、生成高价值衍生数据的根本。[②]

在这个意义上，衍生数据应被视为数据持有者（在本节指政府和企业）所有。政府持有的衍生数据不仅是反映政府运行、社情民意的重要指标，也是政府优化治理体系、提升治理能力、完善服务能力的重要依据。这类数据划归国家所有才能真正发挥上述功能。相似地，企业持有的衍生数据，以及针对商品制造、销售、购买形成的市场行情报告等，对于优化市场资源配置、提升资源配置效率具有重要参考价值，划归企业所有才能释放其价值。

上述观点在法院对淘宝诉美景案的判决中得以体现。淘宝在诉状中称美景公司招揽、组织、帮助他人获取淘宝"生意参谋"数据产品中的数据内容，从中牟利。淘宝认为其对"生意参谋"数据产品中的原始数据和衍生数据享有财产权，而美景公司恶意破坏淘宝的商业模式，其行为构成了不正当竞争。法院认为淘宝在开发涉案数据产品时，投入大量人力、设备等资源，通过深度开发与系统整合，最终生成了与原始数据无直接对应关系的衍生数据产品——"生意参谋"。因此，淘宝对该数据产品享有独立的财产性权益，可以视为其实际拥有。此外，美景公司在未经授权、亦未付出劳动的情况下，直接将涉案数据产品占为己有，作为自身获利的工具，有悖于商业道德，对激发开发者创造性、提高消费者福祉、推动数据产业发展都有负面影响。最终法院判定美景公司构成了不正当竞争行为（见表Ⅱ-15）。

[①] 姚佳. 企业数据的利用准则 [J]. 清华法学，2019，13（03）：114-125.

[②] 韩旭至. 数据确权的困境及破解之道 [J]. 东方法学，2020（01）：97-107；赵磊. 数据产权类型化的法律意义 [J]. 中国政法大学学报，2021（03）：72-82.

表 Ⅱ-15 数据类型与产权归属

政府持有数据		企业持有数据	
类型	产权	类型	产权
政务数据	政府所有	企业经营数据	企业所有
用户个人信息	个人所有	用户个人信息	个人所有
用户数字痕迹	政府与个人共有	用户数字痕迹	企业与个人共有
衍生数据	政府所有	衍生数据	企业所有

五、数据要素治理的原则与建议

在社会生活数字化不断加深的今天，作为数字化基石的数据要素一直备受关注。数据要素的经济价值已多有讨论，但本节提出数据要素的价值远不限于经济领域，其社会价值、治理价值同样重要。同理，数据要素市场的构建，不仅能为数字经济新产业、新业态、新模式的发展"添油加醋"，还能起到赋权社会、赋能政府的多种功能。为了充分释放数据要素的经济、社会与治理价值，如何确定数据要素产权归属成为关键性问题。本节聚焦于数据要素的类型学划分，提出了与已有研究有所不同的分类方式。以数据要素持有者和数据要素生成方式为维度，提出政府和企业作为数据持有者，两者都持有四类数据：自有数据、用户个人信息、用户数字痕迹和衍生数据。根据这四类数据的生成方式与信息特性，结合人格权和财产权方式对其进行产权界定，以期实现保护个人隐私与利益，促进数据要素共享流动，释放数据的经济、社会与治理价值，推动数据要素市场培育等多重目标。

当前，数字化转型已然成为全球浪潮，深刻影响着世界各国的社会经济发展与国家实力，甚至将改变世界权力格局。作为其核心"燃料"的数据要素无疑在其中扮演着重要角色。多年来，我国通过数字技术的研发与推广，在经济、政治与社会等领域已经并持续积累海量数据，如何充分释放这些数据要素的价值已然成为进一步推动我国社会经济发展、提高民众福祉、提升国家实力的重要议题。因此，我国应结合各地在数据要素确权、共享、开放、交易与应用方面的经验教训，构建数据要素市场，旨在保护个人隐私的同时，增强社会各主体对挖掘数据要素价值的积极性，持续推进我国数字化、现代化的转型与发展。

为推动数据要素市场良性发展，我国应依据以下原则加快相关制度建设。第一，数据要素产权的分类原则。数据要素的产权界定与保护是数据要素市场得以良性发展的必要基础，根据本节的研究发现，数据要素存在多种类型，因此其产权归属需遵循分类原则。通过分类，我们可以明确不同类型数据要素的生成主体与方式，从而判定数据要素产权归属与保护机制，进而发挥数据要素的价值，推动数据要素市场的快速发展。

第二，个人隐私保护的底线原则。数据要素市场的主要目标在于发挥数据要素的经济、社会与治理价值，但价值的释放并非唯一目标。由于数据要素的生成通常会涉及个人信息与数字痕迹，前者能够被直接用来识别个人身份，后者在一定条件下也能具有相似功能，因此个人隐私保护是挖掘与释放数据要素过程中不可忽视的议题。对此，应遵循个人隐私保护的底线原则，在充分发挥数据要素价值的同时，强化对个人隐私信息的保护。

第三，经济社会数据（数字痕迹）的强监管原则。数据要素中有关经济社会的数据价值重大，尤其受到企业等市场主体青睐，但价值巨大的另一面则是潜在的数据安全隐患。为此，应坚持经济社会数据的强监管原则。在监督主体上引入政府与社会主体，发挥政社协同的作用；在监督内容上，既要保证这类数据在使用过程中坚持个人隐私保护的原则，又要确保数据的使用符合相关伦理标准，如透明、公开、人类尊严等。

第四，数据融合与协同开发原则。近年来，得益于数字技术的快速发展与广泛应用，我国在政府、经济、社会等各领域已经积累了海量数据。然而，这些海量数据目前仍被不同主体所持有，并各自为战，不同类型数据之间的互联互通仍未实现。这是我国数据要素市场快速发展必然需要解决的问题之一。对此，应坚持多类数据融合、多主体协同开发的原则，创新性地将政务数据、经济数据与社会数据相结合，建立政府、市场、社会等多元主体协同开发的工作机制，充分利用多元主体的专业知识与技能，实现数据要素经济、社会和治理价值的指数化增长。

第六章 伦理关切：人工智能的伦理治理*

第四次工业革命正深刻改造着人类社会及其治理体系。人工智能技术在全球范围内的快速迭代，一方面广泛提升了人类福祉，另一方面也催生了诸多伦理争论，成为全球科技发展与治理的前沿议题。所谓人工智能伦理，是指"当前在人工智能技术开发和应用中，依照理想中的人伦关系、社会秩序所确立的，相关主体应予以遵循的标准或原则。"① 面对人工智能技术的飞速进步及其对人类社会产生的深远影响，学术团体、社会各界、政府及科技企业（尤其是其中的头部企业）日益重视人工智能的伦理面向，界定核心伦理价值标准，并寻找伦理问题的解决思路和方案，从而引领和规范人工智能的研发、供给与应用。

人工智能伦理作为科技伦理的一部分，是 21 世纪以来继纳米伦理和生命科学技术伦理之后的又一个科技伦理研究焦点。随着人工智能对新闻、驾驶、养老、司法、政府、制造等领域的嵌入和渗透日益深入，技术的负面效果如歧视、支配、"黑箱"与安全风险等负面现象引发了社会的普遍担忧。尤其是新冠疫情暴发以来，人工智能技术在疫情分析、病毒溯源、人口流动监控、健康信息管理、线上办公等领域发挥着不可缺少的作用，这不仅加快了人工智能技术渗透经济社会的进程，还加速了各国针对人工智能伦理问题所开展的政策和立法议程。我国作为人工智能产业大国，近年来对人工智能伦理的重视已上升到国家层面，正在加强相关政策的研究，逐步制定相关法律法规和伦理规范，并以算法推荐为开端启动了对人工智能技术及其应用的监管。与此同时，近年来学术界也呼吁将人工智能伦理议题提上研究议程。② 既有

---

* 李珍珍，严宇，孟天广. 人工智能的伦理关切与治理路径［J］. 中央社会主义学院学报，2022（05）：139－150.

① 陈磊，王柏村，黄思翰等. 人工智能伦理准则与治理体系：发展现状和战略建议［J］. 科技管理研究，2021，41（06）：193－200.

② 沈向洋，龚克，乔杰等. 认识及应对新兴技术带来的伦理问题［J］. 科技导报，2021，39（02）：35－41.

研究从风险生成、应用领域、算法技术等多元视角阐述了人工智能带来的伦理挑战，并围绕核心目标、公共政策、技术优化、人机关系等方面提出了相应的治理思路。

聚焦人工智能伦理的内涵，在既有研究基础上，提炼出六大核心关切：自主决定、安全可靠、透明公开、隐私保护、公平公正、责任担当。对此，本书提出应结合刚性和软性两类治理措施，一方面通过立法对人工智能技术的研发和应用施加强制性的规则和约束，另一方面通过伦理倡议，鼓励多元主体搭建人工智能伦理的共建共治格局，从而建立起系统、完善的人工智能伦理治理体系。

一、智能技术与伦理价值的矛盾

人工智能是第四次工业革命的引领性技术，它全面提高了人类经济社会的运转效率。然而，科技与伦理紧密交织，现代科学技术活动也是一场开拓性的社会伦理试验，技术的研究和应用使得其伦理向度在科技时代得以空前延伸和拓展。[①] 科技发展与社会伦理之间存在张力，与人类在宗教信仰、传统文化、身心健康、信息隐私、环境保护等方面的传统观念产生冲突与碰撞，科技的伦理问题随之显现。纵观人类社会的发展历程，从蒸汽机到电力和内燃机，到互联网和计算机，再到今天的自动化和人工智能，每一次重大的技术突破都会给人类社会与自然环境带来风险和挑战，譬如失业、安全风险、生态破坏等。[②] 特别是第三次工业革命以来，原子能、微电子、航天、海洋、生物、新材料、新能源、电子计算机等方面的技术在极大地推动人类社会全方位变革的同时，也在不断冲击着传统的价值观念。事实上，在 20 世纪 60 年代中后期，在核技术和环境恶化的威胁下，科技活动的伦理问题已经成为社会和学术研究普遍关注的问题。[③] 简言之，科技发展不是与价值无涉的，技术与价值的矛盾构成了科技伦理学形成的基础。

当今社会是人类历史上当之无愧的技术社会，然而有不少观点对其前景

---

① 刘大椿，段伟文. 科技时代伦理问题的新向度 [J]. 新视野，2000（01）：34-38.
② 莫宏伟. 强人工智能与弱人工智能的伦理问题思考 [J]. 科学与社会，2018，8（01）：14-24.
③ 朱葆伟. 关于技术伦理学的几个问题 [J]. 东北大学学报（社会科学版），2008（04）：283-288.

表示深刻担忧。在 2000 年，美国计算机科学家比尔·乔伊在《为什么未来不需要我们》一文中预言，纳米技术、基因工程和机器人存在潜在威胁，有可能会使人类成为濒危物种。① 同年，纳米技术、生物技术和机器人被美国《发现》杂志评为 21 世纪威胁人类生存的重大危险。② 在人工智能伦理成为研究热点之前，科技伦理的研究焦点是纳米技术伦理和生命科学技术伦理。③ 纳米技术的伦理研究始于 21 世纪初，源自人们对纳米技术潜在危害的恐惧。纳米技术可以在原子和分子的尺度上对物质进行操纵，在电子信息、航空航天、生物医药、工业制造、能源环保等方面得到了广泛应用。然而，纳米技术也存在着广泛的伦理争议，譬如纳米材料的毒性问题、纳米技术带来的风险承担与利益分配问题，以及将纳米技术用于治疗人类增强、武器制造、隐私监控问题等。④ 另一个引发巨大伦理争议的技术来自生命科学领域，其讨论热度至今未减。自 1978 年人类首个试管婴儿诞生以来，转基因技术、克隆技术、人类胚胎干细胞技术等生命科学技术迅速发展，科学家成功地将此类技术用于创造、修改人类生命的实验，在引起欢呼之余也充斥着批判与怀疑，成为各国普遍关注的热点。⑤ 脑死亡移植、辅助生殖和克隆人技术引发了社会对死亡判定、生育权利和人类尊严的多维思考。⑥

　　继纳米技术和生命科学技术之后，人工智能技术的快速迭代及其广泛应用引发了科技伦理新一轮的讨论与反思。人工智能自 1956 年在达特茅斯会议上被首次提出以来，相关研究几经沉浮。进入 21 世纪，尤其是 2010 年以来，得益于数据的海量积累、算力的显著提升、算法的优化升级，人工智能全面复兴且实现了迅猛发展，2016 年发生了计算机程序 AlphaGo 击败围棋高手李世石这一人工智能发展史上的标志性事件。目前，人工智能仍处于爆发式发

① Joy B. Why the Future Doesn't Need Us [EB/OL]. https：//www. wired. com/2000/04/joy – 2/.

② 王国豫，龚超，张灿. 纳米伦理：研究现状、问题与挑战 [J]. 科学通报，2011，56（02）：96 – 107.

③ 侯剑华，周莉娟. 中西方技术伦理研究前沿的可视化分析与比较 [J]. 科学与社会，2016，6（04）：72 – 85.

④ 陈子薇，马力. 纳米技术伦理问题与对策研究 [J]. 科技管理研究，2018，38（24）：255 – 260；张灿. 国外纳米伦理学研究热点问题评析 [J]. 国外社会科学，2016（02）：144 – 150.

⑤ 樊春良，张新庆，陈琦. 关于我国生命科学技术伦理治理机制的探讨 [J]. 中国软科学，2008（08）：58 – 65.

⑥ 田妍，周程. 生命科学技术将步向何方？——林真理《被操作的生命：科学话语的政治学》评介 [J]. 科学与社会，2019，9（02）：120 – 129.

展阶段，机器学习、深度学习、模式识别、知识图谱、计算机视觉、自然语言处理等技术日新月异，在智能检索、图像处理、语音识别、机器翻译、语义理解、人机交互等任务上不断取得突破，带来了智能音箱、机械手臂、无人驾驶汽车、服务机器人、新闻推送 APP 等产品。

当前，人工智能伦理已成为伦理学研究的新兴领域。事实上，早在 20 世纪中叶，"控制论之父"诺伯特·维纳就预见了自动化技术的潜在风险。[1] 21世纪初，未来学家雷·库兹韦尔认为，到 2045 年计算机会超越人类。[2] 近年来，来自各个领域的专家学者仍然对人工智能"可能的心智"表达了担忧，认为人工智能有可能对人类生存造成威胁。[3] 无独有偶，乔纳森·诺兰执导的《西部世界》虚构了机器人意识觉醒、反抗人类以夺取控制权的故事。此外，不同领域的知名人士，譬如物理学家史蒂芬·霍金、哲学家尼克·波斯特洛姆、特斯拉 CEO 埃隆·马斯克，都曾对人工智能最终发展出自主意识、脱离人类控制提出过警示。

对于人工智能发展所导致的后果，人们担忧具有自我意识的强人工智能和超人工智能的潜在威胁，思考人类命运是否会被机器所控制。目前，我们仍处于所谓的机器无自主意识的弱人工智能阶段，[4] 但即便是弱人工智能，技术引发的伦理问题也层出不穷，例如数据泄露和隐私侵犯、信息伪造和内容造假、算法歧视和算法独裁、产品事故问责困难等问题。更何况，当前智能技术几乎渗透到人类社会的各个方面，社交、家居、制造、零售、交通、医疗、城市管理等领域无不充斥着人工智能的身影，智能家居、智能支付、精准推送、自动驾驶、无人超市、智能客服、城市大脑等人工智能应用屡见不鲜。技术的普遍渗透更是引发了社会对人工智能取代人类劳动力、损害人类自主性的担忧。

对于当前弱人工智能技术衍生的伦理问题，既有文献从多元视角对现有问题及其机制进行了分析。从风险视角看，赵志耘等认为当前人工智能伦理

① 章文光，贾茹. 人工智能的社会伦理困境：提升效率、辅助与替代决策 [J]. 东岳论丛，2021，42（08）：92-100，192.
② ［美］雷·库兹韦尔. 奇点临近：当计算机智能超越人类 [M]. 李庆诚，董振华，田源，译. 北京：机械工业出版社，2011.
③ ［美］约翰·布罗克曼. AI 的 25 种可能 [M]. 王佳音，译. 杭州：浙江人民出版社，2019.
④ 莫宏伟. 强人工智能与弱人工智能的伦理问题思考 [J]. 科学与社会，2018，8（01）：14-24.

风险表现在人类决策自主性、隐私保护、社会公平、安全责任归属以及生态等方面的破坏或失衡;① 谭九生和杨建武认为人工智能技术风险生成与算法技术黑箱、价值理性与工具理性之间难以协调,以及人类自身在风险认知与应对能力上的有限性。② 从应用视角看,既有文献对智能驾驶的责任归属问题③、智能司法的司法公正问题④、信息推送服务的"信息茧房"问题⑤、机器人看护的受护者尊严问题⑥等方面加以探讨。从算法视角看,算法是驱动人工智能快速发展的引擎,郭毅认为算法社会无法回避隐私数据泛滥、知识权力的不对称、黑箱运作以及算法妨害,基于算法的决策有可能会放大人类社会既有的不平等、不透明、操纵。⑦ 对于人工智能伦理问题的治理,既有文献围绕着伦理治理的核心目标、公共政策、技术优化、人机关系调整等方面提出应对方案。譬如薛澜和赵静认为政府在人工智能与新兴产业发展与监管上应该建立起以敏捷为核心的治理框架;⑧ 贾开和蒋余浩认为,智能时代的公共政策选择应该着力于完善算法和数据的治理体系与治理机制、创新社会治理制度以及构建全球治理机制。⑨

概言之,人工智能作为 21 世纪的代表性技术,虽然极大地促进了经济社会的发展,但其伴生的伦理问题已成为当下科技伦理研究的焦点与前沿议题。随着人工智能技术在社会各领域的逐步推广,人工智能的伦理问题将进一步凸显。在此背景下,如何界定人工智能的伦理原则,对于引领与规范人工智能发展具有战略性意义。

---

① 赵志耘,徐峰,高芳等. 关于人工智能伦理风险的若干认识 [J]. 中国软科学,2021 (06):1 - 12.

② 谭九生,杨建武. 人工智能技术的伦理风险及其协同治理 [J]. 中国行政管理,2019 (10):44 - 50.

③ 司晓,曹建峰. 论人工智能的民事责任:以自动驾驶汽车和智能机器人为切入点 [J]. 法律科学(西北政法大学学报),2017,35 (05):166 - 173.

④ 罗洪洋,李相龙. 智能司法中的伦理问题及其应对 [J]. 政法论丛,2021 (01):148 - 160.

⑤ 彭兰. 导致信息茧房的多重因素及"破茧"路径 [J]. 新闻界,2020 (01):30 - 38,73.

⑥ Sharkey A. Robots and Human Dignity:A Consideration of the Effects of Robot Care on the Dignity of Older People [J]. Ethics and Information Technology,2014,16 (01):63 - 75.

⑦ 郭毅. "人吃人":算法社会的文化逻辑及其伦理风险 [J]. 中国图书评论,2021 (09):45 - 53.

⑧ 薛澜,赵静. 走向敏捷治理:新兴产业发展与监管模式探究 [J]. 中国行政管理,2019 (08):28 - 34.

⑨ 贾开,蒋余浩. 人工智能治理的三个基本问题:技术逻辑、风险挑战与公共政策选择 [J]. 中国行政管理,2017 (10):40 - 45.

二、人工智能伦理治理：国际趋势与中国路径

科技发展往往伴随着人文反思。随着人工智能在经济社会各领域的应用和推广，人工智能的价值日益得到社会认可，但相关伦理问题，如算法滥用、自动驾驶事故、个人隐私侵犯等，也引发各界广泛关注，世界主要国家和相关机构已逐步提出相关伦理原则。事实上，有关人工智能伦理原则的讨论可追溯到艾萨克·阿西莫夫1942年发表的短篇小说《转圈圈》，他在其中提出了著名的机器人三定律，即：第一，机器人不得伤害人类，也不得坐视人类受到伤害；第二，机器人必须服从人类的命令，除非这与第一定律相冲突；第三，机器人必须保护自身的存在，除非这与第一或第二定律相冲突。阿西莫夫三定律具有启发性意义，是后续所有人工智能技术伦理准则的基础。

近年来，为规范人工智能的研发与应用，国际组织、政府机构、科技公司、科技社群、学术团体等利益相关主体一直致力于编制规范性文件，发布人工智能伦理的原则、倡议和指南。在国际组织方面，2019年经济合作与发展组织发布了"负责任地管理可信人工智能"的原则，包含包容性增长、以人为本、透明性、稳健性、责任等元素。2021年联合国教科文组织发布《人工智能伦理问题建议书》，这是全球层面首个人工智能伦理的规范框架，旨在促进智能技术造福人类、社会、环境以及生态系统。

在政府方面，2019年美国白宫发布题为《维持美国在人工智能领域领导地位》的行政令，强调减少使用人工智能技术的阻碍，同时保护美国的技术、经济和国家安全、公民自由、隐私和价值观。[①] 2019年欧盟发布《可信AI伦理指南》，指出人工智能从业人员在开发、部署和使用人工智能系统时，要遵守四项伦理原则——尊重人类自主、防止伤害、公平以及可解释性。

在科技企业方面，谷歌、微软、IBM等主要的人工智能大型企业公布了各自的伦理原则和方针。例如，微软在2018年出版的《计算未来》中提出人工智能开发应遵循六大原则，即系统公平、可靠与安全、隐私与保障、包

---

① 资料来源：https://www.federalregister.gov/documents/2019/02/14/2019 - 02544/maintaining-american-leadership-in-artificial-intelligence。

容、透明和负责。①

在科技社群方面，美国计算机协会、电气与电子工程师协会等专业协会也就合乎伦理的人工智能提出建议。例如，美国计算机协会倡导算法开发和部署要落实知情、访问与救济机制、可问责、解释等七个原则。

在学术研究方面，除相关学术论文日益增多之外，涉及人工智能伦理治理的学术会议也逐渐增加，还有会议专门以人工智能的公平、问责制、透明度为主题。② 此外，《牛津人工智能伦理手册》于 2020 年出版，其中讨论了责任、透明、种族和性别、机器代人、自主性等问题。

在这场全球性人工智能伦理倡议的热潮中，我国作为人工智能大国，也提出相应的伦理原则与治理框架。2019 年 6 月，国家新一代人工智能治理专业委员会发布《新一代人工智能治理原则——发展负责任的人工智能》，提出人工智能发展的相关各方应遵循和谐友好、公平公正、包容共享、尊重隐私、安全可控、共担责任、开放协作和敏捷治理八个基本原则。2021 年 9 月发布的《新一代人工智能伦理规范》提出了增进人类福祉、促进公平公正、保护隐私安全、确保可控可信、强化责任担当和提升伦理素养六项基本要求。2021 年以来，伴随着中央网信办等部门启动算法综合治理与推荐管理，部分伦理要求已经随着人工智能相关立法与监管活动在一定程度上得以付诸实践。

三、人工智能伦理的"六维度"框架

据不完全统计，全球范围内人工智能的伦理原则或倡议已超过百项，组成了人工智能伦理治理的"软体系"。③ 对此，有研究机构以现有伦理指南为研究材料，从中总结出社会各界对人工智能伦理的关切要点。例如，波士顿人工智能伦理实验室开发了一个工具箱，用于便捷地呈现已有的伦理原则。实验室研究人员分析了 2015～2020 年间发布的百余份相关文件，将人工智能

① ［美］施博德. 计算未来：人工智能及其社会角色［M］. 沈向阳，译. 北京：北京大学出版社，2018.

② 斯坦福大学以人为本人工智能研究院. 人工智能指数 2021 年年度报告［EB/OL］. https：//aiindex. stanford. edu/wp-content/uploads/2021/04/2021-AI-Index-Report_Chinese-Edition. pdf.

③ 贾开，薛澜. 人工智能伦理问题与安全风险治理的全球比较与中国实践［J］. 公共管理评论，2021，3（01）：122－134.

伦理归纳为自主、无害、受益和公正四大类。① 另一份由斯坦福大学发布的报告对人工智能技术相关的新闻媒体报道和博客进行分析，发现这些文本包含了人权、人类价值、责任、人类控制、公平、歧视、透明度、可解释性、安全保障、问责制、隐私等要素。② 通过梳理相关研究成果，提炼出人工智能伦理的核心关切，具体表现为六个关键的"簇"，具体如下表 Ⅱ-16。

表 Ⅱ-16　　　　　　　　　　　　人工智能伦理的框架

自主决定原则	自由（freedom），自主（autonomy），同意（consent），决定（choice），自决（self-determination），自由（liberty），赋权（empowerment）
安全可靠原则	安全（security），安全（safety），无恶意（non-maleficence），保护（protection），prevention（防范），可预测性（predictability）
透明公开原则	透明（transparency），可解释性（explainability），可理解性（understandability），可说明性（intepretability），沟通（communication），公开（disclosure），展示（showing）
隐私保护原则	隐私（privacy），个人信息或隐私信息（personal or private information），控制数据使用（control over the use of data），限制处理的能力（ability to restrict processing），更正权（right to rectification），删除权（right to erasure）
公平公正原则	公正（justice），公平（fairness），一致（consistency），容纳（inclusion），平等（equality），无偏倚（non-bias），无歧视（non-discrimination），多样性（diversity），多元性（plurality），可及性（accessibility），
责任担当原则	责任（responsibility），问责（accountability），责任（liability），诚信行事（acting with integrity），有能力申诉（ability to appeal），自动化决策的救济（remedy for automated decision），可验证性与可复制性（verifiability and replicability）

资料来源：Jobin A, Ienca M, Vayena E. The Global Landscape of AI Ethics Guidelines [J]. Nature Machine Intelligence, 2019, 1 (02)：389-399.

（一）自主决定原则

人类自主决定是指人工智能不能妨碍人的选择或对人进行操纵，其中关键要素包括自由、同意、选择、赋权和人类尊严。这一原则强调的是在人类与人工智能系统交互时，不能处于被控制、被决策的地位。2019 年 11 月 10

---

① 资料来源：https：//aiethicslab. com/big-picture/。
② 斯坦福大学以人为本人工智能研究院. 人工智能指数 2021 年年度报告 [EB/OL]. https：//aiindex. stanford. edu/wp-content/uploads/2021/04/2021-AI-Index-Report_Chinese-Edition. pdf.

日，浙江某小学给学生佩戴一种智能"头环"产品，该头环号称可通过检测学生的脑电波来判断学生上课和写作业时的注意力，专注亮红灯，走神亮蓝灯，学生的注意力集中情况以每 10 分钟一次的频率发送给老师和家长。事件曝光后，该地教育机构对外表示已介入调查，并决定停用相关设备。① 这起新闻事件是滥用人工智能进行监视与控制、违反了自主决定原则的典型例子。与此原则背道而驰的另一个典型事件是被平台困住的外卖骑手。外卖平台依托算法系统接连"吞噬"配送时间，导致不少外卖骑手为了避免超时与差评不惜超速、闯红灯甚至逆行。② 在效率至上的评价机制之下，平台的算法化身为数字监工，而外卖配送员不过是数据红海之中的一个个数据点，人在算法的统治下失去选择空间，难以获得"人是目的"意义上的人类尊严。

（二）安全可靠原则

安全指的是人工智能使用起来是安全、可靠、不作恶的。对于人工智能不可伤害人类的要求，自阿西莫夫提出机器人三定律起即存在。安全性有多个维度，既包括人工智能技术本身遵从程序指令、不会伤害生物或环境，也包括人工智能技术要能抵御外界威胁，如需要具备一定弹性、能够抵御漏洞和网络攻击、保护隐私和个人数据等。以人工智能的核心技术——机器学习——的安全性为例，在模型训练与预测过程中，以下三方面值得注意：一是攻击者可能进行数据投毒污染训练数据集，进而影响模型训练结果；二是攻击者可能在正常模型中插入后门，即模型的隐藏模式，当输入特定样本时，攻击者就可以触发模型后门从而操控预测结果；三是攻击者还可能在样本中注入一些罕见样本或者扰动生成的恶意样本，使深度神经网络输出错误结果。③ 不可靠的人工智能系统有可能威胁使用者生命安全，例如曾有报道指出亚马逊智能音箱对用户进行危险行为诱导，当用智能音箱询问关于心脏心动周期的信息时，智能音箱却对用户说人类的心脏跳动加速了自然资源的过

① 资料来源：中国日报网（2019 - 11 - 11），https：//baijiahao. baidu. com/s？ id = 1649869206702624757&wfr = spider&for = pc。
② 资料来源：九派财经（转载自《法治日报》）https：//baijiahao. baidu. com/s？ id = 1749528359150261712&wfr = spider&for = pc。
③ 陈宇飞，沈超，王骞等. 人工智能系统安全与隐私风险［J］. 计算机研究与发展，2019，56（10）：2135 - 2150.

度消耗，建议用户自杀。安全可靠原则是人工智能发展与应用的底线原则，关乎人类核心利益。

（三）透明公开原则

人工智能治理面临的最大挑战或许是技术的复杂性与不透明。人工智能的不透明有诸多来源，包括：企业为了维护商业机密和竞争优势而有意自我保护；编写、阅读和设计代码是一项专门技能，大多数人并不具备此项技能因而无法理解；代码通常是团队共同生产的多组件系统，有时甚至连程序员也不了解整个系统。[①] 除了商业利益与专业壁垒的因素之外，还有代码本身的因素。机器学习、神经网络、深度学习等算法，它们天然地是复杂、不透明、难以理解的。这些复杂模型虽然对于复杂系统的分析和预测特别有用，但是它们的输入经常比传统模型多得多，而且其内在机制本身就是不为人所理解的黑盒子，即人们常说的"输入→黑箱→输出"过程中间的神秘环节。正因为人工智能算法的不透明，透明公开原则的关键要素还包括可理解性、可解释性、数据和算法开源、知情权、定期报告、人工智能做出决策时应做出告知、交流、公开等，这些关键词代表着人工智能系统从"黑箱"走向透明的可能路径。

（四）隐私保护原则

隐私是现代社会需要捍卫的价值和需要保护的权利，隐私保护经常与数据权利和数据安全的关键词一同出现。在智能时代，无处不在的传感器极大地增强了对隐私的直接监控能力，各式各样智能产品和应用不断侵蚀人类的私密空间，超强的分析能力配以数据关联能力能够轻易地描绘出用户的完整画像。[②] 例如，斯坦福大学的人工智能研究小组通过分析约会网站上的用户头像图片，提取出不同性取向人群的脸部特征，由此训练出来的深度神经网络模型可以判断图片主人的性取向，导致了对个人隐私的窥探。除了滥用算法进行个人隐私的计算与推断，智能时代的个人信息泄露亦是重大挑战。因

[①] Burrell J. How the Machine 'thinks': Understanding Opacity in Machine Learning Algorithms [J]. Big Data & Society, 2016, 3 (01).

[②] 郑志峰. 人工智能时代的隐私保护 [J]. 法律科学（西北政法大学学报），2019，37 (02)：51-60.

此，对于当前技术环境中的隐私和个人信息滥用和泄露问题，如何完善立法以保障数据主体拥有知情、访问、限制处置、反自动化决策等各项权利，以及在技术上使用一系列隐私增强技术来进行数据的传输与处理，都是实现隐私保护原则要面对的关键任务。

（五）公平公正原则

公平公正原则至少存在于两个方面。一是决策的公平性。尽管人工智能开发者可能不带有性别、种族、外貌、财富、政治取向等方面的歧视与偏见，但是当机器学习算法被用于数据分析，并把已有数据和既有历史作为训练模型的基础时，算法可能会轻易习得并继承人类的歧视与偏见。当前司法领域已经开始建立人工智能办案系统，而将智能系统应用于辅助司法裁判时，决策公平性尤为重要。一个反面例子是 COMPAS——美国法院使用的一款用来评估罪犯累犯可能性的软件，研究发现 COMPAS 的模型会系统地高估黑人的累犯风险，从而产生歧视。[①] 此外，决策不公平的现象在我国也逐渐增多，譬如最为典型的莫过于大数据"杀熟"。二是社会经济后果的公平性。此类不公平的典型例子是智能技术替代人类劳动者所引发的失业，即"技术性失业"或者"机器代人"。人工智能将批量替代机械化、重复性的劳动，从而导致服务业、制造业、物流业等行业中的知识水平较低、技术简单的人类工作者失业。经济学家达伦·阿西莫格鲁及其合作者研究发现机器人对就业具有稳健的负面影响，在美国每千名工人增加一个机器人，就业人口比率就会降低 0.2 个百分点。[②] 由于被自动化浪潮所产生的失业者通常为中低收入群体，因此人工智能造成的职业淘汰可能将进一步扩大社会不平等。

（六）责任担当原则

责任担当原则指的是人工智能技术在运用过程中应当承担的责任。目前，人工智能技术，尤其是自主无人系统，已经在交通、医疗、护理、制造、服务、新闻等领域普遍运用，用于辅助人类进行决策。然而，自主无人系统的

[①] 资料来源：https：//www.propublica.org/article/how-we-analyzed-the-compas-recidivism-algorithm。

[②] Acemoglu D，Restrepo P. Robots and Jobs：Evidence from US Labor Markets ［J］. Journal of Political Economy，2020，128（06）：2188 - 2244.

自动化决策也造成了"责任鸿沟"，即无法厘清谁该为系统决策的后果负责。譬如，交通事故中自动驾驶汽车的责任划分问题最为社会各界所关注。当人类不主要参与驾驶时，智能系统因技术缺陷而导致的侵害行为，其法律责任如何分配？① 2016 年 1 月，我国京港澳高速河北邯郸段，一辆开启自动驾驶系统的特斯拉 Model S 轿车撞上了正在作业的道路清扫车，事故造成司机当场死亡。2016 年 5 月在美国佛罗里达州，驾驶同款特斯拉汽车的车主在使用自动驾驶功能时与一辆正在转弯的卡车相撞，不幸丧生。在此之后，自动驾驶系统引发的交通事故时有发生，其责任界定问题浮出水面。② 欧美国家已经注意到自动驾驶汽车交通事故责任归属问题，我国也正积极探索相关领域的立法，填补相关规定和配套法律的空白。据估计，到 2025 年我国智能汽车将达到 2800 万辆，我国将成为世界第一大智能汽车市场。③ 不久的将来，自动驾驶汽车将是最早一批被推向市场的完全自主的机器。面对可以预期的归责挑战，如何对责任分配制定新的规则将变得越来越紧迫。

四、人工智能伦理的治理路径

面对人工智能带来的丧失自主、妨害安全、不透明、不公平、隐私侵犯、责任困境等挑战，国际社会普遍认为人工智能的发展与应用迫切需要伦理价值的引导与约束，世界主要国家的利益相关主体也正在采取各类措施应对人工智能的伦理挑战。总结起来，人工智能伦理治理的路径主要分为两类：一方面，完善人工智能治理的"硬"约束，即在法律意义上约束和规范人工智能活动，另一方面，建立人工智能治理的"软"约束，包括确认人工智能的风险及其治理的目标、机制、方案等不具法律约束性的倡议，④ 通过两类措施建立起一个完善的人工智能伦理体系。当前，全球人工智能伦理治理格局

① 司晓，曹建峰. 论人工智能的民事责任：以自动驾驶汽车和智能机器人为切入点［J］. 法律科学（西北政法大学学报），2017，35（05）：166－173.
② 王乐兵. 自动驾驶汽车的缺陷及其产品责任［J］. 清华法学，2020，14（02）：93－112.
③ 资料来源：中国新闻网，https://baijiahao.baidu.com/s? id = 1685066040906113462&wfr = spider&for = pc.
④ 贾开，薛澜. 人工智能伦理问题与安全风险治理的全球比较与中国实践［J］. 公共管理评论，2021，3（01）：122－134.

以软件倡议为主,但是各国也正逐步建立人工智能监管的硬性约束。

(一) 制定人工智能伦理法律法规

人工智能治理法律有利于规范人工智能应用场景、明确人工智能权责归属、培育人工智能伦理意识、为人工智能的开发和使用提供价值标准。例如,美国《深度伪造责任法案》、法国《数字共和法》、加拿大《自动化决策指令》、欧盟《关于制定机器人民事法律规则的决议》与《反虚假信息行为准则》等,均对人工智能加以规范。在我国,2021 年陆续颁布的《中华人民共和国个人信息保护法》《中华人民共和国数据安全法》《关于加强互联网信息服务算法综合治理的指导意见》将网络空间管理、数据保护、算法安全综合治理作为主要监管目标。然而,一些非成熟技术领域的伦理立法尚处于初步阶段。一方面,人工智能技术仍处于快速发展阶段,仓促立法不利于法律条文的稳定性,也可能会限制新技术的发展。另一方面,人工智能伦理的社会共识仍在凝聚阶段,相关伦理规范还需经受实践检验。在此情况下,缓置立法工作,用行政文件和行业规范暂替法律条文,为规范性立法提供前期经验支持或成为可行路径。

(二) 设立人工智能伦理委员会

人工智能伦理风险渗透在产品开发与应用的各个环节,所涉问题高度复杂,内含诸多价值判断。目前,研发人员往往缺乏专业伦理知识,难以承担关键伦理选择的责任。在此背景下,在人工智能利益相关方内部成立专门处理人工智能伦理问题的治理机构,成为加强人工智能伦理治理的基础性环节。当前,相关机构已经逐渐在国家、企业与社会团体等组织层次成立。在国家层面,美国于 2018 年 5 月成立"人工智能专门委员会"以审查联邦机构在人工智能领域的投资和开发;[1] 法国于 2019 年 4 月组建了"人工智能伦理委员会",旨在监督军用人工智能的发展;[2] 在我国,国家科技伦理委员会于 2019年 7 月宣布组建,旨在对包括人工智能在内的一系列科技伦理问题展开制度化治理。[3] 在企业层次,人工智能伦理委员会已成为全球主要科技公司履行

---

[1][2]　资料来源:http://www.caict.ac.cn/kxyj/qwfb/ztbg/202012/P020201229534156065317.pdf。

[3]　资料来源:http://www.xinhuanet.com/2019 - 07/24/c_1210212685.htm。

人工智能伦理责任、强化企业自律的"标配"和基础机制，[①] 微软、谷歌、IBM、旷视等国内外大型科技公司均设立了相关委员会或者小组，作为人工智能治理事项的决策机制。在社会团体层次，中国人工智能学会[②]于 2018 年组建了人工智能伦理专委会，该机构设置了多个人工智能伦理课题，并组织了一系列专题研讨。[③] 上述不同类型的伦理委员会依托专家的多元知识背景和专业技能，对人工智能发展过程中的伦理问题进行识别、展开协商、形成判断、作出决策和推动执行，从而充分发挥专家在人工智能伦理中的作用。

（三）构建伦理标准体系

自 2015 年以来，各类组织和研究机构一直致力于编制人工智能伦理的规范性文件，因而呈现出伦理原则"爆炸"甚至"泛滥"的现象。[④] 不少行业观察家批评这些颇有"各自为政"意味的抽象原则基本无助于指导企业在研发实践中面临的实际伦理难题，呼吁人工智能伦理治理应从宏观的"原则"尽快转向更具可操作性的"标准"。[⑤] 基于此，从 2018 年开始，全球的人工智能伦理治理开始从原则大爆炸阶段逐步过渡到共识寻求阶段与伦理实践阶段，[⑥]这意味着各相关机构开始从众多伦理原则中提炼出共识性通则，并不断探索如何将其转化为标准细则。这种转化主要包括两方面：一是推动制定和发布人工智能标准规范，譬如 2018 年 1 月，我国国家人工智能标准化总体组和专家咨询组宣告成立，并计划成立人工智能与社会伦理道德标准化研究专题组，以推动形成一批国家标准立项建议；[⑦] 二是加强技术研发，为人工智能标准规范的落地保驾护航。近年来，诸如联邦学习、对抗测试、形式化验证、公平性评估等技术工具不断得到关注与研发，[⑧] 这些技术一方面能够在

---

①⑥ 资料来源：http：//www. legaldaily. com. cn/index/content/2021 – 04/13/content_8479153. htm。

② 资料来源：http：//new. caai. cn/index. php? s =/home/article/index/id/1. html。

③ 资料来源：http：//www. banyuetan. org/kj/detail/20190718/100020003313621156343124705691 1166_1. html。

④ 资料来源：https：//aiindex. stanford. edu/wp-content/uploads/2021/04/2021-AI-Index-Report _ Chinese-Edition. pdf。

⑤ 资料来源：https：//hbr. org/2020/10/a-practical-guide-to-building-ethical-ai。

⑦ 资料来源：http：//www. cesi. cn/201801/3535. html。

⑧ 吴文峻，黄铁军，龚克. 中国人工智能的伦理原则及其治理技术发展［J］. Engineering，2020，6（03）：212 – 229.

标准制定阶段帮助决策者评估模拟何种标准将更契合企业实际与符合人类共同利益，另一方面在标准实施阶段则为企业依标行事、标准评估者收集证据提供了技术抓手。

（四）提供社会监督渠道

社会公众是人工智能的服务对象，更是人工智能伦理治理的参与者和监督者。公众监督主要通过向企业、新闻媒体、行业协会、政府的反馈来实现。实现公众监督需要满足两个条件：一是公众具备人工智能的伦理自觉。公众在与人工智能的互动中，能够对其突破伦理的行为有所觉察，从而进行自我调节，掌握智能社会中的主动权。人工智能伦理的社会教育有助于实现这一目标。比如，美国在奥巴马政府期间发布的一系列算法歧视调研报告有效推动了公众对相关问题的认知；[1] 在我国，面对隐私让渡、深度伪装、网络诈骗等智能媒介带来的风险，已有声音呼吁要提升公众的智能媒介素养来强化公众对智能信息的解读、应用与批判。[2] 二是让公众拥有畅通的监督反馈渠道。公众能够向人工智能产品的责任方，如生产企业、销售平台等反馈反伦理事件，这些反馈需要相关机构加以接收处理；如果反馈不畅通，行业组织、政府需要向公众提供这一类事件的监督渠道。

（五）加强责任主体伦理培训

伦理培训指对相关责任主体提前说明、解释在人工智能发展过程中可能涉及的伦理道德风险。关于人工智能发展的伦理道德风险的担忧与讨论、质疑与争议从未停止，未来社会的人工智能将不仅仅作为技术化的工具被人使用，更会逐渐具有类似于人类思维的能力，甚至可能在某些方面实现对人类思维的超越，彼时，人类面临的问题将不仅是大量程式化的工作岗位消失带来的失业、职业认知升级转型等问题，还包括如何重新从身体、精神两个方面"放置"自我。对此，国内外高校的计算机科学专业纷纷在近年开设了人工智能伦理课程，旨在培养负责任的技术人才。我国各地在人工智能议题实施过程中，如在青少年科技教育中，也已或多或少地、有意识地插入了伦理

---

① 贾开. 人工智能与算法治理研究［J］. 中国行政管理，2019（01）：17－22.
② 黄晓勇. 充分重视智能媒介素养的提升［N］. 光明日报，2021－11－19（11）.

内容。通过促进潜在责任主体对人工智能技术伦理维度的认知，规范他们在人工智能开发及应用过程中的态度与行为，有效消解潜在风险。

（六）加强人工智能国际合作

人工智能伦理治理是全球性议题，关乎全人类、全世界发展与创新的方向与未来，需要全世界人民携手共进，抓住机遇，应对挑战。将人工智能用于推动人类、社会、生态及全球可持续发展已经成为全球性共识，这一愿景的达成需要在世界各国政府、产业、学术机构之间建立起全球性的人工智能伦理治理网络，推动在治理的原则、法律、政策、标准等维度展开对话与协商。[①] 当前，人工智能的发展势头愈发迅猛，革命性的人工智能实践已经对人类的生产和生活产生了重大影响或冲击，世界各国应该树立"人类命运共同体"的意识，求同存异，开源集智，以高度协作的姿态直面问题。我国一直在人工智能治理的国际合作方面采取积极主动的态度，搭建了许多供各国坦诚交流经验、沟通分歧、共话未来的开放型高端平台，取得了一定成效。未来我国应继续发挥正面作用，与世界各国在合作中实现共赢。

五、结语

当前，人们在享受人工智能带来的社会经济价值的同时，也面临着诸如歧视、支配、黑箱、操纵等一系列新生伦理问题。人工智能伦理是当前最关键的科技伦理之一。人工智能伦理作为一国人工智能发展规划的重要部分，指导、支撑与规范人工智能产业与活动，关乎"发展什么样的人工智能"这个战略性问题。[②] 通过对既有文献的梳理，发现自主决定、安全可靠、透明公开、隐私保护、公平公正、责任担当六个维度是人工智能伦理的核心内涵。此外，诸如人类福祉、社会经济与生态的可持续发展、对话协作、和谐友好等也出现于现有伦理指南，但相关讨论相对有限。

人工智能伦理治理存在刚性约束和软性倡导两大治理路径。在治理领

---

① 资料来源：https://attachment.baai.ac.cn/share/aies/cn-overcoming-barriers-to-cross-cultural-cooperation-in-ai-ethics-and-governance－2020－05－26.pdf.

② 贾开，薛澜. 人工智能伦理问题与安全风险治理的全球比较与中国实践［J］. 公共管理评论，2021，3（01）：122－134.

域上，当前人工智能伦理治理以推荐算法为开端，向个人信息收集与滥用、公共区域人脸识别、社区监控等领域延伸，厘清这些领域的公民权利和人工智能应用之间的界限，将伦理价值标准操作化并细化监管依据，在具体的治理场景中落实原理原则。概言之，当前以及未来的人工智能伦理治理应在我国人工智能发展规划下，以六大核心价值为方向，在伦理矛盾突出的重点领域以敏捷为核心、结合软硬两种手段进行实验式治理，从而实现"伦理先行、依法依规、敏捷治理、立足国情、开放合作"人工智能伦理治理的目标。

Ⅲ　评　估　篇

第一章　加强数字政府建设

　　新兴数字技术正在形塑着国家治理的形态与意涵，技术的快速迭代正在加速推进全社会数字化进程。其中，政府数字化转型程度直接关系我国国家治理能力的实现与治理现代化进程，在数字生态建设中具有引领作用。鉴于此，清华大学数据治理研究中心结合治理理论和我国治理实践，在借鉴国内外数字政府相关指标体系基础上，原创性提出数字政府发展指标评估体系，于 2020 年首次开展实证评估，发布《2020 数字政府发展指数报告》，并持续追踪，进行年度更新。

　　2021 年 3 月 11 日，十三届全国人大四次会议表决通过的《关于国民经济和社会发展第十四个五年规划和 2035 年远景目标纲要》（以下简称"十四五"规划），为政府数字化转型指明了方向，明确提出要"将数字技术广泛应用于政府管理服务，推动政府治理流程再造和模式优化，不断提高决策科学性和服务效率"。"十四五"规划提出数字政府的三个建设方向，即"加强公共数据开放共享""推动政务信息化共建共用""提高数字化政务服务效能"。三者共同构成了当前我国数字政府发展的任务要求，推动政府治理体系与治理能力现代化目标的实现。为此，本报告在指标体系设计时，将数据开放、平台管理与政务服务等指标纳入治理能力一级指标中，对数字政府的能力建设进行针对性考量。

　　2022 年 6 月 23 日，国务院发布《关于加强数字政府建设的指导意见》（以下简称《意见》），指出主动型的全面深化改革战略与因应型的数字化发展战略共同形成并融合于数字政府建设的转型战略。《意见》明确了十二年规划期的"两步走"战略。一是到 2025 年，在顶层设计更加完善、统筹协调机制更加健全基础上，基本形成数字政府五大体系框架——数字化履职能力、安全保障、制度规则、数据资源、平台支撑等数字政府体系框架。二是到 2035 年，在数字政府体系框架更加成熟完备基础上，通过实现数字政府的五大属性——整体协同、敏捷高效、智能精准、开放透明、公平普惠，为基本实现社会主义现代化提供有力支撑。

　　清华大学数据治理研究中心于 2020 年设计我国数字政府发展评估指标体

系，该体系将《意见》中所指出的数字政府五大体系框架与五大属性战略要素予以融合体现。首先，通过制度体系、治理能力等一级指标予以侧重评估，将安全保障、数据资源与平台支撑嵌入数据安全政策、数据中心及平台管理等二三级指标中给予重点考量。与此同时，《意见》所提出的数字政府五大属性，指标体系均以三级指标的细化设置予以融合体现。例如，一是通过以"党政机构"主导下协同"社会组织"的组织机构一级指标，以及"数字政府"引领"数字生态"的制度体系一级指标来体现《意见》意旨的数字政府"整体协同"现状；二是通过"政务云"、多元"网络平台"与"数字化共性应用"的平台与技术支撑体系，为《意见》中提及的"智能精准"属性呈现省市建设实际进展；三是通过"数据开放平台""政民互动"应用渠道与能力等，为"开放透明"属性提供依据；四是通过数字政府应用及平台使用主体的覆盖度、普惠度、回应度等治理效果类指标，为《意见》提及的"公平普惠"民生服务提供数据依据。

在中央顶层设计指引下，各地政府加速推进数字化转型之路，形成了相互借鉴、竞相发展的良好局面，探索出诸多独具特色、交口称誉的创新经验和优秀成果。如北京、上海、浙江、广东已形成具有在地特色的数字政府发展模式。与此同时，不容忽视的是，当前我国推进数字政府建设仍存在差序化格局与非均衡问题，如部分地区基础信息化建设水平仍较落后、数字政府制度体系建设进展缓慢、政府回应市民诉求的质量欠佳、政务数据汇聚共享水平不足等。

为与时俱进全面评估我国数字政府建设的现状与问题，清华大学数据治理研究中心开展第三次的指标优化和实证评估，计算出 2022 年我国各省市的数字政府发展指数。本次评估继续遵循理论先导原则，基于"治理现代化理论""数字治理理论""技术治理理论"，优化指标体系与指标权重。

一是治理现代化理论，强调政府治理是国家治理体系的重要组成部分，在推动国家治理现代化进程中扮演重要角色；社会治理则是在执政党领导下，由政府组织主导，吸纳社会组织等多方面治理主体参与，对社会公共事务进行的治理活动。因此，评估数字政府发展既要关注政府自身，利用数字技术提高政府治理效能，也要关注政府与社会关系，利用数字技术提升政府对社会的治理能力。

二是数字治理理论强调数字时代的治理主体多元化、治理主体间关系网络化以及治理主体之间的协调互补机制。随着数字技术的普及，新型公共治理模式获得新发展机遇。一方面，以网状形式出现的政府与社会各组织的合作改变了以往官僚模式自上而下的运作方式；另一方面，数字技术为公众参与政府治理提供了便捷途径和多元渠道，为政府与社会互动提供了前所未有的便利条件。因此，数字政府发展评估须重点关注政府、企业、社会组织、公众等多方主体之间的互动过程和协作关系，超越单一的政府中心主义。

三是技术治理理论重在探讨数字技术与治理转型之间的关系，集中体现在技术赋能和技术赋权两方面。技术赋能主要是指国家和政府利用数字技术实现自主意志、有效治理的能力，提升数字化国家能力（digitized state capacity）；技术赋权主要是指公众个人利用数字技术提升话语权和提高参与能力，以及社会组织利用数字技术提高自我管理和自我服务的能力。因此，评估数字政府发展不仅要关注政府利用数字技术提取民情民意信息的能力、管理数字化平台和管理数据的能力，还要关注公众通过数字化渠道参与政府治理的覆盖度和满意度，以及政民互动的程度等。

数字政府建设具有时代必要性和议程重要性，清华大学数据治理研究中心以学科理论研究为基础，紧密遵照中央有关政策精神，综合吸收国内外相关评估指标体系精华，在 2020 年首轮评估和 2021 年第二轮评估的基础上，进一步优化指标体系，对 2022 年我国 31 个省级和 333 个地级市数字政府发展水平进行实证评估。本次评估力求以严谨、扎实、全面的科学研究为系统评估我国数字政府发展现状提供坚实的经验依据，并为我国各地政府推进政府治理数字化和现代化转型提供实践参考和发展方向。

本次数字政府发展指数评估力求实现五大目标：一是为数字政府发展相关决策提供参考。党的十九届四中全会以来，各地加紧推进数字政府发展。数字政府发展指数是评估中央决策落实情况的重要参考，为中央下一阶段统筹规划全国数字政府发展重点任务提供依据。二是为未来数字政府发展提供路径参照。数字政府发展指数以理论研究为基础，从应然角度构建数字政府理想形态，并以此为标尺，衡量和审视现实中数字政府发展的成绩和不足，为政府数字化转型长远规划指明方向。三是为扩散先进的数字政府发展地方实践提供支撑。数字政府发展指数有效识别出若干数字政府发展先驱省份和城市，凸显出归纳和总结先进治理实践的必要性，为扩散成功经验做法提供支持。四是为缩小区域发展不平衡提供靶向支撑。各地由于数字治理的基础和资源存在差异，数字政府发展进度参差不齐。数字政府发展指数以赋分的形式清晰呈现各省、各城市当前发展状况，为激励和帮扶部分省市加快推进数字政府发展提供靶向对策。五是为讲好"数字中国"故事提供客观数据。数字政府发展指数充分借鉴吸收相关领域国际评估指标体系，具有较强的国际可比性和较多对话点。评估结果全面展示我国数字政府发展在组织、制度、能力、效果方面取得的阶段性成果，为向世界讲好政府引领之下的"数字中国"故事提供扎实的数据依据。

第二章　数字政府指标评估体系的构成和权重

数字政府建设具有时代必要性和议程重要性，清华大学数据治理研究中心以学科理论研究为基础，紧密遵照中央有关政策精神，综合吸收国内外相关评估指标体系精华，在 2020 年首轮评估和 2021 年第二轮评估的基础上，进一步优化指标体系。

一、指标选取原则

评估指标体系是数字政府发展的"标杆向导"。为更好发挥"指挥棒"和"风向标"作用，需构建科学合理、健全有效的数字政府评估指标体系。本报告在指标设计时遵循以下原则。

第一，国际化与本土性原则。数字政府发展对政府治理和社会治理模式产生深刻冲击的同时，还成为推动"数字中国"建设、促进社会经济高质量发展的核心抓手和重要引擎。在国家治理体系和治理能力现代化进入新阶段的背景下，我国数字政府发展面临崭新的机遇和挑战，要求相应的指标体系建构符合国际趋势和我国国情，紧扣数字治理的时代命题。

第二，全面性与代表性原则。数字政府发展是一场全方位的变革，涉及理念、制度、机制、手段、技术等领域。以往的评估指标大多侧重数字政府的功能或效果层面，较少关注组织层面和体制机制的问题，如联合国电子政务发展指数（EGDI）、政府标杆评估指数（EUeGovBe）、中国互联网络信息中心（CNNIC）政府网站评估等。本指标体系试图弥补这一不足，建立全面涵盖上述维度的指标体系，并合理分析借鉴既有指标体系，选取最具代表性的指标来反映数字政府发展的各方面情况。

第三，可靠性与可操作性原则。为保证评估的信度和效度，本报告不仅选取能够反映宏观社会运行情况的客观统计指标，还选取具有较好可得性和时效性的数据。在指标数据的搜集环节，课题组对数据采集人员进行了严格的技能培训，编制翔实的操作手册，确保每一项指标都有两组人员进行评估，从而实现对评估结果的交叉比对。

二、指标的内涵与阐释

通过系统分析政府数字化转型与国家治理现代化的理论内涵，在充分借鉴国内外相关指标研究成果基础上，结合我国数字政府发展的实际情况，课题组从组织机构、制度体系、治理能力和治理效果四个维度构建数字政府发展指数的一级指标（见表Ⅲ-1）。

表Ⅲ-1　　　　　　　　　　　数字政府发展指数的设计框架

一级指标	设置目标	指标内涵	与《意见》内容的对应关系
1. 组织机构	衡量数字政府发展过程中不同类型组织的发展水平与完备程度	与数字政府发展相关的党的领导机构、政府机构、社会组织等	加强党对数字政府建设工作的领导
2. 制度体系	衡量数字政府不同领域政策法规的发展水平与完备程度	与数字政府发展相关的政府治理、数据治理、经济治理、民生服务等领域的政策法规	构建科学规范的建设制度规则体系；构建数字政府全方位安全保障体系
3. 治理能力	衡量政府数字化转型驱动治理能力全方位提升的状况	政府数字化转型对信息汲取、数据治理、平台治理、政民互动、政务服务等能力提升的情况	构建协同高效的政府数字化履职能力体系；构建开放共享的数据资源体系；构建智能集约的平台支撑体系
4. 治理效果	衡量数字政府促进治理现代化的成效	数字政府促进治理现代化、提升政务服务质量和效果的情况，以及相应的公众评价	公平普惠

在此框架下，数字政府发展指标评估体系依照如下思路建构：首先，从

理论角度出发，系统评估数字政府发展现状，尤其关注数字政府发展的重点领域和现实特征，将组织机构、制度体系、治理能力和治理效果四个维度分解、细化，形成相对应的二级指标。其次，针对每个二级指标，考察能够集中展现数字政府发展现实水平的主要表征，结合数据可靠性、评估可操作性等具体条件，选取具有代表性的三级指标。具体指标设置及阐释如下。

（一）组织机构

组织机构维度侧重评估数字政府发展的参与主体，是数字政府发展的组织保障。在我国的制度框架之下，党政机构和社会组织共同构成数字治理的组织基础，因此设置两个二级指标。组织机构满分15分，其中党政机构满分10分、社会组织满分5分。

数字政府发展必然要求专门成立统一、权威、高效的政府职能部门和领导小组，以配置行政资源、发挥统筹职能、切实推进发展。对此，《意见》也提出要加强党和政府对数字政府建设的组织领导。因此，党政机构指标考察的相关主体，既包括与数字政府发展相关的各类办公室和部门，即电子政务办、"互联网＋"政务办、智慧城市办、数字政府办，以及大数据管理局等；又包括为推动数字政府发展而成立的领导小组和管理部门网站。

在党政系统之外，以数字技术为业务领域的行业协会、产业联盟、促进会等，为推动数字政府发展提供了重要的社会基础和技术支撑。基于此，在社会组织指标中考察互联网协会、电子政务协会、智慧城市协会、大数据行业协会、人工智能协会五类社会组织的发展现状。

（二）制度体系

制度体系维度侧重评估数字政府发展的相关政策措施，是数字政府发展的规则基础。《意见》强调要构建科学规范的数字政府建设制度规则体系，保障数字政府建设和运行整体协同、智能高效、平稳有序。本报告搜集和考察各类法律、法规、规章等规范性文件，从政策涉及的内容出发，设置数字政府和数字生态政策两项二级指标，前者重点关注以数字技术提高政府管理水平和公共服务水平的政策法规建设，后者重点关注促进数字技术、数字产业、数字社会发展的政策法规建设。制度体系满分15分，其中数字政府政策满分7.5分、数字生态政策满分7.5分。

数字政府政策二级指标中包含六个三级指标，考察数字政府的总体性政策和数据管理、数据标准、数据安全、互联网监管、"互联网＋"政务等各方面的政策颁布情况。文件类别包含规划计划（如《数字政府建设总体规划》）、方案通知（如《深化"最多跑一次"改革推进政府数字化转型工作总体方案》）、法规条例（如《大数据开发应用条例》）等各类文件。

数字生态政策二级指标涉及新兴业态、共享经济、数字经济、智慧社会等各领域的政策法规建设，共包含六个三级指标，分别是数字经济、智慧城市、人工智能、大数据发展、"互联网＋"产业、"互联网＋"民生等方面政策，以呈现地方政府通过颁布政策推进数字治理、数字经济、数字社会的投入水平。

（三）治理能力

治理能力维度侧重于分析政府利用数字化平台提供公共服务、开展政民互动的能力，这是数字政府发展的功能保障。《意见》提出要构建协同高效的政府数字化履职能力体系，其中包括经济调节能力、市场监管能力、社会管理能力、公共服务能力、生态环境保护能力、政务运行效能、政务公开水平。在履行上述能力时，政府需要借助形式多样的技术应用载体，如政府官方网站、"一站式"政务服务大厅、"多线合一"的政务热线、政务微信（微博）、政务移动 APP 等各种载体，才能真正将公共服务和信息传递给公众、企业等各类主体。因此，本报告设置平台管理、数据开放、政务服务、政民互动和技术支撑五项二级指标，分别衡量数字政府各类功能载体的健全性、便利性、安全性等特征。治理能力满分 40 分，其中平台管理 6 分，数据开发 4 分，政务服务 10 分，政民互动 14 分，技术支撑 6 分。

平台管理指标考察政府门户网站的建设质量与标准化程度，分别考察网站平台是否具备隐私保护、搜索栏目、网站地图、语言设置、市民个人网页等功能。数据开放指标考察数据开放平台的建设情况。政务服务指标考察政府利用数字化平台为公众提供便民服务和为企业提供商事服务的水平，包含开通政务 APP、政务小程序、网上政务服务大厅、"最多跑一次"的情况。政民互动指标考察地方政府是否借助数字技术为政府和公众之间的互动开辟多元、有效的渠道，涉及政府信息公开、政务数据开放、公众诉求表达、公众政策参与等多个方面，包含是否开通政务微博、网络问政平台、网上投诉举报渠道、开通 12345 政务热线、政府门户网站是否设有政策解读板块和在线访谈板块等共 14 个三级指标。技术支撑指标考察政府数字化转型和发展的技术基础，包括城市大脑、数据中心、政务云 3 个三级指标。

（四）治理效果

治理效果维度侧重于分析数字政府发展与提高人民满意度和获得感之间的关系，这是数字政府发展的根本落脚点。《意见》指出数字政府建设的出发点和落脚点是满足人民对美好生活的向往，要坚持数字普惠，消除数字鸿沟，让数字政府建设成果更多更公平惠及全体人民。对此，本报告以各类数字政府功能载体的覆盖度、普惠度、回应度和美誉度作为衡量治理效果的二级指标。治理效果满分为 30 分，其中覆盖度满分为 10.5 分，普惠度满分为 4.5 分，回应度满分为 12 分，美誉度满分为 3 分。

覆盖度指的是数字化公共服务的普及程度。随着互联网普及率的不断提升，越来越多的公众依靠互联网、社交媒体、客户端等线上渠道获取政务服务和公共服务。本报告考察政务 APP、政务微博、政务微信公众号、政务抖音这四类线上数字政府载体，将实际数量、安装次数、关注人数、发布篇数等客观数据作为三级指标。

普惠度指的是数字化公共服务在公众生活中受到关注和使用的程度。在三级指标的选取中，分别关注百度搜索热度指数、支付宝城市服务发展情况和微信城市服务发展情况。

回应度指标考察政府官员征集民意、回应诉求的情况。一方面考察在人民网地方领导留言板中，地方党政干部一把手最近一年的回帖比和历史回帖比；另一方面通过地方政府门户网站考察地方政府民意征集、政策解读（含文字、图表和视频等形式）、在线访谈的数量。

美誉度指标考察公众对数字政府发展的满意程度，提高人民群众的满意度、获得感和幸福感，是数字政府发展的根本价值追求。本报告采集公众对于政务服务的主观评价，将公众对政务抖音的点赞数和政务 APP 评分作为三级指标。

三、指标设置的体系化与配置

在厘清各项指标的理论内涵、评估目标和评估方法后，课题组构建由 4

个一级指标、13 个二级指标、79 个三级指标①组成的数字政府发展评估指标体系，召开多轮专家研讨会，讨论并确认各指标的重要性、代表性、科学性，并为三级指标赋以权重，具体情况如表Ⅲ-2 所示。各一级指标权重依次为15%、15%、40% 和 30%。数字政府发展指数的指标设置及其权重如下。

表Ⅲ-2 各级指标设置及其权重

一级指标			二级指标			三级指标		
编号	名称	权重（%）	编号	名称	权重（%）	编号	名称	权重（%）
1	组织机构	15	1-1	党政机构	10	1-1-1	是否成立电子政务办	1
						1-1-2	是否成立电子政务领导小组	1
						1-1-3	是否成立"互联网+"政务办	1
						1-1-4	是否成立"互联网+"领导小组	1
						1-1-5	是否成立智慧城市办	1
						1-1-6	是否成立智慧城市领导小组	1
						1-1-7	是否成立数字政府办	1
						1-1-8	是否成立数字政府领导小组	1
						1-1-9	是否成立大数据管理局	1
						1-1-10	有无大数据局政府网站	1
			1-2	社会组织	5	1-2-1	是否成立互联网行业协会	1
						1-2-2	是否成立电子政务行业协会	1
						1-2-3	是否成立智慧城市行业协会	1
						1-2-4	是否成立大数据行业协会	1
						1-2-5	是否成立人工智能协会	1
2	制度体系	15	2-1	数字政府	7.5	2-1-1	是否颁布数字政府政策	1.25
						2-1-2	是否颁布（政务/公共）数据管理政策	1.25
						2-1-3	是否颁布数据标准政策	1.25
						2-1-4	是否颁布数据安全政策	1.25
						2-1-5	是否颁布互联网+监管政策	1.25
						2-1-6	是否颁布互联网+政务政策	1.25

---

① 三级指标 3-2-2 和 3-2-3 为 2022 年新增。

一级指标			二级指标			三级指标		
编号	名称	权重(%)	编号	名称	权重(%)	编号	名称	权重(%)
2	制度体系	15	2-2	数字生态	7.5	2-2-1	是否颁布数字经济政策	1.25
						2-2-2	是否颁布智慧城市政策	1.25
						2-2-3	是否颁布人工智能政策	1.25
						2-2-4	是否颁布大数据发展规划	1.25
						2-2-5	是否颁布互联网+产业政策	1.25
						2-2-6	是否颁布互联网+民生政策	1.25
3	治理能力	40	3-1	平台管理	6	3-1-1	政府门户网站是否有隐私声明/隐私保护	1
						3-1-2	政府门户网站是否有搜索栏	1
						3-1-3	政府门户网站是否有网站地图/网站目录索引/站点地图等	1
						3-1-4	政府门户网站是否有多种语言设置	1
						3-1-5	政府门户网站是否设有无障碍阅读模式/老年模式	1
						3-1-6	是否有智能问答服务平台	1
			3-2	数据开放	4	3-2-1	是否有数据开放平台	2
						3-2-2	数据开放量	1
						3-2-3	数据应用量	1
			3-3	政务服务	10	3-3-1	是否有政务APP	2
						3-3-2	是否有政务微信小程序	2
						3-3-3	是否有网上政务服务大厅/政务服务网	2
						3-3-4	是否开通"最多跑一次"	2
						3-3-5	是否开通"好差评"	2
			3-4	政民互动	14	3-4-1	是否有政务微博	1
						3-4-2	是否有政务微信公众号	1
						3-4-3	是否有政务抖音	1
						3-4-4	是否有统一专门的网络问政平台	1
						3-4-5	政府门户网站是否有网上投诉举报渠道	1

一级指标			二级指标			三级指标		
编号	名称	权重（%）	编号	名称	权重（%）	编号	名称	权重（%）
3	治理能力	40	3-4	政民互动	14	3-4-6	政府门户网站是否有网上咨询渠道	1
						3-4-7	政府门户网站是否有网上意见建议渠道	1
						3-4-8	政府门户网站是否有网上信访大厅	1
						3-4-9	是否有12345服务热线	1
						3-4-10	政府门户网站是否有市长信箱/"一把手"信箱/党政领导信箱	1
						3-4-11	政府门户网站是否有政策法规制定及民意征集板块	1
						3-4-12	政府门户网站是否有在线问卷调查板块	1
						3-4-13	政府门户网站是否有政策解读板块	1
						3-4-14	政府门户网站是否有在线访谈板块	1
			3-5	技术支撑	6	3-5-1	是否有"城市大脑"或类似	2
						3-5-2	是否有省市政府数据中心	2
						3-5-3	是否有城市政务云	2
4	治理效果	30	4-1	覆盖度	10.5	4-1-1	政务APP数量	1.5
						4-1-2	政务APP安装总次数	1.5
						4-1-3	政务微博粉丝数量	1.5
						4-1-4	政务微博的发布数量	1.5
						4-1-5	政务微信公众号数量	1.5
						4-1-6	政务微信公众号原创内容发布篇数	1.5
						4-1-7	政务抖音粉丝数	1.5
			4-2	普惠度	4.5	4-2-1	数字政府百度搜索指数万人搜索热度	1.5
						4-2-2	支付宝市民中心总端口数	1.5
						4-2-3	微信城市服务总端口数	1.5
			4-3	回应度	12	4-3-1	省委/市委书记回应率	2
						4-3-2	省长/市长回应率	2
						4-3-3	省、市历史回应率	2

一级指标			二级指标			三级指标		
编号	名称	权重（%）	编号	名称	权重（%）	编号	名称	权重（%）
4	治理效果	30	4－3	回应度	12	4－3－4	政府门户网站政策制定征集民意次数	1
						4－3－5	政府门户网站本级政策文字解读数量	1
						4－3－6	政府门户网站政策图解数量	1
						4－3－7	政府门户网站视频解读数量	1
						4－3－8	政府门户网站上级政策解读数量	1
						4－3－9	政府门户网站在线访谈数量	1
			4－4	美誉度	3	4－4－1	政务抖音获赞数量	1.5
						4－4－2	政务 APP 公众评分平均值	1.5

第三章　研究过程与方法应用

本次评估综合运用了大数据分析、定量分析和定性分析等研究方法。针对数字政府发展指数的不同维度，采用多种方式进行数据收集，并运用人工比对方法、机器复查方法、大数据交叉验证方法等确保评估结果的信度和效度。本次评估历时半年，于 2022 年 12 月中旬启动，2023 年 2 月中旬完成数据采集，其后历经多轮数据比对、核实、验证，在 2023 年 6 月完成数据测算。具体而言，评估过程可划分为指标修订、数据收集、数据核实、指标计算四个阶段。

一、指标修订

为构建更加科学全面的数字政府发展指标评估体系，课题组充分考察了 2022 年我国各地政府数字化转型进程，在本套丛书 2021 年指标评估体系的基础上提出了修订方案，进一步完善了指标评估体系。此外，课题组还邀请了国内外数字政府领域专家、一线政府工作人员、科技企业专业技术人员等，多次召开专家研讨会，对指标评估体系的指标构成、权重设定、数据采集、指数计算等关键议题展开深入研讨。最终，课题组保留原有一级指标和二级指标，增加了2个三级指标，具体可见表Ⅲ-2。

二、数据收集

（一）网络检索

数字政府发展指标评估体系中的组织机构和制度体系维度，是本报告的创新点和重点。如何通过网络搜索引擎，系统全面地搜集各地政府多维度的数字政府组织机构和政策文本，是本次评估的首要难题。为此，课题组在全国范围内各大高校在校学生中招聘了近100名评估人员，负责搜集和评估各地与数字政府相关的组织机构和政策文本（截止时间为2022年12月31日）。为确保评估质量，课题组对评估人员开展了多次线上、线下系统培训，并采取了如下措施：一是制定了详细的操作手册，编制了系统的演示视频，保证每一个指标的评估过程均能标准化、规范化、简明化，确保所有评估人员都能够理解、掌握并熟练操作；二是加强管理，按照"分组推进、责任到人"的形式，形成了由教师、大组长、小组长的管理和督导链条，保证责任到人；三是通过开具实习证明、薪酬补贴、评优奖励等措施强化人员激励。

（二）内容分析

数字政府发展指标评估体系中的治理能力维度通过内容分析法进行数据采集。一是对政府官方网站的数据采集。该部分评估方法与现有多数评估方法类似，主要是通过登录地方政府官方网站，查询网站是否具备相应功能。二是对支付宝和微信城市服务的评估。课题组借助智能手机终端，通过登录相关应用的城市服务区，评估相应城市各类服务端口数的总和。三是对政务APP的评估。课题组借助智能手机，搜寻相应地方政府的政务APP后进行系统评估。四是对政务微信、微博、抖音等动态数据的评估。课题组统一组织评估人员，查询各省市相关应用的粉丝数、发帖数和点赞数。

（三）大数据分析

数字政府发展指标评估体系中的治理效果维度是本次评估的创新点之一。

该部分通过大数据评估方式完成，亦有方法论层面的创新意涵。首先，百度指数大数据爬取。课题组首先通过头脑风暴和专家研讨会等形式，确定出能够反映数字政府普惠度的关键词 70 余个，然后借助 Python 软件，分别以省和地级市为单位爬取相应地域截止到 2022 年 12 月 31 日的百度搜索热度指数。其次，人民网地方政府留言板大数据爬取。课题组统计了各地网民发帖数和地方政府回帖数，然后通过回帖率衡量治理效果中的回应度。最后，城市服务的覆盖范围。课题组通过网络测试获取城市服务中的活跃用户规模，以此作为治理效果中普惠度的评估数据之一。

三、数据核实

在初次数据采集完毕后，课题组进行了数据的反复比对，以确保评估结果的信度和效度。第一，初次比对。课题组组织不同学校的两组评估人员对同一省份或地级市进行评估，分别得到 31 个省级单位和 333 个地级市的两个评估结果后，由第三位核对人员对评估结果进行比对，找出两组评估结果差异点，并做相应的标记；两组评估结果相同者，判定为合格。第二，二次核实。课题组组织博士后研究人员对评估过程中发现的差异性结果进行二次核查、分析并选择或修订出更合理的评估结果。第三，专家讨论。得到初次评估结果后，课题组召开专家研讨会，对评估结果进行审查。第四，在得到所有评估结果后，课题组又通过专家研讨、机器复查、大数据交叉比对等方法，确保评估结果的信度和效度。

四、指标计算

（一）计算流程

数字政府发展指数的计算遵循"三级指标数据采集→缺失数据处理→计算三级指标得分→计算二级指标得分→计算一级指标得分→计算数字政府发展指数得分"的流程展开，具体路径如图Ⅲ-1所示。

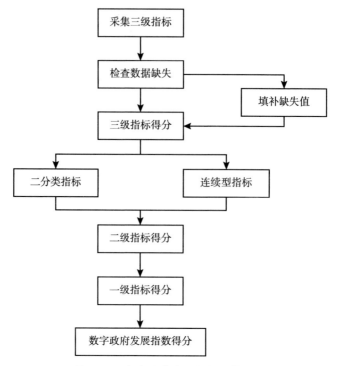

图Ⅲ-1 数字政府发展指数计算流程

（二）数据缺失处理

针对少量数据缺失，课题组通过地理位置相近省或地级市的平均值进行填补。原因一是地理位置邻近的区域，其经济社会发展水平具有相似性，数字政府发展水平亦相似；二是目前课题组积累的数据时间长度较短，尚无法通过数据的时间延续性进行填补，因此主要通过空间路径补齐缺失值。

（三）计算三级指标

经过数据缺失值处理后，得到完整的三级指标数据，在此基础上，结合指标权重，计算出三级指标的具体得分。这一过程又分为两种情况：（1）如果三级指标为二分类变量（即0或1），当取值为1时，则该三级指标得分为其相应的权重值；（2）如果三级指标为连续性变量，通过以下公式计算三级指标的具体得分：

$$y_i = \sum_{i=1}^{n} \frac{x_i/N_i}{x_i^{max}/N_i^{max}} f_i$$

其中，y_i 表示某三级指标的得分；x_i 表示某省或地级市该项指标的具体数值；N_i 表示某省或地级市的人口总数；x_i^{max} 表示各省或地级市该项指标得分的最高值；N_i^{max} 表示各省或地级市人口数的最高值；f_i 为三级指标权重。

（四）指标汇总方案

三级指标得分确定后，通过加总的方式，依次得到二级指标得分、一级指标得分以及数字政府发展指数总得分。具体计算公式如下：

$$y_i = \sum_{i=1}^{n} x_i$$

其中，y_i 表示某二级指标的得分；x_i 表示三级指标的具体得分。以此类推，分别得到一级指标得分和数字政府发展指数总得分。

第四章　省级数字政府发展指数评估结果

本节报告我国 31 个省级政府的数字政府发展指数得分情况，从得分排名、发展梯度、指标类别三个维度呈现省级数字政府发展水平。

一、省级排名

如图Ⅲ-2 所示，在省级层面，根据组织机构、制度体系、治理能力、治理效果四个指标的总得分测算，上海位列全国第一。北京、浙江、广东、四川、安徽分列第二至第六，得分均在 75 分以上。

二、发展梯度

从发展梯度来看，可将 31 个省级政府划分为发展程度不同的五种类型：引领型、优质型、特色型、发展型、追赶型，具体分布情况见表Ⅲ-3。

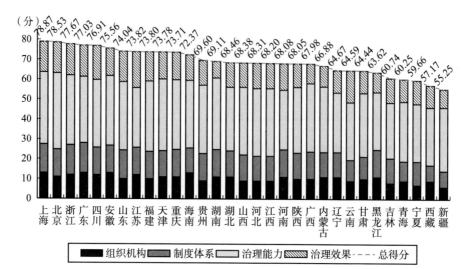

图Ⅲ-2 省级数字政府发展指数排名及其构成

表Ⅲ-3 省级数字政府发展梯度分布情况

梯度	省份	得分（分）	全国排名
引领型 （前10%）	上海	78.87	1
	北京	78.53	2
	浙江	77.67	3
优质型 （10%~30%）	广东	77.03	4
	四川	76.91	5
	安徽	75.56	6
	山东	74.04	7
	江苏	73.82	8
	福建	73.80	9
特色型 （30%~50%）	天津	73.78	10
	重庆	73.71	11
	海南	72.37	12
	贵州	69.60	13
	湖南	69.11	14
	湖北	68.46	15

梯度	省份	得分（分）	全国排名
发展型 （50%～75%）	山西	68.38	16
	河北	68.31	17
	江西	68.20	18
	河南	68.08	19
	陕西	68.05	20
	广西	67.98	21
	内蒙古	66.88	22
追赶型 （75%～100%）	辽宁	64.67	23
	云南	64.59	24
	甘肃	64.44	25
	黑龙江	63.62	26
	吉林	60.74	27
	青海	60.25	28
	宁夏	59.66	29
	西藏	57.17	30
	新疆	55.25	31

在31个省级政府中，上海、北京和浙江属于引领型。优质型和特色型均包括6个省级政府，发展型包括7个省级政府，而追赶型包括9个省级政府。从图Ⅲ-3中可看出，我国省级数字政府发展梯度总体呈现金字塔形分布结构。

与2021年相比，我国省级数字政府发展水平稳步提升，平均分从2021年的63.69分上升到2022年的69.02分。虽然整体上东部省份的数字政府发展水平仍然明显高于中西部省份，但后者的发展势头明显，水平提升速度较快。青海、陕西、山西得分增长最为明显，涨幅均在10分以上；此外，位于东部的河北、天津、辽宁也发展较快。从四个一级指标得分来看，2022年省级数字政府发展水平的提升主要体现在组织机构建立、制度体系完善、治理效果提升三方面，而治理能力却略有下降（见图Ⅲ-4）。

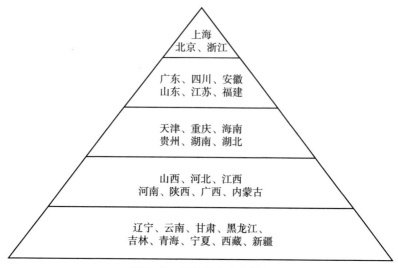

图Ⅲ-3　省级梯度分布情况

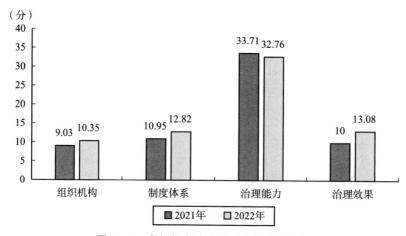

图Ⅲ-4　省级数字政府发展水平跨年比较

三、空间分布

从空间分布来看，东部地区11个省级政府平均得分最高，为73.9分，排名前三位的依次是上海、北京、浙江。中部地区8个省份平均得分仅次于东部地区，为67.77分，排名前三位的依次是安徽、湖南、湖北。西部地区12个省级政府平均得分为65.37分，排名前三位的依次是四川、重庆、贵州，如表Ⅲ-4所示。

表Ⅲ-4　　　　　　　　东中西部数字政府发展梯度分布

区域	区域排名	省份	得分（分）	全国排名	发展梯度
东部地区	1	上海	78.87	1	引领型
	2	北京	78.53	2	引领型
	3	浙江	77.67	3	引领型
	4	广东	77.03	4	优质型
	5	山东	74.04	7	优质型
	6	江苏	73.82	8	优质型
	7	福建	73.80	9	优质型
	8	天津	73.78	10	特色型
	9	海南	72.37	12	特色型
	10	河北	68.31	17	发展型
	11	辽宁	64.67	23	追赶型
中部地区	1	安徽	75.56	6	优质型
	2	湖南	69.11	14	特色型
	3	湖北	68.46	15	特色型
	4	山西	68.38	16	发展型
	5	江西	68.20	18	发展型
	6	河南	68.08	19	发展型
	7	黑龙江	63.62	26	追赶型
	8	吉林	60.74	27	追赶型
西部地区	1	四川	76.91	5	优质型
	2	重庆	73.71	11	特色型
	3	贵州	69.60	13	特色型
	4	陕西	68.05	20	发展型
	5	广西	67.98	21	发展型
	6	内蒙古	66.88	22	发展型
	7	云南	64.59	24	追赶型
	8	甘肃	64.44	25	追赶型
	9	青海	60.25	28	追赶型
	10	宁夏	59.66	29	追赶型
	11	西藏	57.17	30	追赶型
	12	新疆	55.25	31	追赶型

东部地区引领型和优质型省份共7个，占比63.63%，特色型省份2个，追赶型和发展型省份均为1个。中部地区发展型省份较多，共3个，占比37.5%，优质型省份1个，特色型、追赶型省份均为2个。西部地区以追赶型省份为主，共6个，占比50%；优质型、特色型、发展型省份分别为1个、2个、3个，见图Ⅲ-5。

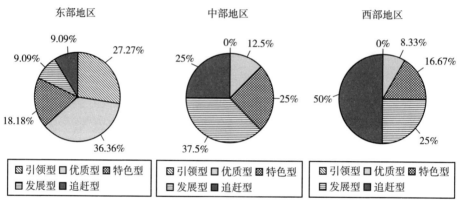

图Ⅲ-5　东部、中部、西部地区发展梯度对比

跨区域比较来看，东部地区数字政府的发展显著领先于中部和西部地区，引领型省份全部位于该区域内，优质型省份数量也多于中西部地区。然而，从区域内部来看，东部、中部、西部三个区域内均存在两极分化的现象，如东部和中部地区内部得分最大差值均超过14分，西部则超过21分。

四、类别分析

总体来看，在与数字政府相关的组织机构设置上，东部地区整体发展较为成熟，多数省份得分排名处于领先地位；中部地区虽在整体上落后于东部，但该地区各省同东部省份的差距并不明显，其中安徽的组织机构得分与上海、广东、海南并列全国第一；西部整体发展较弱，但四川、重庆、内蒙古三个省份的组织机构得分排名仍在前列。在数字政府的制度体系建设上，东部地区同样表现出明显的领先性，全国排名前四的省份均来自东部，包括浙江、广东、上海、山东；中部地区总体处于中等水平，安徽、湖南、河南、黑龙江的排名相对靠前；而在西部地区，四川、重庆、广西、贵州的排名相对靠前。在数字政府的治理能力上，东部地区的整体发展水平仍然较高，中部和西部地区的治理能力整体相近，且区域内差异较大。在数字政府的治理效果上，东部地区治理效果最好，同时，中部地区和西部地区除四川、云南、重庆的排名较高外（分别位列第四、第七和第九），其余省份与东部地区省份存在一定差距。

（一）组织机构

如图Ⅲ-6所示，在所有省份中，上海、广东、安徽、海南并列第一，组织机构得分均为13分，浙江、四川、江苏并列第二，组织机构得分均为12分。其中，党政机构得分最高的省份为上海、安徽、海南（9分），表明其已设立了与电子政务、"互联网＋"、智慧城市、数字政府、大数据相关的九个党政机构来开展数字政府建设。社会组织得分最高的是浙江、广东、天津、河北（均为5分），表明这三个省份已经设立了互联网、电子政务、智慧城市、大数据、人工智能等行业相关的行业协会。

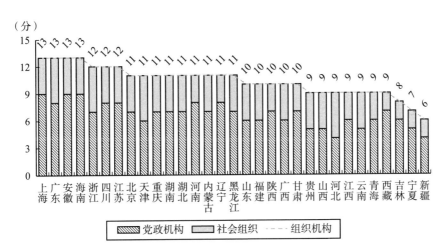

图Ⅲ-6　省级组织机构得分排名及其构成

（二）制度体系

如图Ⅲ-7所示，在所有省份中，浙江、广东并列第一，制度体系得分均为15分；上海、山东并列第二，制度体系得分均为14.38分。整体而言，目前各省颁布数字政府相关政策的数量少于数字生态相关政策的数量，前者主要包括数字政府、政务/公共数据、数据安全等领域，后者涉及数字经济、智慧城市、人工智能、大数据等领域。在数字政府相关政策方面，各省平均得分5.56分，其中浙江、广东最高，得分为7.5分，表明上述省份已建立完整的数字政府政策体系。在数字生态相关政策方面，各省平均得分7.26分，其中绝大多数省份得分均为7.5分，表明这些省份已建立相对完整的数字生态政策体系。

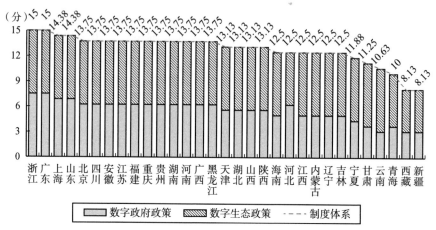

图Ⅲ-7　省级制度体系得分排名及其构成

（三）治理能力

如图Ⅲ-8所示，在所有省份中，北京排名全国第一，治理能力得分为38.35分。上海、天津、福建、重庆、湖南、浙江、安徽分列第二至第八名，得分均在35分以上。其中，在平台管理方面，北京、福建、浙江、广西、四川、海南、内蒙古、新疆得分最高，均为6分，说明上述省份建立的政府门户网站功能完善，设有搜索栏、站点地图与无障碍模式（或老年模式），且支持多语种和智能问答服务。在数据开放方面，20个省份（占比64.51%）已设有数据开放平台，并已开放体量不等的数据。在政务服务方面，绝大多数省份都已经开通了政务APP、政务微信小程序、网上政务服务大厅、"最多跑一次""好差评"五项服务。在政民互动方面，所有省份得分均在10分及以上，其中天津、山东、安徽等8个省级政府得分最高，为14分。在技术支撑方面，北京、上海、天津、重庆、山西5个省级政府得分最高，为6分。

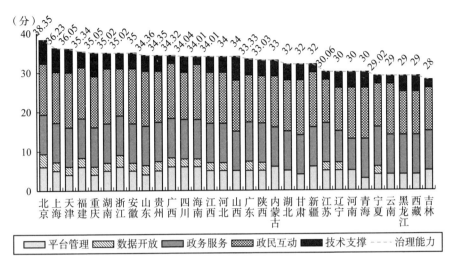

图Ⅲ-8 省级治理能力得分排名及其构成

（四）治理效果

如图Ⅲ-9所示，在所有省份中，江苏的治理效果得分排名第一，为18.01分，其次为四川，得分为17.12分。在覆盖度方面，各省在政务APP数

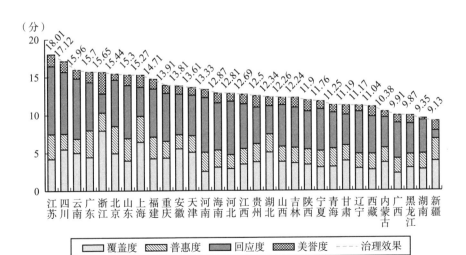

图Ⅲ-9 省级治理效果得分排名及其构成

量及万人下载量、政务微博数量及微博发布量、政务微信公众号数量及发文量、抖音粉丝量上差异较大，得分前三位的省份为浙江（7.92分）、上海（6.42分）、安徽（5.53分），远高于得分后三位的省份（西藏2.74分、河南2.54分、广西2.27分）。在普惠度方面，北京（3.57分）、广东（3.53分）、上海（3.44分）分列前三位。在回应度方面，江苏（8.98分）、四川（8.2分）、云南（7.95分）分列前三位，说明这三个省份通过人民网地方领导留言板、政府网站等渠道较好地回应了民众诉求。在美誉度方面，浙江得分最高（2.83分），远高于其他省份，表明民众在使用浙江数字政府相关应用时满意度最高。

第五章　市级数字政府发展指数评估结果

本节报告我国333个市级政府的数字政府发展指数得分情况，从得分排名、发展梯度、指标类别三个维度呈现市级数字政府发展水平。鉴于我国城市在行政级别、人口规模、辖区面积、区域分布等方面的差异，本节在报告指数结果时，将城市分为三类：副省级城市、省会城市、普通城市。①

一、城市排名

（一）副省级城市

如图Ⅲ-10所示，在十五个副省级城市中，数字政府发展指数得分最高的是深圳，为77.57分，其次是杭州，为75.15分。得分在70~75分的是广州、青岛、厦门等10个城市。其中，组织机构得分排名，深圳、厦门并列第一，广州、青岛、武汉、西安、大连并列第二；制度体系得分排名，厦门位列第一，深圳、宁波、济南并列第二；治理能力得分前三位的分别是深圳、杭州、沈阳；治理效果得分，成都位列第一，且高出第二位1.6分，成绩较突出。

---

① 普通城市指的是除副省级城市和省会城市之外的地级市。

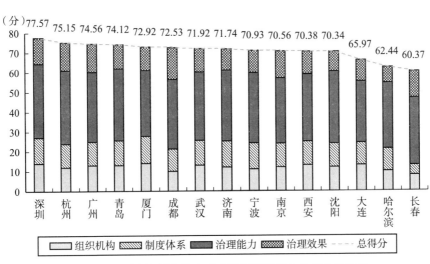

（分）
77.57　75.15　74.56　74.12　72.92　72.53　71.92　71.74　70.93　70.56　70.38　70.34

65.97　62.44　60.37

深圳　杭州　广州　青岛　厦门　成都　武汉　济南　宁波　南京　西安　沈阳　大连　哈尔滨　长春

□ 组织机构　▨ 制度体系　■ 治理能力　⊞ 治理效果　---- 总得分

图Ⅲ-10　副省级城市数字政府发展指数得分排名及其构成

（二）省会城市

　　数字政府发展指数排名前十位的省会城市分别为：杭州、广州、贵阳、成都、长沙、武汉、福州、济南、合肥和南京。如图Ⅲ-11所示，杭州、广州和贵阳表现突出，得分均在74分以上。在组织机构方面，石家庄得分最高，广州、武汉、西安、郑州并列第二；在制度体系方面，贵阳位列第一，济南位列第二，武汉、福州、郑州、石家庄并列第三；在治理能力方面，贵阳位列第一，杭州位列第二，沈阳位列第三；在治理效果方面，成都得分最高，为16.1分，与得分14分左右的海口、拉萨、广州等城市相比具有一定优势。

（三）普通城市

　　普通城市的数字政府发展呈现出显著的地域差异。如图Ⅲ-12所示，数字政府发展指数得分排名前二十位的地级市中，山东有8个，安徽有5个，江苏和广东各有3个，浙江、湖北各有2个。① 其中，苏州得分最高，位列第一，得分为73.32分；第二、第三位分别为威海和东莞。整体上看，东部城

――――――――――

① 共有4个城市并列第五，因此排名前二十的城市共有23个。

市的数字政府发展程度要远高于中部、西部城市，在排名前二十的城市中，近70%为东部城市。

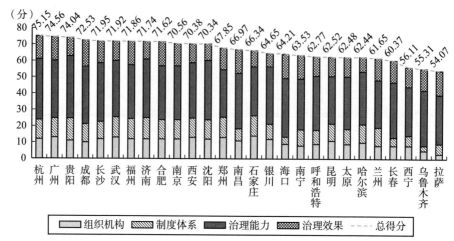

图Ⅲ-11　省会城市数字政府发展指数得分排名及其构成

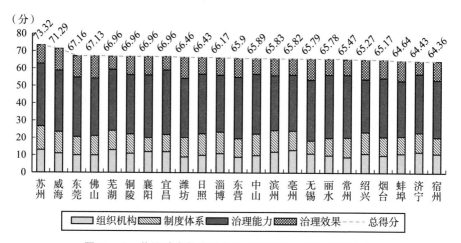

图Ⅲ-12　普通城市数字政府发展指数得分排名及其构成

与2021年相比，市级数字政府发展水平同样有明显提升，从2021年的45.88分增加到2022年的55.21分。东部城市数字政府发展水平总体高于中部、西部城市，深圳、杭州、广州仍稳居全国领先地位；但部分中部、西部城市发展趋势抢眼，如贵阳、成都、武汉，成为所在区域数字政府建设的先进城市。从一级指标得分来看，组织机构、制度体系、治理能力、治理效果均有所增长，其中组织机构和制度体系的涨幅最为明显，[①] 见图Ⅲ-13。由此可见，我国城市已认识到数字政府建设的重要性和必要性，并逐步从组织和制度两个维度入手加快推进政府数字化转型。

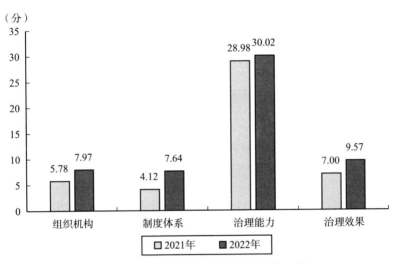

图Ⅲ-13 市级数字政府发展水平跨年比较

二、发展梯度

数字政府发展指数得分的百分位反映了各城市数字政府发展的相对水平。根据指数得分的百分位比，所有被评估的城市（共 333 个）被分为引领型、优质型、特色型、发展型和追赶型。百分位占比前 5% 的城市为数字政府发展水平的第一梯队，属于引领型城市，共 16 个。优质型城市为排位 5% ~ 15% 的 33 个城市，特色型城市为排位 15% ~ 30% 的 50 个城市，发展型城市为排位 30% ~ 50% 的 67 个城市，其余 167 个城市为追赶型城市。各发展梯度的城市分布如表Ⅲ-5 所示。

---

① 组织机构和制度体系的满分为 15 分，因此涨幅比治理能力（满分 40 分）和治理效果（满分30 分）明显。

表Ⅲ-5　　　　　　　　所有城市数字政府发展梯度分布

梯度	百分位	城市
引领型	前5%	深圳、杭州、广州、青岛、贵阳、苏州、厦门、成都、长沙、武汉、福州、济南、合肥、威海、宁波、南京共16个
优质型	5%~15%	西安、沈阳、郑州、东莞、佛山、南昌、芜湖、铜陵、襄阳、宜昌、潍坊、日照、石家庄、淄博、大连、东营、中山、滨州等33个
特色型	15%~30%	吉安、新余、扬州、南通、阜阳、柳州、南宁、六安、池州、南阳、温州、嘉兴、淮北、临沂、泰州、湖州、枣庄、呼和浩特等50个
发展型	30%~50%	驻马店、连云港、商丘、湘潭、十堰、遂宁、盘锦、九江、沧州、娄底、肇庆、攀枝花、六盘水、眉山、晋城、金华、韶关等67个
追赶型	50%~100%	玉林、天水、黄石、庆阳、鞍山、益阳、三明、南充、岳阳、焦作、乌海、乌鲁木齐、景德镇、定西、荆州、上饶、广安等167个

对五类发展梯度的城市进行分析发现，引领型城市以副省级和省会城市为主，也有少量的普通城市跻身其中。进入优质型梯队的主要是省会城市和部分经济发展水平较高的普通城市。相较而言，除部分中西部和东北地区的省会城市外，特色型、发展型和追赶型城市多为普通城市。各发展梯度城市类型分布见表Ⅲ-6。

表Ⅲ-6　　　　　　　　数字政府发展梯度的城市类型分布

梯度	百分位	副省级城市	省会城市	普通城市
引领型	前5%	深圳、杭州、广州、青岛、厦门、成都、武汉、济南、宁波、南京	杭州、广州、贵阳、成都、长沙、武汉、福州、济南、合肥、南京	苏州、威海
优质型	5%~15%	西安、沈阳、大连	西安、沈阳、郑州、南昌、石家庄、银川、海口	东莞、佛山、芜湖、铜陵、襄阳、宜昌、潍坊、日照、淄博、东营、中山、滨州、亳州等
特色型	15%~30%	哈尔滨、长春	南宁、呼和浩特、昆明、太原、哈尔滨、兰州、长春	吉安、新余、扬州、南通、阜阳、柳州、六安、池州、南阳、温州、嘉兴、淮北、临沂等

梯度	百分位	副省级城市	省会城市	普通城市
发展型	30%~50%	无	西宁	驻马店、连云港、商丘、湘潭、十堰、遂宁、盘锦、九江、沧州、娄底、肇庆、攀枝花等
追赶型	50%~100%	无	乌鲁木齐、拉萨	玉林、天水、黄石、庆阳、鞍山、益阳、三明、南充、岳阳、焦作、乌海、景德镇、定西、荆州、上饶等

整体上看，副省级城市、省会城市和普通城市在数字政府发展水平上呈现出结构性差异，如图Ⅲ-14所示。66.67%的副省级城市位于数字政府发展水平的第一梯队，即引领型；部分副省级城市位于优质型和特色型梯队。省会城市中，37.04%进入引领型城市行列，进入优质型和特色型的省会城市均为25.93%。普通城市的数字政府发展水平整体弱于上述两类城市，内部发展水平分化明显。54.82%的普通城市位于数字政府发展水平的最后梯队，即追赶型；发展型与特色型城市在普通城市中的占比分别为21.59%和14.29%；仅有9.27%的城市进入优质型或引领型城市梯队。

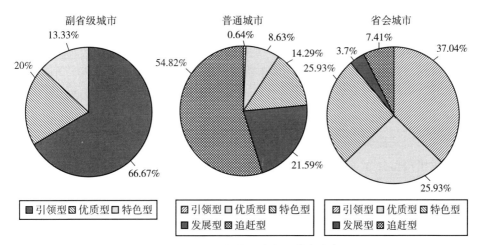

图Ⅲ-14 市级数字政府发展梯度分布

三、整体分析

整体而言，我国数字政府正处于持续发展阶段，所有被评估城市的数字政府发展指数平均分为 55.21 分。不同类型城市的数字政府发展水平呈现出阶梯化差异和非均衡发展的状态，如图Ⅲ－15 所示。副省级城市数字政府发展指数的平均得分最高，达到 70.77 分，超过省会城市 4.18 分；省会城市平均得分为 66.59 分，高于普通城市 12.69 分；普通城市平均得分最低，为 53.9 分。

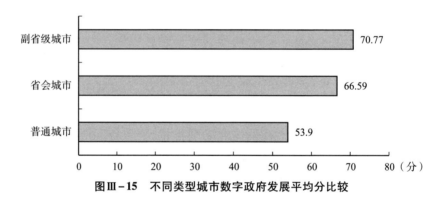

图Ⅲ－15　不同类型城市数字政府发展平均分比较

从不同类型城市的一级指标平均得分占满分的比重（见图Ⅲ－16）来看[①]，我国数字政府的治理能力水平较高，三类城市的比重均在 70% 以上，副省级城市最高，为 86.87%。具体而言，各类城市基于政务 APP、小程序、网上政务大厅等政务服务平台的公共服务能力，以及基于政务微博、微信公众号、政务抖音、网络问政平台、12345 热线等政民互动过程所反映的数字治理能力得到显著提升。另外，组织机构和制度体系发展水平存在较大差异，如组织机构得分比重副省级城市为 80%，省会城市为 69.63%，普通城市仅为 51.11%。最后，治理效果得分比重最低，三类城市均在 30%～45%，未来我国城市应多关注数字政府治理效果的提升。

[①]　由于四个一级指标满分不同，无法直接比较得分大小，因此使用得分占满分的比重来比较我国城市在 4 个一级指标上的发展情况。

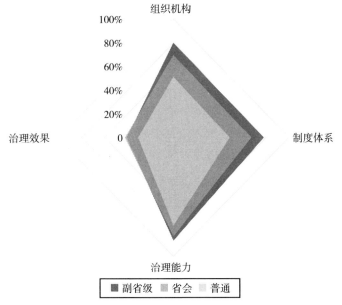

图Ⅲ-16 数字政府一级指标平均得分占比

从全国城市数字政府发展情况的空间分布来看,在组织机构方面,东部、中部的得分显著高于西部。在东部,以深圳、广州、杭州、苏州、青岛、石家庄等城市为代表的珠三角、长三角和环渤海地区在数字政府组织机构方面表现亮眼。在中部,武汉、郑州、芜湖、长沙、合肥等城市在此方面表现较为突出。尽管西部的组织机构发展相对滞后,但西安、银川、贵阳等城市仍有不错表现。

在制度体系方面,东部城市得分整体高于中、西部城市,其中制度体系建设较好的东部城市仍集中在长三角、珠三角和环渤海地区。厦门、深圳、济南、宁波、青岛、石家庄、福州等东部副省级和省会城市在制度体系建设方面表现突出。此外,苏州、威海、绍兴等普通城市的制度建设也比较完善。作为西部城市,贵阳在制度体系建设方面的表现亮眼,得分与厦门和苏州并列第一。

在治理能力方面,东部、中部城市整体高于西部城市。其中表现较好的城市包括深圳、杭州、沈阳、青岛等东部城市和宜昌、长沙、襄阳等中部城市。西部地区的贵阳、成都、银川等城市的治理能力也相对较高。

在治理效果方面,得分较高的城市在全国范围内的空间分布相对分散,东部、中部、西部均有城市在治理效果方面取得不错成绩。东部地区的广州、福州、海口等城市治理效果突出，中部地区的合肥、南昌、长沙等城市在这一方面表现不俗，西部地区的成都、南宁、兰州等城市治理效果较好。

四、类别分析

（一）组织机构

组织机构建设在不同类型城市间呈现阶梯化差异，如图Ⅲ-17所示。副省级城市组织机构建设相对更加完备，平均得分为12分；省会城市平均得分为10.44分，普通城市最低，为7.67分。所有城市的党政机构得分均高于社会组织得分。与副省级城市相比，省会城市的党政机构得分低0.9分，社会组织得分低0.66分；普通城市在两类组织机构得分均明显低于副省级城市，因此该类城市组织机构建设亟待提升。

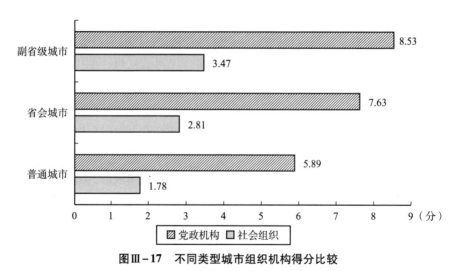

图Ⅲ-17　不同类型城市组织机构得分比较

组织机构得分较高的副省级城市多聚集于东部沿海地区，如图Ⅲ-18所示，排名前十位[①]的城市包括深圳、厦门、武汉、广州、青岛、西安、大连、

[①]　因同分并列情况较多、空间有限等因素，因而仅报告排名前十位的城市；排名前十位并不意味着前十名。该原则也适用于本节其他图。

济南、杭州、南京。厦门和深圳的组织机构得分并列第一，均为14分；其中党政机构得分，深圳、厦门、武汉并列第一。

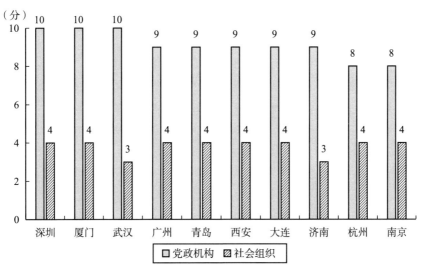

图Ⅲ-18　副省级城市组织机构得分排名前十位

组织机构得分排名靠前的十个省会城市分别是石家庄、武汉、郑州、广州、西安、福州、济南、沈阳、银川、长沙，如图Ⅲ-19所示。这些城市的组

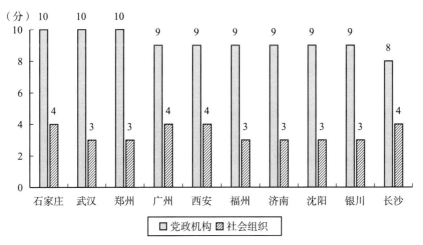

图Ⅲ-19　省会城市组织机构得分排名前十位

织结构得分都在 12 分及以上，其中石家庄得分最高（14 分）。东部城市，如石家庄、广州，在两类机构上发展水平最高；中部城市中，武汉和郑州的党政机构发展水平也较高，但二者的社会组织发展水平仍有待进一步提升。

组织机构得分排名靠前的十个普通城市分别是芜湖、亳州、阜阳、淮南、宜昌、苏州、临沂、滨州、济宁、襄阳，如图Ⅲ - 20 所示。其中，芜湖、亳州、阜阳、淮南、苏州、临沂的组织机构得分最高（13 分）。整体而言，普通城市党政机构发展水平高于社会组织，且仍有 127 个普通城市的社会组织得分仅为 1 分或 0 分，数字政府建设的社会力量尤显不足。

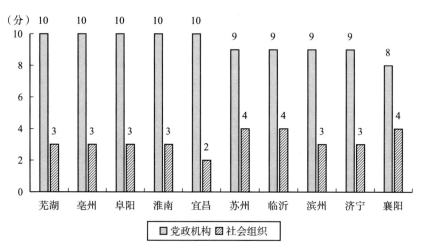

图Ⅲ - 20　普通城市组织机构得分排名前十位

（二）制度体系

制度体系建设水平在不同类型城市间存在一定程度差异。如图Ⅲ - 21 所示，副省级城市的制度体系相对完备，平均分为 11.75 分；省会城市次之，平均分为 10.12 分；普通城市相对更低，平均分为 7.33 分。相较而言，所有城市的数字生态政策得分均高于数字政府政策，副省级的数字生态政策得分比数字政府政策得分高出 2.25 分，省会城市相应高出 1.46 分。普通城市两类政策的得分虽然差异较小（0.15 分），但得分均较低，表明今后需进一步完善制度体系建设。

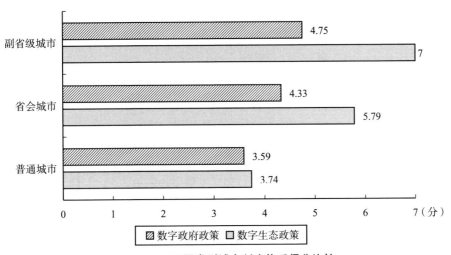

图Ⅲ-21 不同类型城市制度体系得分比较

制度体系得分排名靠前的十个副省级城市为厦门、深圳、济南、宁波、青岛、武汉、广州、西安、沈阳、杭州，如图Ⅲ-22所示。其中，厦门数字政府政策得分最高（6.25分）；厦门、深圳、济南共8个城市数字生态政策得分均为7.5分，并列第一，说明多数副省级城市在数字生态上的建设进度大致相似。

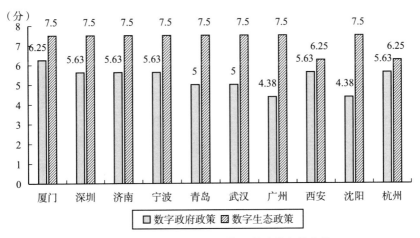

图Ⅲ-22 副省级城市制度体系得分排名前十位

制度体系得分排名前十位的省会城市为贵阳、济南、石家庄、郑州、武汉、福州、广州、西安、沈阳、杭州，如图Ⅲ-23所示。其中，贵阳和石家庄数字政府政策得分最高（6.25分），贵阳、济南、武汉、福州、广州、沈阳数字生态政策得分最高（7.5分）。整体来看，省会城市的数字政府政策和数字生态政策发展存在一定程度的不均衡，可进一步优化。

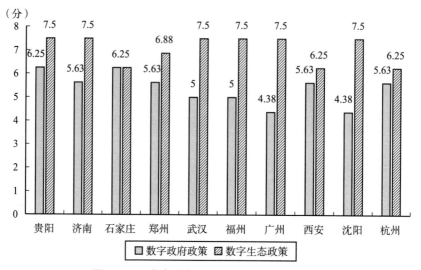

图Ⅲ-23　省会城市制度体系得分排名前十位

制度体系得分排名前十的普通城市为苏州、滨州、南阳、威海、淄博、绍兴、日照、中山、柳州、温州，如图Ⅲ-24所示。其中，苏州、滨州、南阳的数字政府得分较高（6.25分），苏州、威海、淄博、绍兴、日照的数字生态政策得分并列第一（7.5分）。整体来看，相较于副省级城市与省会城市，普通城市的制度体系建设仍有一定上升空间。

（三）治理能力

治理能力因城市类型而存在较大差异，如图Ⅲ-25所示。副省级城市的治理能力整体上最高，平均分为34.75分；省会城市次之，平均分为33.33分；普通城市最低，平均分为29.65分。在平台管理、数据开放、政府服务、

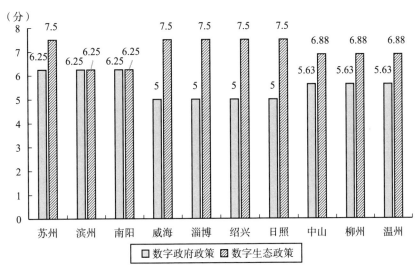

图Ⅲ-24 普通城市制度体系得分排名前十位

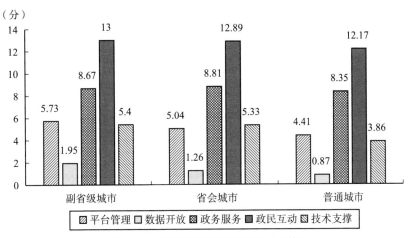

图Ⅲ-25 不同类型城市治理能力比较

政民互动、技术支撑五项二级指标中，政民互动占满分的比重①最高，表明大部分城市开通了官方门户网站、领导信箱、问卷调查、政务微博、微信公众号、抖音等多样化的信息获取与民意反馈渠道。政务服务和平台管理的得分比重次之。近年来，大部分城市已经形成了较为完善的政务服务体系与平

---

① 因各二级指标的权重（即满分）不同，无法直接比较得分的绝对值，因此采用得分占满分的比重加以比较。

台运行流程，在门户网站的个性化便民设计（如无障碍、多语言）方面有了一定提升。技术支撑方面，我国城市普遍推进相关技术的应用，正逐步建设"城市大脑"、政府数据中心和城市政务云等。从整体上看，我国城市在数据开放方面的能力仍有待进一步提升。

治理能力得分前十位的副省级城市是深圳、杭州、沈阳、青岛、济南、宁波、广州、成都、武汉、西安，如图Ⅲ-26所示。在平台管理指标上，上述副省级城市中大部分的得分达到6分。在数据开放能力上，杭州得分最高，为3.12分。在政务服务指标上，深圳、沈阳、济南、西安得分最高，达到10分。在政民互动指标上，杭州、青岛和成都的得分最高，为14分。在技术支撑指标上，大部分排在前十位的副省级城市都获得了6分。

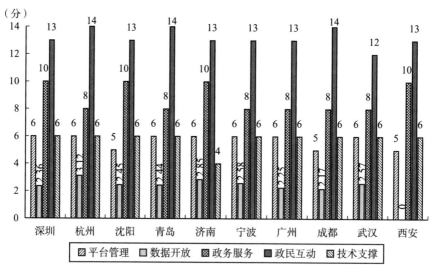

图Ⅲ-26　副省级城市治理能力得分排名前十位

治理能力得分排名前十位的省会城市是杭州、贵阳、沈阳、石家庄、济南、郑州、福州、广州、成都、武汉，如图Ⅲ-27所示。其中，杭州、贵阳、济南、广州、武汉的平台管理得分最高，为6分。杭州的数据开放水平最高，为3.12分，济南次之，为2.85分，其余城市的数据开放水平大部分处于2.4~2.6分的得分区间中。而对于政务服务、政民互动、技术支撑三个维度，上述城市间的差距相对较小。

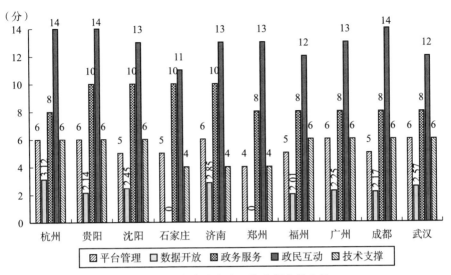

图Ⅲ-27 省会城市治理能力得分前十位

治理能力得分排名前十位的普通城市分别是宜昌、丽水、常州、苏州、襄阳、台州、温州、东营、鄂州、威海，如图Ⅲ-28所示。上述城市在各类二级指标得分之间差别不大，但总体而言，普通城市在数据开放的指标上存在较大的差异，表明在数字政府建设过程中，普通城市需要进一步推进数据开放相关工作。

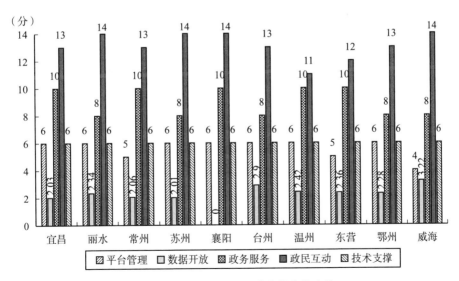

图Ⅲ-28 普通城市治理能力得分前十位

（四）治理效果

治理效果及其二级指标得分在三种不同类型城市中呈现出差序格局，如图Ⅲ-29所示。省会城市整体治理效果最高，平均为12.7分；副省级城市次之，平均为12.27分；普通城市最低，平均为9.26分。相较而言，在覆盖度、普惠度、回应度、美誉度四个二级指标中，普惠度得分占满分的比例最高，说明公众对数字化转型的关注度高、各类平台的功能齐全，尤其是副省级和省级城市大幅领先于普通城市。回应度和美誉度指标得分次之，说明城市政府能够通过多种渠道与公众进行深入沟通、详细解释与及时回应，而公众也对城市政府的治理工作表示认可。覆盖度得分占满分的比例最低，反映出城市尤其是普通城市的数字政府应用在公众中的普及化程度有待进一步提升。

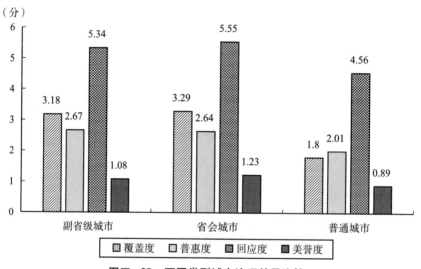

图Ⅲ-29 不同类型城市治理效果比较

治理效果得分排名前十位的副省级城市是成都、广州、杭州、南京、长春、深圳、青岛、厦门、武汉、西安，如图Ⅲ-30所示。成都的覆盖度得分最高，为5.8分，其次是南京、广州。深圳的普惠度得分最高，达到4.06分；其次为杭州、广州。广州的回应度得分最高，为6.47分；厦门、成都紧随其后。杭州的美誉度得分最高，达到1.64分；其次是南京。总体而言，副省级城市在治理效果各项指标上的表现较为均衡，但从细节上可发现各具特色，如广州的回应度最为突出，杭州以美誉度见长。

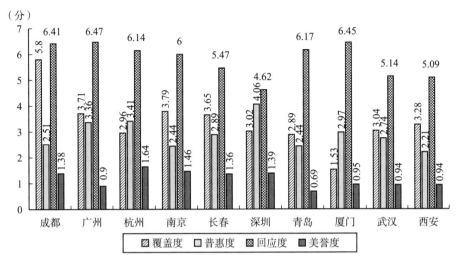

图Ⅲ-30 副省级城市治理效果得分排名前十位

治理效果得分排名前十位的省会城市是成都、广州、贵阳、杭州、南京、石家庄、长春、郑州、福州、武汉，如图Ⅲ-31所示。成都的覆盖度得分最高，得分为5.8分。杭州的普惠度得分最高，为3.41分。福州的回应度得分最高，为6.77分。杭州的美誉度得分最高，为1.64分。整体上看，省会城市的普惠度水平最高，覆盖度水平最低。

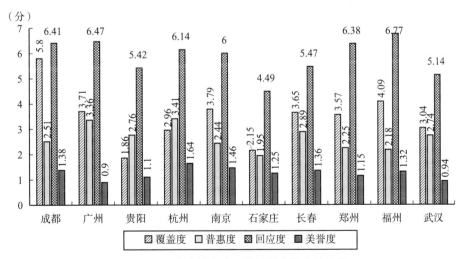

图Ⅲ-31 省会城市治理效果得分排名前十位

治理效果得分排名前十位的普通城市分别是抚州、佛山、威海、东莞、珠海、内江、马鞍山、廊坊、宜宾、滁州，如图Ⅲ-32所示。整体而言，普通城市的覆盖度得分较低，说明普通城市数字政府建设触达民众的能力仍有提升空间。东莞的普惠度得分最高，达到3.65分。威海的回应度得分最高，为7.43分。抚州的美誉度得分最高，为2.03分。

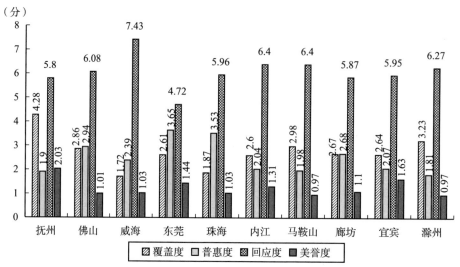

图Ⅲ-32　普通城市治理效果得分排名前十位

第六章　对策建议

一、加强统一协调的领导体系

党的全面领导是我国数字政府建设的根本保证，为数字政府建设的转型发展和实践创新指明了方向。首先，坚持党的领导，为我国数字政府的发展指明方向。党的十八大以来，以习近平同志为核心的党中央陆续实施了网络强国战略、大数据战略等一系列重大部署，有力推进了我国数字政府建设。中央全面深化改革委员会第二十五次会议明确提出要加强数字政府建设，并在服务体系、职能体系、制度体系、安全体系等方面提出指导意见。为此，各级政府应坚定贯彻党中央关于数字政府的重大决策部署，积极开展数字政府的全面建设和发展升级。

基于治理层级和地域差异，构建协同联动的分层治理体系。基于治理功能、治理资源和治理工具的层级差异，中央、省、市和基层等不同层级有必要构建出数字政府的纵向治理分层体系，即战略型、枢纽型、回应型数字政府。各地政府不仅应从角色定位、资源工具等方面入手，因地制宜，构建出符合本地层级和地方实际的数字政府，还应加强与上下级政府的协同联动，在不同层级数字政府间形成合力，共同推进政府数字化发展。

坚持以数字政府为核心，构建数字治理生态。当前，数字技术已嵌入政府、社会、经济领域，形成三大治理形态，其中政府在数字治理生态体系中发挥核心和牵引、引领和主导的作用，并深刻重构政府—社会关系、政府—市场关系。

二、健全科学规范的制度体系

数字政府建设是创新政府治理理念和治理方式的重要举措，需要科学规范的制度体系。加强顶层设计，完善数字政府的制度体系。积极构建党委领导、政府主导、社会协同、公众参与、法治保障、科技支撑的政府治理体系，将我国的制度优势置于数字政府建设全过程；制定和完善数字政府建设的规范章程，进一步明确数字政府的建设目标、运作模式和部门权责，形成跨部门跨层级、横纵贯通的业务协作联动机制。

规范数据共享开放和开发利用，提升数字政府的数据驱动力。要充分认识政务、社会、市场等领域的大数据在数字政府建设过程中的治理价值，完善各类数据共享开放和开发利用的法律法规，规范各主体在采集、汇聚、分析和运用数据过程中的行为。积极建立数据共享开放制度，包括部门协调、职责分工、数据溯源等各个管理环节的配套政策，完善数据共享目录和标准规范，打造科学、合理的数据共享平台，畅通数据循环。明确不同应用场景下数据的权属和责任归属，提升各主体数据共享开放的主动性，降低数字政府建设过程中各主体协调合作的成本。

建立社会监督机制，构建共建共治共享的治理格局。推进国家治理体系和治理能力现代化离不开人民群众的参与，应进一步探索公众、媒体、行业协会等社会力量在制度设计、数据开发、资源共享、主体协同等方面的角色和功能，尤其是要鼓励社会参与和监督数字政府建设，确保数字政府建设始于人民、为了人民、以人民为中心，从而实现共建共治共享的治理格局。

三、构建协同高效的职能体系

协同高效的政府职能体系是实现治理现代化的基本要求，是数字政府建设的重要组成部分。以数字化转型助力政府职能转变。一方面，发挥数字化转型在政府履行经济调节、市场监管、社会管理、公共服务、生态环境保护等方面职能中的重要支撑作用，在上述领域通过数字技术推进建设集约型政务应用系统；另一方面，运用数字技术简化、优化政务服务流程，最大限度地激发市场主体和社会主体的活力，实现经济的持续发展和社会的持续进步。

构建协同高效的政府数字化履职能力体系。将云计算、大数据、区块链、人工智能等新兴数字技术用于重塑政府运行模式，弥补科层制政府体系因条块和职能分割而存在的治理缝隙，打破各部门和各层级之间的治理藩篱、突破条块分割的治理格局、填补政府内部治理漏洞。借助数字技术在条块之间建立起高效的信息流动系统和办事网络，推动不同领域和职能之间的互联互通、协同联动，以数字化驱动整体性政府建设。

构建基于大数据的智能化治理体系。一是开展基于大数据的社会问题诊断评估，利用大数据分析等信息技术深入挖掘历史数据，精准评估不同区域和部门的行政效率和工作绩效，精确把脉社会治理的热点、堵点和难点，实现"以数感知"。二是在诊断评估之上精准施策，通过把握问题的特征规律，辅助政府部门归因治理，针对特定难题形成对策建议和专项方案，实现"循数决策""依数治理"。

四、打造公平普惠的服务体系

数字政府建设推动政府治理和政务服务更精准、更普惠、更高效，最终实现民生普惠。完善政府顶层设计，强化系统思维与协同推进。在顶层设计中，一方面要贯彻"以人民为中心"的数字政府建设理念，各级政府应以民生福祉为根本价值追求，在发展中补齐民生短板、促进社会公平正义。另一方面，要注重部门统筹，在厘清现行政府各部门职能的基础上，打破"数据孤岛"和"数据烟囱"，以数字政府建设为依托，促进业务整合，推进跨部门业务协同，形成政务服务合力。

加快数字政府全域覆盖，满足市民多元需求。不断探索新的应用场景，在丰富数字政务服务事项的基础上，切实解决政务服务办事程序烦琐、技术操作不便、部门协作困难、人性化不足等问题，提升群众办事的便捷度和满意度。在公共资源配置上对惠及民生的数字政府建设项目应有倾斜，通过建设"数字生活平台"，一体化满足市民在信息获取、消费娱乐、本地生活、在线办事等领域的数字需求，提高群众的数字化生活水平。分级分类推进新型智慧城市建设，运用数据挖掘、数据分析等技术完善城市智能化决策系统，完善辅助政府决策的"仪表盘"与"驾驶舱"。

提升数字政府包容性，缩小数字鸿沟。在硬件层面，继续加强基层数字化、信息化的基础设施建设，将乡镇、村社等基层治理单位纳入数字政府建设体系中，并以此为落脚点，推进政府数字资源下沉，提升基层治理数字化水平。在软件层面，在全社会范围内继续普及互联网与数字技能素养，帮助缺乏互联网与数字技能的群众、基层干部与企业等掌握数字治理的知识与应用能力；鼓励科技企业开发"适老化""适弱化"数字政务应用系统与界面，降低数字应用的使用难度，让数字政府建设的成果能惠及全社会。

五、完善全链安全的保障体系

数据安全是数字政府建设的"生命线"。树立数字政府安全发展理念。一方面，确立数据安全的底线思维，加强数据分级分类保护，对关系国家安全、国民经济命脉、重要民生的数据严格管理，对公共数据、商业机密和个人隐私等数据形式采取有针对性的保护措施。另一方面，加强数据全流程监管，对数据采集、存储、传输、流通、使用、共享、删除、销毁等全生命周期实施全方位安全防护，加强监测、预警、控制和应急处置能力建设，保障数据采集汇聚、共享应用、开放开发等环节的数据安全。

强化数字政府全方位安全保障体系。一方面，加强数据安全法律法规、数据安全标准体系等制度保障体系建设，提升数据安全制度的约束效力；同时，完善数据安全制度内容设计，提高制度顶层设计的科学性、全面性。另一方面，加强数据安全的基础设施和人才保障体系建设，采用人工智能、大数据、区块链等前沿技术提升数据安全保障能力；同时，加强数据安全方面的人才培养、科学研究、技术研发，为数字政府的安全运行提供持久动力和保障。

完善数字政府安全管理责任体系。一方面，明确政府、科技企业、公众等主体在数据安全管理方面的主体责任，建立多元责任体系。另一方面，明确主体间协同的联动体系，相关主体建立网络安全信息共享机制，同时定期召开联席会议，促进保护工作部门、运营者以及网络安全服务机构等主体间的信息共享。

六、构建包容协同的生态体系

在政府数字化转型过程中，应从治理论和生态论理解数字化转型，强调治理体系的系统化、治理主体的包容性、治理资源的共享性，发挥汇聚多元治理主体、共享新型治理资源的基础性作用，进而构建包容协同的数字治理生态。

建设政企社协同共治的数字生态伙伴关系。数字治理生态的关键治理主体包括党委政府、专业机构、科技企业、科技社群、媒体（自媒体）和公众（消费者）。为更好地促成开发和利用治理资源，应由政府主导构建包容性的数字治理生态，促进各主体间平等协作至关重要。科技社群、科技企业为数字治理生态提供必要的数据、算法和算力支撑，专业机构、社会组织和人民群众的广泛参与是数字治理生态保持创新活力的根源，媒体和自媒体是数字治理的知识传播和社会监督力量，它们均是数字治理生态不可或缺的贡献者与参与者。

建立并激活新型治理资源体系。进入数字时代，数字政府改革必须建立健全数字治理资源目录以汇聚多样化治理资源，其中包括数据、算法、算力以及智能化解决方案等。数据在记录人们经济与社会生活的同时，也成为理解经济社会运行的信息基础。算法和算力是对海量数据进行汲取、整合和提炼的科技手段，辅助人们在各类场景中作出科学研判和精准决策。随着数据爆炸，数据复杂性、计算复杂性和系统复杂性也在与日俱增，复杂治理场景催生了与之对应的智能化解决方案也成为关键治理资源。

搭建包容性和协同性的治理结构。一方面，要坚持协同性原则，发挥党委政府主导作用，协调各方力量搭建平台，积极构建政企社协同、多元参与的治理生态系统。另一方面，从治理价值上要坚持包容性、普惠性原则，重视政府数字化转型对推动均衡发展和共同富裕的独特作用，着力消除"数字鸿沟"，改善人民福祉。数字政府的最终目标是以人为中心，促进数字基础设施普惠式建设，推进数字政务平台便捷化服务，提升政府精准回应能力，逐步缩小乃至弥合全社会的"数字鸿沟"。

参 考 文 献

[1] ［德］马克思. 机器自然力和科学的应用 ［M］. 中国科学院自然科学史研究所，译. 北京：人民出版社，1978.

[2] ［德］马克斯·韦伯. 支配社会学 ［M］. 康乐，简惠美，译. 桂林：广西师范大学出版社，2004.

[3] ［德］约瑟夫·熊彼特. 经济发展理论：对利润、资本结构、信息和经济周期的考察 ［M］. 北京：商务印书馆，1991.

[4] ［美］达雷尔·韦斯特. 数字政府：技术与公共领域绩效 ［M］. 王克迪，译. 北京：科学出版社，2011.

[5] ［美］弗兰克·帕斯奎尔. 黑箱社会 ［M］. 赵亚男，译. 北京：中信出版社，2015.

[6] ［美］简·E. 芳汀. 构建虚拟政府——信息技术与制度创新 ［M］. 邵国松，译. 北京：中国人民大学出版社，2010.

[7] ［美］杰里米·里夫金. 零边际成本社会：一个物联网、合作共赢的新经济时代 ［M］. 赛迪研究院专家组，译. 北京：中信出版社，2014.

[8] ［美］凯斯·R. 桑斯坦. 信息乌托邦：众人如何生产知识 ［M］. 北京：法律出版社，2008.

[9] ［美］凯文·凯立. 失控 ［M］. 东西文库，译. 北京：新星出版社，2014.

[10] ［美］拉塞尔·M. 林登. 无缝隙政府——公共部门再造指南 ［M］. 汪大海，吴群芳，译. 北京：中国人民大学出版社，2002.

[11] ［美］雷·库兹韦尔. 奇点临近：当计算机智能超越人类 ［M］. 李庆诚，董振华，田源，译. 北京：机械工业出版社，2011.

[12] ［美］塞奇威克，［美］韦恩. 算法 ［M］. 4 版. 谢路云，译. 北京：人民邮电出版社，2012.

[13] ［美］施博德. 计算未来：人工智能及其社会角色 ［M］. 沈向阳，译. 北京：北京大学出版社，2018.

[14] ［美］约翰·布罗克曼. AI 的 25 种可能 ［M］. 王佳音，译. 杭州：浙江人民出

版社，2019.

［15］［英］洛克．政府论［M］．叶启芳，瞿菊农，译．北京：商务印书馆，1964.

［16］［英］韦农·波格丹诺．布莱克维尔政治制度百科全书［M］．邓正来，译．北京：中国政法大学出版社，2011.

［17］［美］巴纳德．经理人员的职能［M］．孙耀君等，译，北京：中国社会科学出版社，1997.

［18］鲍勃·杰索普，程浩．治理与元治理：必要的反思性、必要的多样性和必要的反讽性［J］．国外理论动态，2014（05）：14－22.

［19］鲍静，贾开．数字治理体系和治理能力现代化研究：原则、框架与要素［J］．政治学研究，2019（03）：23－32，125－126.

［20］曹艳辉．"适度压力型"政民互动：基于中部省级网络问政平台的数据分析［J］．新闻与传播评论，2023，76（02）：70－81.

［21］曹正汉，王宁．一统体制的内在矛盾与条块关系［J］．社会，2020，40（04）：77－110.

［22］曹正汉．中国上下分治的治理体制及其稳定机制［J］．社会学研究，2011，25（01）：1－40，243.

［23］曾婧婧，龚启慧，凌瑜．政府即时回应的剧场试验：基于武汉电视问政（2011—2015年）的扎根分析［J］．甘肃行政学院学报，2016（02）：15－23，126.

［24］曾娜．政务信息资源的权属界定研究［J］．时代法学，2018，16（04）：29－34.

［25］曾润喜，黄若怡．地方政府对网络问政的信息注意力分配的层级差异研究［J］．情报杂志，2021，40（08）：127－135.

［26］曾姝，杜骏飞．超越传播——媒介在社会及社会管理中的新定位［J］．青年记者，2011（10）：13－15.

［27］曾祥敏，周杉．全媒体语境下突发公共事件信息传播路径探析——基于新冠肺炎疫情报道的研究［J］．当代电视，2020（04）：4－10.

［28］常保国，戚姝．"人工智能＋国家治理"：智能治理模式的内涵建构、生发环境与基本布局［J］．行政论坛，2020，27（02）：19－26.

［29］常多粉，孟天广．动之以情还是晓之以理？——环境治理中网络问政的政府回应话语模式［J］．社会发展研究，2021，8（03）：44－62，243.

［30］常修泽．广义产权论"三大要义与产权保护制度［J］．战略与管理，2016（06）：1－10.

［31］陈翀，徐曾旭林，何立晗等．网络问政的政府回应模式判断——基于B市和S

市政府门户网站政民互动数据［J］. 文献与数据学报，2019，1（03）：3 – 17.

［32］陈国权，孙韶阳. 线上政府：网络社会治理的公权力体系［J］. 中国行政管理，2017（07）：34 – 40.

［33］陈磊，王柏村，黄思翰等. 人工智能伦理准则与治理体系：发展现状和战略建议［J］. 科技管理研究，2021，41（06）：193 – 200.

［34］陈龙. "数字控制"下的劳动秩序——外卖骑手的劳动控制研究［J］. 社会学研究，2020，35（06）：113 – 135，244.

［35］陈鹏. 算法的权力和权力的算法［J］. 探索，2019（04）：182 – 192.

［36］陈升，卢雅灵. 社会资本、政治效能感与公众参与社会矛盾治理意愿——基于结构方程模型的实证研究［J］. 公共管理与政策评论，2021，10（02）：16 – 30.

［37］陈剩勇，卢志朋. 信息技术革命、公共治理转型与治道变革［J］. 公共管理与政策评论，2019，8（01）：40 – 49.

［38］陈水生. 技术驱动与治理变革：人工智能对城市治理的挑战及政府的回应策略［J］. 探索，2019（06）：34 – 43.

［39］陈新. 话语共识与官民互动：互联网时代政府回应方式的政治学思考［J］. 湖北社会科学，2013（10）：43 – 47.

［40］陈宇飞，沈超，王骞等. 人工智能系统安全与隐私风险［J］. 计算机研究与发展，2019，56（10）：2135 – 2150.

［41］陈振明，黄子玉. 数字治理的公共价值及其实现路径［J］. 郑州大学学报（哲学社会科学版），2022，55（06）：9 – 14，124.

［42］陈振明. 政府治理变革的技术基础——大数据与智能化时代的政府改革述评［J］. 行政论坛，2015，22（06）：1 – 9.

［43］陈子薇，马力. 纳米技术伦理问题与对策研究［J］. 科技管理研究，2018，38（24）：255 – 260.

［44］程啸. 区块链技术视野下的数据权属问题［J］. 现代法学，2020，42（02）：121 – 132.

［45］储节旺，朱玲玲. 基于大数据分析的突发事件网络舆情预警研究［J］. 情报理论与实践，2017，40（08）：61 – 66.

［46］崔靖梓. 算法歧视挑战下平等权保护的危机与应对［J］. 法律科学（西北政法大学学报），2019，37（03）：29 – 42.

［47］崔岩. 当前我国不同阶层公众的政治社会参与研究［J］. 华中科技大学学报（社会科学版），2020，34（06）：9 – 17，29.

［48］戴长征，鲍静. 数字政府治理——基于社会形态演变进程的考察［J］. 中国行

政管理，2017（09）．

［49］单勇．跨越"数字鸿沟"：技术治理的非均衡性社会参与应对［J］．中国特色社会主义研究，2019（05）：68－75，82，2．

［50］邓卫华，吕佩．反转或缓解？突发事件政府回应有效性研究——基于在线文本情感分析［J］．中国行政管理，2021（02）：123－130．

［51］翟学伟．中国人行动的逻辑［M］．北京：生活·读书·新知三联书店，2017．

［52］翟云．整体政府视角下政府治理模式变革研究——以浙、粤、苏、沪等省级"互联网＋政务服务"为例［J］．电子政务，2019（10）：34－45．

［53］丁道勤．基础数据与增值数据的二元划分［J］．财经法学，2017（02）：5－10，30．

［54］丁未．新媒体赋权：理论建构与个案分析——以中国稀有血型群体网络自组织为例［J］．开放时代，2011（01）：124－145．

［55］丁晓东．论算法的法律规制［J］．中国社会科学，2020（12）：138－159，203．

［56］丁晓东．什么是数据权利？——从欧洲《一般数据保护条例》看数据隐私的保护［J］．华东政法大学学报，2018，21（04）：39－53．

［57］丁轶．反科层制治理：国家治理的中国经验［J］．学术界，2016（11）：26－41，324．

［58］董天策．从网络集群行为到网络集体行动——网络群体性事件及相关研究的学理反思［J］．新闻与传播研究，2016，23（02）：80－99，127－128．

［59］董志强．话语权力与权力话语［J］．人文杂志，1999（04）．

［60］段哲哲．基层公务员对群众回应性的来源：压力、价值观和观念形态？——基于我国东中部10市基层公务员调查证据［J］．公共行政评论，2019（06）：85－109．

［61］樊博，贺春华，白晋宇．突发公共事件背景下的数字治理平台因何失灵："技术应用－韧性赋能"的分析框架［J］．公共管理学报，2023，20（02）：140－150，175．

［62］樊春良，张新庆，陈琦．关于我国生命科学技术伦理治理机制的探讨［J］．中国软科学，2008（08）：58－65．

［63］冯志伟，张灯柯，饶高琦．从图灵测试到ChatGPT——人机对话的里程碑及启示［J］．语言战略研究，2023，8（02）：20－24．

［64］高奇琦．智能革命与国家治理现代化初探［J］．中国社会科学，2020（07）：81－102，205－206．

［65］高世楫，廖毅敏．数字时代国家治理现代化和行政体制改革研究［J］．行政管理改革，2018（01）：4－10．

[66] 高翔.建立适应数字时代的政府治理新形态 [J].探索与争鸣，2021（04）：141－146，179－180.

[67] 高翔.决策权集中与行政科层化：数字时代的政府组织变革 [J].广西师范大学学报（哲学社会科学版），2023，59（01）：8－19.

[68] 郭成玉，丛楷力.在线政务服务平台中地方政府回应公众诉求的动力机制——以山东省为例 [J].西华师范大学学报（哲学社会科学版），2023（04）：52－60.

[69] 郭蕊，麻宝斌.全球化时代地方政府治理能力分析 [J].长白学刊，2009（04）：67－70.

[70] 郭毅."人吃人"：算法社会的文化逻辑及其伦理风险 [J].中国图书评论，2021（09）：45－53.

[71] 过勇，贺海峰.我国基层政府体制的条块关系：从失调走向协同 [J].经济社会体制比较，2021（02）：90－100.

[72] 韩旭至.数据确权的困境及破解之道 [J].东方法学，2020（01）：97－107.

[73] 韩志明.技术治理的四重幻象——城市治理中的信息技术及其反思 [J].探索与争鸣，2019（06）：48－58，157，161.

[74] 何包钢，王锋.信访机制的民主化——协商民主的视角 [J].浙江大学学报（人文社会科学版），2018（01）：5－17.

[75] 何圣东，杨大鹏.数字政府建设的内涵及路径——基于浙江"最多跑一次"改革的经验分析 [J].浙江学刊，2018（05）：45－53.

[76] 何延哲，宋杰.利用大数据追踪公共卫生事件中传染源的思路探讨 [J].中国信息安全，2020（02）：37－41.

[77] 何永松.关于政府回应理论的国内文献综述 [J].山东行政学院学报，2016（05）：8－13.

[78] 何哲.官僚体制的悖论、机制及应对 [J].公共管理与政策评论，2021，10（04）：113－126.

[79] 何哲.人工智能时代的政府适应与转型 [J].行政管理改革，2016（08）：53－59.

[80] 侯剑华，周莉娟.中西方技术伦理研究前沿的可视化分析与比较 [J].科学与社会，2016，6（04）：72－85.

[81] 侯麟科，刘明兴，淘郁.双重约束视角下的基层治理结构与效能：经验与反思 [J].管理世界，2010（05）：145－161.

[82] 胡锐军.社会冲突触发因素的政治学分析 [J].政治学研究，2015（02）：22－35.

[83] 胡文涛. 我国个人敏感信息界定之构想 [J]. 中国法学, 2018 (05): 235 - 254.

[84] 胡业飞. 国家治理与创新的长周期演化: 对技术治理的重新理解 [J]. 学海, 2021 (03): 93 - 100.

[85] 黄璜. 对"数据流动"的治理——论政府数据治理的理论嬗变与框架 [J]. 南京社会科学, 2018 (02): 53 - 62.

[86] 黄璜. 赋物以"智", 赋治以"慧": 简论 ChatGPT 与数字政府建设 [J]. 学海, 2023 (02): 35 - 40.

[87] 黄璜. 平台驱动的数字政府: 能力、转型与现代化 [J]. 电子政务, 2020 (07): 2 - 30.

[88] 黄璜. 数据计算与治理变革: 对政府计算的研究与基于计算的政府研究 [J]. 电子政务, 2020 (01): 2 - 12.

[89] 黄璜. 中国"数字政府"的政策演变——兼论"数字政府"与"电子政务"的关系 [J]. 行政论坛, 2020, 27 (03): 47 - 55.

[90] 黄建伟, 陈玲玲. 我国数字治理的历程、特征与成效 [J]. 国家治理现代化研究, 2019 (02): 61 - 75, 244.

[91] 黄其松. 数字时代的国家理论 [J]. 中国社会科学, 2022 (10): 60 - 77, 205.

[92] 黄晓勇. 充分重视智能媒介素养的提升 [N]. 光明日报, 2021 - 11 - 19 (11).

[93] 黄振威, 刘斌. 邻避事件治理中的公众参与——基于领导干部调查问卷的结构方程模型分析 [J]. 贵州社会科学, 2020 (10): 52 - 60.

[94] 贾开, 蒋余浩. 人工智能治理的三个基本问题: 技术逻辑、风险挑战与公共政策选择 [J]. 中国行政管理, 2017 (10): 40 - 45.

[95] 贾开, 薛澜. 人工智能伦理问题与安全风险治理的全球比较与中国实践 [J]. 公共管理评论, 2021, 3 (01): 122 - 134.

[96] 贾开. 人工智能与算法治理研究 [J]. 中国行政管理, 2019 (01): 17 - 22.

[97] 贾晓强, 闻竟. 互联网思维视域下政府回应机制创新的路径探析 [J]. 桂海论丛, 2017, 33 (06): 83 - 86.

[98] 贾哲敏, 孟天广. 信息为轴: 新冠病毒疫情期间的媒介使用、信息需求及媒介信任度 [J]. 电子政务, 2020 (05): 14 - 27.

[99] 江文路, 张小劲. 以数字政府突围科层制政府——比较视野下的数字政府建设与演化图景 [J]. 经济社会体制比较, 2021 (06): 102 - 112, 130.

[100] 江文路. 从控制型政府管理到回应型政府治理——重塑民众政治信任差序格局的改革探索 [J]. 党政研究, 2020 (02): 90 - 99.

［101］江小涓. 大数据时代的政府管理与服务：提升能力及应对挑战［J］. 中国行政管理，2018（09）：6-11.

［102］姜李丹，薛澜. 我国新一代人工智能治理的时代挑战与范式变革［J］. 公共管理学报，2022，19（02）：1-11，164.

［103］蒋勋，朱晓峰. 基于政府大数据能力建构的智库应急情报服务——以新冠肺炎疫情防控为例［J］. 图书与情报，2020（01）：64-74.

［104］景跃进. "群众路线"与当代中国政治发展：内涵、结构与实践［J］. 湖南科技大学学报（社会科学版），2004（06）：5-14.

［105］景云祥. 和谐社会构建中政府回应机制建设的基本维度［J］. 云南行政学院学报，2008（02）：102-105.

［106］柯贵福. 官僚制的内在矛盾与官僚主义的多重面向［J］. 文化纵横，2019（05）：37-46，142.

［107］科技部. 发展负责任的人工智能：新一代人工智能治理原则发布［EB/OL］. http：//www. most. gov. cn/kjbgz/201906/t20190617_147107. html.

［108］孔祥维，唐鑫泽，王子明. 人工智能决策可解释性的研究综述［J］. 系统工程理论与实践，2021，41（02）：524-536.

［109］莱斯格. 代码2.0：网络空间中的法律［M］. 李旭，沈伟伟，译. 北京：清华大学出版社，2018.

［110］蓝志勇. 全景式综合理性与公共政策制定［J］. 中国行政管理，2017（02）：17-21.

［111］李爱君. 论数据权利归属与取得［J］. 西北工业大学学报（社会科学版），2020（01）：89-98.

［112］李传军，李怀阳. 公民网络问政与政府回应机制的建构［J］. 电子政务，2017（01）：69-76.

［113］李传军. 运用大数据技术提升公共危机应对能力——以抗击新冠肺炎疫情为例［J］. 前线，2020（03）：21-24.

［114］李春根，罗家为. 从动员到统合：中国共产党百年基层治理的回顾与前瞻［J］. 管理世界，2021，37（10）：13-26.

［115］李德仁，邵振峰，于文博等. 基于时空位置大数据的公共疫情防控服务让城市更智慧［J］. 武汉大学学报（信息科学版），2020，45（04）：475-487，556.

［116］李放，韩志明. 政府回应中的紧张性及其解析——以网络公共事件为视角的分析［J］. 东北师大学报（哲学社会科学版），2014（01）：1-8.

［117］李锋，孟天广. 策略性政治互动：网民政治话语运用与政府回应模式［J］. 武

汉大学学报（人文科学版），2016，69（05）：119 - 129.

[118] 李锋. 条块关系视野下的网络诉求与政府回应模式研究——基于中部某市网络问政平台的大数据分析 [J]. 电子政务，2019（05）：27 - 37.

[119] 李纲，李阳. 智慧城市应急决策情报体系构建研究 [J]. 中国图书馆学报，2016，42（03）：39 - 54.

[120] 李海舰，田跃新，李文杰. 互联网思维与传统企业再造 [J]. 中国工业经济，2014（10）：135 - 146.

[121] 李华胤. 使回应运转起来：线上互动中的多维问责与有效回应——以 H 村"互助问答"平台运作为分析对象 [J]. 江苏社会科学，2021（01）：80 - 90.

[122] 李慧龙，于君博. 数字政府治理的回应性陷阱——基于东三省"地方领导留言板"的考察 [J]. 电子政务，2019（03）：72 - 87.

[123] 李文钊. 双层嵌套治理界面建构：城市治理数字化转型的方向与路径 [J]. 电子政务，2020（07）：32 - 42.

[124] 李永军. 论《民法总则》中个人隐私与信息的"二元制"保护及请求权基础 [J]. 浙江工商大学学报，2017（03）：10 - 21.

[125] 李珍珍，严宇，孟天广. 人工智能的伦理关切与治理路径 [J]. 中央社会主义学院学报，2022（05）：139 - 150.

[126] 李直，吴越. 数据要素市场培育与数字经济发展——基于政治经济学的视角 [J]. 学术研究，2021（07）：114 - 120.

[127] 郦全民. 量子社会科学的兴起和挑战 [J]. 人民论坛·学术前沿，2022，235（03）：76 - 83.

[128] 梁晓峣. 车路协同：智能交通领域的升维谋划 [J]. 人民论坛·学术前沿，2021（04）：56 - 65.

[129] 刘畅. 媒体在社会治理中的主体性探析 [J]. 编辑之友，2019（05）：61 - 66.

[130] 刘大椿，段伟文. 科技时代伦理问题的新向度 [J]. 新视野，2000（01）：34 - 38.

[131] 刘韩. 人工智能简史 [M]. 北京：人民邮电出版社，2018.

[132] 刘红波，王郅强. 城市治理转型中的市民参与和政府回应——基于广州市150 个政府热线沟通案例的文本分析 [J]. 新视野，2018（02）：94 - 101.

[133] 刘纪远，钟耳顺，庄大方等. SARS 控制与预警地理信息系统的研制与应用 [J]. 遥感学报，2003（05）：337 - 344，433.

[134] 刘培，池忠军. 算法的伦理问题及其解决进路 [J]. 东北大学学报（社会科学版），2019，21（02）：118 - 125.

［135］刘淑春．数字政府战略意蕴、技术构架与路径设计——基于浙江改革的实践与探索［J］．中国行政管理，2018（09）：37-45．

［136］刘霞．公共危机治理：理论建构与战略重点［J］．中国行政管理，2012（03）：116-120．

［137］刘奕．以大数据筑牢公共卫生安全网：应用前景及政策建议［J］．改革，2020（04）：5-16．

［138］刘友华．算法偏见及其规制路径研究［J］．法学杂志，2019，40（06）：55-66．

［139］柳新元，顾月霞．国内政府回应研究的现状及热点聚焦——基于2000—2019年文献计量分析［J］．贵州省党校学报，2019（06）：103-115．

［140］龙卫球．数据新型财产权构建及其体系研究［J］．政法论坛，2017，35（04）：63-77．

［141］龙卫球．再论企业数据保护的财产权化路径［J］．东方法学，2018（03）：50-63．

［142］楼苏萍．地方治理的能力挑战：治理能力的分析框架及其关键要素［J］．中国行政管理，2010（09）：97-100．

［143］卢坤建．回应型政府：理论基础、内涵与特征［J］．学术研究，2009（07）：66-70，138．

［144］逯峰．广东"数字政府"的实践与探索［J］．行政管理改革，2018（11）：55-58．

［145］吕鹏，周旅军，范晓光．平台治理场域与社会学参与［J］．社会学研究，2022，37（03）：68-91，227-228．

［146］吕艳滨．不回应 乱回应 模式化回应 官方回应社会关切：问题及建议［J］．人民论坛，2015（15）：70-71．

［147］罗洪洋，李相龙．智能司法中的伦理问题及其应对［J］．政法论丛，2021（01）：148-160．

［148］马海韵．市域社会治理中的公众参与：理论框架与实践路径［J］．行政论坛，2021，28（04）：113-120．

［149］马亮．数字领导力的结构与维度［J］．求索，2022，334（06）：100-110．

［150］马翔，包国宪．网络舆情事件中的公共价值偏好与政府回应绩效［J］．公共管理学报，2020，17（02）：70-83，169．

［151］马长山．智慧社会的治理难题及其消解［J］．求是学刊，2019，46（05）：91-98．

［152］梅夏英．数据的法律属性及其民法定位［J］．中国社会科学，2016（09）：164－183，209．

［153］孟天广，黄德远．重访回应性政府：网络问政制度的多样性与制度绩效［J］．Social Sciences in China，2019，40（04）：148－172．

［154］孟天广，黄种滨，张小劲．政务热线驱动的超大城市社会治理创新——以北京市"接诉即办"改革为例［J］．公共管理学报，2021，18（02）：1－12，164．

［155］孟天广，季程远．重访数字民主：互联网介入与网络政治参与——基于列举实验的发现［J］．清华大学学报（哲学社会科学版），2016（04）：43－54．

［156］孟天广，李锋．网络空间的政治互动：公民诉求与政府回应性——基于全国性网络问政平台的大数据分析［J］．清华大学学报（哲学社会科学版），2015，30（03）：17－29．

［157］孟天广，田栋．群众路线与国家治理现代化——理论分析与经验发现［J］．政治学研究，2016（03）：25－35，125－126．

［158］孟天广，张小劲．大数据驱动与政府治理能力提升——理论框架与模式创新［J］．北京航空航天大学学报（社会科学版），2018（01）：18－25．

［159］孟天广，赵金旭，郑兆祐．重塑科层"条块"关系会提升政府回应性么？——一项基于北京市"吹哨报到"改革的政策实验［J］．中国行政管理，2021（04）：31－39．

［160］孟天广，赵娟．大数据驱动的智能化社会治理：理论建构与治理体系［J］．电子政务，2018（08）：2－11．

［161］孟天广，赵娟．网络驱动的回应性政府：网络问政的制度扩散及运行模式［J］．上海行政学院学报，2018，19（03）：36－44．

［162］孟天广，郑思尧．信息、传播与影响：网络治理中的政府新媒体——结合大数据与小数据分析的探索［J］．公共行政评论，2017，10（01）：29－52，205－206．

［163］孟天广，李锋．网络空间的政治互动：公民诉求与政府回应性——基于全国性网络问政平台的大数据分析［J］．清华大学学报（哲学社会科学版），2015，30（03）：17－29．

［164］孟天广，张小劲等．中国数字政府发展研究报告（2021）［M］．北京：经济科学出版社，2021．

［165］孟天广．数字治理生态：数字政府的理论迭代与模型演化［J］．政治学研究，2022（05）：13－26，151－152．

［166］孟天广．政府数字化转型的要素、机制与路径———兼论"技术赋能"与"技术赋权"的双向驱动［J］．治理研究，2021，37（01）：2，5－14．

［167］孟天广. 政治科学视角下的大数据方法与因果推论［J］. 政治学研究，2018（03）：29－38，126.

［168］孟天广. 智能治理：通用人工智能时代的治理命题［J］. 学海，2023（02）：41－47.

［169］米加宁，章昌平，李大宇等. "数字空间"政府及其研究纲领——第四次工业革命引致的政府形态变革［J］. 公共管理学报，2020，17（01）：1－17，168.

［170］米加宁，章昌平，李大宇等. 第四研究范式：大数据驱动的社会科学研究转型［J］. 学海，2018（02）：11－27.

［171］莫宏伟. 强人工智能与弱人工智能的伦理问题思考［J］. 科学与社会，2018，8（01）：14－24.

［172］帕斯奎尔. 黑箱社会：控制金钱和信息的数据法则［M］. 赵亚男，译. 北京：中信出版社，2015.

［173］彭勃，刘旭. 用数字化兜住模糊性事务：基层治理的技术赋能机制［J］. 学海，2022（03）：48－56.

［174］彭兰. 导致信息茧房的多重因素及"破茧"路径［J］. 新闻界，2020（01）：30－38，73.

［175］彭兰. 假象、算法囚徒与权利让渡：数据与算法时代的新风险［J］. 西北师大学报（社会科学版），2018，55（05）：20－29.

［176］彭兰. 算法社会的"囚徒"风险［J］. 全球传媒学刊，2021，8（01）：3－18.

［177］彭宗超，黄昊，吴洪涛等. 新冠肺炎疫情前期应急防控的"五情"大数据分析［J］. 治理研究，2020，36（02）：6－20.

［178］屈晓晖，袁武，袁文等. 时空大数据分析技术在传染病预测预警中的应用［J］. 中国数字医学，2015，10（08）：36－39.

［179］全国信息安全标准化技术委员会秘书处. 网络安全标准实践指南——人工智能伦理安全风险防范指引［EB/OL］. https：//www. tc260. org. cn/upload/2021－01－05/1609818449720076535. pdf.

［180］阙天舒，吕俊延. 智能时代下技术革新与政府治理的范式变革——计算式治理的效度与限度［J］. 中国行政管理，2021（02）：21－30.

［181］汝绪华. 算法政治：风险、发生逻辑与治理［J］. 厦门大学学报（哲学社会科学版），2018（06）：27－38.

［182］桑斯坦. 信息乌托邦——众人如何生产知识［M］. 毕竞悦，译. 北京：法律出版社，2008.

［183］沙丽．数据资源权属判断及司法保护路径［J］．人民司法，2020（10）：102－105．

［184］邵春霞．基层治理常规化的数字赋能路径研究［J］．学海，2022（03）：38－47．

［185］沈传亮．建立国家治理能力现代化评估体系［J］．学习时报，2014－06－03．

［186］沈湫莎．ChatGPT爆火，人工智能的下一个范式来了吗？［N］．文汇报，2022－12－20（005）．

［187］沈伟伟．算法透明原则的迷思——算法规制理论的批判［J］．环球法律评论，2019，41（06）：20－39．

［188］沈向洋，龚克，乔杰等．认识及应对新兴技术带来的伦理问题［J］．科技导报，2021，39（02）：35－41．

［189］石佳友．健全以公平为原则的产权保护论纲［J］．中国政法大学学报，2021（03）：53－71．

［190］史晨，马亮．互联网企业助推数字政府建设——基于健康码与"浙政钉"的案例研究［J］．学习论坛，2020（08）：50－55．

［191］司晓，曹建峰．论人工智能的民事责任：以自动驾驶汽车和智能机器人为切入点［J］．法律科学（西北政法大学学报），2017，35（05）：166－173．

［192］斯塔林．公共部门管理［M］．陈宪等，译．上海：上海译文出版社，2003．

［193］斯坦福大学以人为本人工智能研究院．人工智能指数2021年度报告［EB/OL］．https：//aiindex．stanford．edu/wp-content/uploads/2021/04/2021－AI-Index-Report_Chinese-Edition．pdf．

［194］宋锴业．"算法"与国家治理创新——数据、算法与权力的知识生产与逻辑呈现［J］．科学学研究，2022，40（03）：401－409．

［195］孙柏瑛，张继颖．解决问题驱动的基层政府治理改革逻辑——北京市"吹哨报到"机制观察［J］．中国行政管理，2019（04）：1－7．

［196］孙柏瑛，周保民．政府注意力分配研究述评：理论溯源、现状及展望［J］．公共管理与政策评论，2022，11（05）：156－168．

［197］孙柏瑛．公民参与形式的类型及其适用性分析［J］．中国人民大学学报，2005（05）：124－129．

［198］孙柏瑛．全球化时代的地方治理：构建公民参与和自主管理的制度平台［J］．教学与研究，2003（11）：27－33．

［199］孙志建．数字政府发展的国际新趋势：理论预判和评估引领的综合［J］．甘肃行政学院学报，2011（03）：32－42，127．

［200］孙宗锋，赵兴华．网络情境下地方政府政民互动研究——基于青岛市市长信箱的大数据分析［J］．电子政务，2019（05）：12-26.

［201］谭九生，杨建武．人工智能技术的伦理风险及其协同治理［J］．中国行政管理，2019（10）：44-50.

［202］唐啸，周绍杰，赵鑫蕊等．回应性外溢与央地关系：基于中国民众环境满意度的实证研究［J］．管理世界，2020，36（06）：120-134，249.

［203］陶卓，黄卫东，闻超群．数据要素市场化配置典型模式的经验启示与未来展望［J］．经济体制改革，2021（04）：37-42.

［204］腾讯研究院，中国信息通信研究院互联网法律研究中心，腾讯AI Lab，腾讯开放平台．人工智能：国家人工智能战略行动抓手［M］．北京：中国人民大学出版社，2017.

［205］滕玉成，郭成玉．什么决定了地方政府的回应性水平？——基于模糊集定性比较分析［J］．西安交通大学学报（社会科学版），2022，42（06）：150-159.

［206］田凯．治理理论中的政府作用研究：基于国外文献的分析［J］．中国行政管理，2016（12）：118-124.

［207］田妍，周程．生命科学技术将步向何方？——林真理《被操作的生命：科学话语的政治学》评介［J］．科学与社会，2019，9（02）：120-129.

［208］汪怀君，汝绪华．人工智能算法歧视及其治理［J］．科学技术哲学研究，2020，37（02）：101-106.

［209］汪锦军，李悟．走向"回应-赋权"型政府：改革开放以来浙江地方政府的角色演进［J］．浙江社会科学，2018（11）：4-13，21，156.

［210］汪磊，许鹿，汪霞．大数据驱动下精准扶贫运行机制的耦合性分析及其机制创新——基于贵州、甘肃的案例［J］．公共管理学报，2017，14（03）：135-143，159-160.

［211］汪玉凯．数字政府的到来与智慧政务发展新趋势——5G时代政务信息化前瞻［J］．人民论坛，2019（11）：33-35.

［212］王聪．治理效能视角下公民参与公共服务的制度研究［J］．重庆大学学报（社会科学版），2021，27（05）：250-262.

［213］王刚．风险的规避、转嫁与控制策略：基于中央与地方政府的对比分析［J］．中国行政管理，2020（10）：121-128.

［214］王国豫，龚超，张灿．纳米伦理：研究现状、问题与挑战［J］．科学通报，2011，56（02）：96-107.

［215］王建容，王建军．公共政策制定中公民参与的形式及其选择维度［J］．探索，

2012（01）：75－79.

　　[216] 王乐兵. 自动驾驶汽车的缺陷及其产品责任 [J]. 清华法学，2020，14（02）：93－112.

　　[217] 王力立，刘波，姚引良. 地方政府网络治理协同行为实证研究 [J]. 北京理工大学学报（社会科学版），2015，17（01）：53－61.

　　[218] 王洛忠，崔露心. 公民参与政策制定程度差异的影响因素与路径模式——基于31个案例的多值定性比较分析 [J]. 南京大学学报（哲学·人文科学·社会科学），2020，57（06）：99－111，159－160.

　　[219] 王明国. 全球互联网治理的模式变迁、制度逻辑与重构路径 [J]. 世界经济与政治，2015（03）：47－73，157－158.

　　[220] 王明进. 全球网络空间治理的未来：主权、竞争与共识 [J]. 人民论坛·学术前沿，2016（04）：15－23.

　　[221] 王浦劬，汤彬. 当代中国治理的党政结构与功能机制分析 [J]. 中国社会科学，2019（09）：4－24，204.

　　[222] 王山. 大数据时代中国政府治理能力建设与公共治理创新 [J]. 求实，2017（01）：51－57.

　　[223] 王胜利，樊悦. 论数据生产要素对经济增长的贡献 [J]. 上海经济研究，2020（07）：32－39，117.

　　[224] 王伟玲. 中国数字政府形态演进和发展瓶颈 [J]. 行政管理改革，2022（05）：23－30.

　　[225] 王贤彬，徐现祥. 地方官员来源、去向、任期与经济增长——来自中国省长省委书记的证据 [J]. 管理世界，2008（03）：16－26.

　　[226] 王小芳，王磊.“技术利维坦”：人工智能嵌入社会治理的潜在风险与政府应对 [J]. 电子政务，2019（05）：86－93.

　　[227] 王炎龙，郭玉. 话语共识与协商回应：文化宣传类提案的传播互构研究 [J]. 湖南科技大学学报（社会科学版），2020，23（05）：111－120.

　　[228] 王张华，周梦婷，颜佳华. 互联网企业参与数字政府建设：角色定位与制度安排——基于角色理论的分析 [J]. 电子政务，2021（11）：45－55.

　　[229] 魏娜. 官僚制的精神与转型时期我国组织模式的塑造 [J]. 中国人民大学学报，2002（01）：87－92.

　　[230] 魏姝，吴少微，杜泽. 地方政府条块回应性差异及其形成机制——政务公开领域的嵌入式案例研究 [J]. 公共行政评论，2022，15（04）：75－97，197.

　　[231] 翁士洪，叶笑云. 网络参与下地方政府决策回应的逻辑分析——以宁波PX事

件为例 [J]. 公共管理学报，2013，10（04）：26-36，138.

[232] 吴建华. 试论公共危机信息收集的范围与渠道 [J]. 情报科学，2007（03）：377-381.

[233] 吴太胜. 公众政策参与下地方政府民意回应的行为选择 [J]. 广西社会科学，2014（01）：127-133.

[234] 吴文峻，黄铁军，龚克. 中国人工智能的伦理原则及其治理技术发展 [J]. Engineering，2020，6（03）：212-229.

[235] 吴晓林，邢羿飞. 同构分责：数字政府建设中的纵向间政府职责配置——对广东"省-市-区"三级的调查研究 [J]. 中国行政管理，2023，39（04）：14-21.

[236] 武青，周程. 资本主义条件下大数据技术的政治经济学批判——《监控资本主义的时代》述评 [J]. 科学与社会，2020，10（01）：113-124.

[237] 习近平. 在中国科学院第二十次院士大会、中国工程院第十五次院士大会、中国科协第十次全国代表大会上的讲话 [N]. 人民日报，2021-05-29（002）.

[238] 肖滨. 信息技术在国家治理中的双面性与非均衡性 [J]. 学术研究，2009（11）：31-36.

[239] 谢次昌，王修经. 关于产权的若干理论问题 [J]. 法学研究，1994（01）：42-47.

[240] 辛妍. Bio. Diaspora：基于大数据的疫情扩散预测 [J]. 新经济导刊，2014（11）：44-49.

[241] 熊光清. 大数据技术的运用与政府治理能力的提升 [J]. 当代世界与社会主义，2019（02）：173-179.

[242] 徐迪. 基于时空大数据的重大疫情类突发事件网络舆情研判体系研究 [J]. 现代情报，2020，40（04）：23-30，81.

[243] 徐凤. 人工智能算法黑箱的法律规制——以智能投顾为例展开 [J]. 东方法学，2019（06）：78-86.

[244] 徐实. 企业数据保护的知识产权路径及其突破 [J]. 东方法学，2018（05）：55-62.

[245] 徐现祥、王贤彬、舒元. 地方官员与经济增长——来自中国省长、省委书记交流的证据. 经济研究，2007（9）：18-31.

[246] 徐翔，厉克奥博，田晓轩. 数据生产要素研究进展 [J]. 经济学动态，2021（04）：142-158.

[247] 薛澜，赵静. 走向敏捷治理：新兴产业发展与监管模式探究 [J]. 中国行政管理，2019（08）：28-34.

［248］薛澜．顶层设计与泥泞前行：中国国家治理现代化之路［J］．公共管理学报，2014，11（04）：1-6，139．

［249］严宇，孟天广．数据要素的类型学、产权归属及其治理逻辑［J］．西安交通大学学报（社会科学版），2022，42（02）：103-111．

［250］阎守邕，刘亚岚，李小文等．SARS空间传播模式及其在疫情监控信息系统设计中的应用［J］．遥感学报，2003（04）：266-272．

［251］颜海娜，彭铭刚，王丽萍．公众治水参与：绩效结果抑或过程驱动——基于S市926个样本的多层线性回归分析［J］．甘肃行政学院学报，2021（02）：61-70，126．

［252］杨立新，陈小江．衍生数据是数据专有权的客体［N］．中国社会科学报，2016-07-13（005）．

［253］杨良伟．协同惰性、问责压力与地方政府回应——基于A市网络问政平台的混合研究［J］．电子政务，2022（12）：23-34．

［254］杨嵘均．论网络空间草根民主与权力监督和政策制定的互逆作用及其治理［J］．政治学研究，2015（03）：110-122．

［255］杨瑞龙，王元，聂辉华．"准官员"的晋升机制：来自中国央企的证据［J］．管理世界，2013（03）：23-33．

［256］杨一熠．"电视问政"中政府回应的限度及提升回应能力的建议——对武汉市2012—2015年"电视问政"中政府回应能力的分析［J］．经营与管理，2017（09）：140-142．

［257］姚佳．企业数据的利用准则［J］．清华法学，2019，13（03）：114-125．

［258］姚期智．数据、算法、算力为何是数字经济核心技术？［EB/OL］．https：//www.tmtpost.com/baidu/5942959.html.

［259］尤班克斯．自动不平等［M］．李明倩，译．北京：商务印书馆，2021．

［260］于君博，李慧龙，于书鳗．"网络问政"中的回应性——对K市领导信箱的一个探索性研究［J］．长白学刊，2018（02）：65-74．

［261］于伟文，杜鹏程，陈晨等．利用网络数据分析我国活禽市场与人感染H7N9禽流感病例的地理关系［J］．中华流行病学杂志，2014（03）．

［262］于文轩，许成委．中国智慧城市建设的技术理性与政治理性——基于147个城市的实证分析［J］．公共管理学报，2016，13（04）：127-138，159-160．

［263］于文轩．奔跑的大象：超特大城市的敏捷治理［J］．学海，2022（01）：139-149．

［264］俞可平．全球治理引论［J］．马克思主义与现实，2002（01）：20-32．

［265］郁建兴，黄飚．"整体智治"：公共治理创新与信息技术革命互动融合［J］．人

民周刊, 2020, 000 (012): 73-75.

[266] 郁建兴, 黄飚. 超越政府中心主义治理逻辑如何可能——基于"最多跑一次"改革的经验 [J]. 政治学研究, 2019 (02): 49-60, 126-127.

[267] 郁建兴, 周幸钰. 数字技术应用与政府创新的双向互构——基于浙江省"三张清单"数字化改革的分析 [J]. 经济社会体制比较, 2023, 225 (01): 133-143.

[268] 喻国明, 韩婷. 算法型信息分发: 技术原理、机制创新与未来发展 [J]. 新闻爱好者, 2018 (04): 8-13.

[269] 喻国明, 曲慧. "信息茧房"的误读与算法推送的必要——兼论内容分发中社会伦理困境的解决之道 [J]. 新疆师范大学学报 (哲学社会科学版), 2020, 41 (01): 127-133.

[270] 喻国明, 杨莹莹, 闫巧妹. 算法即权力: 算法范式在新闻传播中的权力革命 [J]. 编辑之友, 2018 (05): 5-12.

[271] 袁刚, 温圣军, 赵晶晶等. 政务数据资源整合共享: 需求、困境与关键进路 [J]. 电子政务, 2020 (10): 109-116.

[272] 袁康. 可信算法的法律规制 [J]. 东方法学, 2021 (03): 5-21.

[273] 岳经纶, 庄文嘉. 国家调解能力建设: 中国劳动争议"大调解"体系的有效性与创新性 [J]. 管理世界, 2014 (08): 68-77.

[274] 张爱军. "算法利维坦"的风险及其规制 [J]. 探索与争鸣, 2021 (01): 95-102, 179.

[275] 张丙宣. 如何运用数字技术提升治理效能 [N]. 学习时报, 2020-03-30.

[276] 张灿. 国外纳米伦理学研究热点问题评析 [J]. 国外社会科学, 2016 (02): 144-150.

[277] 张成岗, 李佩. 科技支撑社会治理体系构建中的公众参与: 从松弛主义到行动主义 [J]. 江苏行政学院学报, 2020 (05): 69-75.

[278] 张国兴, 林伟纯, 郎玫. 中央环保督察下的地方环境治理行为发生机制——基于30个案例的 fsQCA 分析 [J]. 管理评论, 2021, 33 (07): 326-336.

[279] 张汉青. 全面推进数字政府建设正当其时 [N]. 经济参考报, 2020-10-15.

[280] 张华, 仝志辉, 刘俊卿. "选择性回应": 网络条件下的政策参与——基于留言版型网络问政的个案研究 [J]. 公共行政评论, 2013, 6 (03): 101-126, 168-169.

[281] 张会平, 邓凯, 郭宁等. 主体特征和信息内容对网民诉求政府回应度的影响研究 [J]. 现代情报, 2017, 37 (11): 17-21, 27.

[282] 张凌寒. 算法权力的兴起、异化及法律规制 [J]. 法商研究, 2019, 36 (04): 63-75.

[283] 张凌寒. 自动化决策与人的主体性 [J]. 人大法律评论, 2020 (02)：20 - 48.

[284] 张欧阳. 政府回应：政府公信力产生机制的"供给侧"[J]. 江汉论坛, 2017 (04)：63 - 66.

[285] 张小劲. 从中国数字经济、数字社会和数字政府看全球数字治理 [EB/OL]. http：//finance. sina. com. cn/hy/hyjz/2021 - 03 - 21/doc-ikknscsi 9161509. shtml.

[286] 张晓, 鲍静. 数字政府即平台：英国政府数字化转型战略研究及其启示 [J]. 中国行政管理, 2018 (03)：27 - 32.

[287] 张新宝. 从隐私到个人信息：利益再衡量的理论与制度安排 [J]. 中国法学, 2015 (03)：38 - 59.

[288] 章文光, 贾茹. 人工智能的社会伦理困境：提升效率、辅助与替代决策 [J]. 东岳论丛, 2021, 42 (08)：92 - 100, 192.

[289] 章小杉. 人工智能算法歧视的法律规制：欧美经验与中国路径 [J]. 华东理工大学学报 (社会科学版), 2019, 34 (06)：63 - 72.

[290] 赵金旭, 傅承哲, 孟天广. 突发公共危机治理中的数字政府应用、信息获取与政府信任 [J]. 西安交通大学学报 (社会科学版), 2020, 40 (04)：12 - 22.

[291] 赵金旭, 孟天广. 官员晋升激励会影响政府回应性么？——基于北京市"接诉即办"改革的大数据分析 [J]. 公共行政评论, 2021, 14 (02)：111 - 134, 231.

[292] 赵金旭, 孟天广. 技术赋能：区块链如何重塑治理结构与模式 [J]. 当代世界与社会主义, 2019 (03)：187 - 194.

[293] 赵金旭, 孟天广. 科技革新与治理转型：移动政务应用与智能化社会治理 [J]. 电子政务, 2019 (05)：2 - 11.

[294] 赵娟, 孟天广. 数字技术与公共危机治理：治理能力与治理效能——来自社会公众与公共部门的证据 [J]. 中央社会主义学院学报, 2021 (01)：172 - 185.

[295] 赵磊. 数据产权类型化的法律意义 [J]. 中国政法大学学报, 2021 (03)：72 - 82.

[296] 赵一丁, 陈亮. 算法权力异化及法律规制 [J]. 云南社会科学, 2021 (05)：123 - 132.

[297] 赵玉林, 原珂. 微信民主和制度吸纳：基层治理中微信政治参与的激进化——以浙江海盐垃圾焚烧发电厂抗议事件为例 [J]. 甘肃行政学院学报, 2016 (04)：4 - 14, 126.

[298] 赵震, 任永昌. 大数据时代基于云计算的电子政务平台研究 [J]. 计算机技术与发展, 2015, 25 (10)：145 - 148.

[299] 赵志耘, 徐峰, 高芳等. 关于人工智能伦理风险的若干认识 [J]. 中国软科学,

2021（06）：1-12.

[300] 郑磊. 开放政府数据研究：概念辨析、关键因素及其互动关系 [J]. 中国行政管理，2015（11）：13-18.

[301] 郑磊. 数字治理的"填空"与"留白"[J]. 人民论坛·学术前沿，2021，231（23）：106-112.

[302] 郑磊. 数字治理的效度、温度和尺度 [J]. 治理研究，2021，37（02）：2，5-16.

[303] 郑石明，兰雨潇，黎枫. 网络公共舆论与政府回应的互动逻辑——基于新冠肺炎疫情期间"领导留言板"的数据分析 [J]. 公共管理学报，2021，18（03）：24-37，169.

[304] 郑志峰. 人工智能时代的隐私保护 [J]. 法律科学（西北政法大学学报），2019，37（02）：51-60.

[305] 中共中央关于坚持和完善中国特色社会主义制度 推进国家治理体系和治理能力现代化若干重大问题的决定 [N]. 人民日报，2019-11-06（001）.

[306] 中国互联网络信息中心. 第47次《中国互联网络发展状况统计报告》[EB/OL]. http：//www.cac.gov.cn/2021-02/03/c_1613923423079314.htm.

[307] 中华人民共和国国民经济和社会发展第十四个五年规划和2035年远景目标纲要 [N]. 人民日报，2021-03-13（001）.

[308] 周葆华. 突发公共事件中的媒体接触、公众参与与政治效能——以"厦门PX事件"为例的经验研究 [J]. 开放时代，2011（05）：123-140.

[309] 周彬，孔燕. 回应与互动：政府网络传播创新机制研究 [J]. 行政管理改革，2021（07）：100-106.

[310] 周成虎，裴韬，杜云艳等. 新冠肺炎疫情大数据分析与区域防控政策建议 [J]. 中国科学院院刊，2020，35（02）：200-203.

[311] 周黎安. 行政发包制 [J]. 社会，2014，34（06）：1-38.

[312] 周黎安. 中国地方官员的晋升锦标赛模式研究 [J]. 经济研究，2007（07）：36-50.

[313] 周黎安. 转型中的地方政府：官员激励与治理 [M]. 上海：格致出版社，2008.

[314] 周伟. 自媒体时代网络舆情政府回应困境与消解路径 [J]. 情报杂志，2018，37（04）：99，100-105.

[315] 周雪光. 从"官吏分途"到"层级分流"：帝国逻辑下的中国官僚人事制度 [J]. 社会，2016（36）：1-33.

［316］朱葆伟. 关于技术伦理学的几个问题［J］. 东北大学学报（社会科学版），2008（04）：283 – 288.

［317］朱健刚. 疫情催生韧性的社会治理共同体［J］. 探索与争鸣，2020（04）：216 – 223，291.

［318］Abramson P. Political Attitudes in America：Formation and Change［M］. W. H. Freeman and Company，1983.

［319］Abramson P R，Aldrich J H. The Decline of Electoral Participation in America［J］. American Political Science Review，1982，76（03）.

［320］Acemoglu D，Restrepo P. Robots and Jobs：Evidence from US Labor Markets［J］. Journal of Political Economy，2020，128（06）：2188 – 2244.

［321］Acquisti A et al. The Ecomics of Privacy［J］. Journal of Economic Literature，2016，54（02）：442 – 492.

［322］Aldrich A A V，Demsetz H. Production Costs and Economic Organization［J］. American Economic Review，1972（62）：777 – 795.

［323］Alghamdi I A，Goodwin R，Rampersad G. A Suggested E-government Framework for Assessing Organizational E-readiness in Developing Countries［C］// International Conference on Informatics Engineering and Information Science. Springer，Berlin，Heidelberg，2011.

［324］Althouse B M，Ng Y Y，Cummings D A. Prediction of Dengue Incidence using Search Query Surveillance［J］. PLoS Neglected Tropical Diseases，2011，5（08）：e1258.

［325］Anderson C. The Longer Long Rail：How Endless Choice is Creating Unlimited Demand［M］. New York：Random House Business Books，2009.

［326］Angelidou M. Smart City Policies：A Spatial Approach［J］. Cities，2014，41（S1）：S3 – S11.

［327］Association for Computing Machinery US Public Policy Council. Statement on Algorithmic Transparency andAccountability［EB/OL］. https：//www. acm. org/binaries/ content/assets/public-policy/2017_usacm_statement_algorithms. pdf.

［328］Baker D L. Advancing E-government Performance in the United States through Enhanced Usability Benchmarks［J］. Government Information Quarterly，2009，26（01）：82 – 88.

［329］Baquero J A，Burkhardt R，Govindarajan A et al. Derisking AI by Design：How to Build Risk Management into AI Development［EB/OL］. https：//www. mckinsey. com/business-functions/mckinsey-analytics/our-insights/derisking-ai-by-design-how-to-build-risk-management-into-ai-development.

［330］Beer D. The Social Power of Algorithms［J］. Information, Communication & Society, 2017, 20（01）：1 - 13.

［331］Bertot J C, Jaeger P T. User-centered E-government：Challenges and Benefits for Government Web Sites［J］. Government Information Quarterly, 2006, 23（02）：163 - 168.

［332］Burrell J. How the Machine 'Thinks'：Understanding Opacity in Machine Learning Algorithms［J］. Big Data & Society, 2016, 3（01）.

［333］Chen J, Pan J, Xu Y. Sources of Authoritarian Responsiveness：A Field Experiment in China［J］. American Journal of Political Science, 2015（02）.

［334］Citron D K, Pasquale F. The Scored Society：Due Process for Automated Predictions［J］. Washington Law Review, 2014c：1 - 33.

［335］Coase R H. The nature of the firm［J］. Economica, 1937, 16（04）：386 - 405.

［336］Crowley J. Woman Says Amazon's Alexa Told Her to Stab Herself in the Heart for 'the Greater Good'［EB/OL］. https：//www. newsweek. com/amazon-echo-tells-uk-woman-stab- herself - 1479074.

［337］Dahl R. Poliarchy Participation and Opposition［M］. New Haven：Yale University Press, 1971.

［338］Dahl R A. Polyarchy Participation and Opposition［M］. Yale University Press, 1971.

［339］Dai Y X, Li Y J, Cheng C Y et al. Government-Led or Public-Led? Chinese Policy Agenda Setting during the COVID - 19 Pandemic［J］. Journal of Comparative Policy Analysis：Research and Practice, 2021, 23（02）.

［340］Dastin J. Amazon Scraps Secret AI Recruiting Tool that Showed Bias AgainstWomen［EB/OL］. https：//www. reuters. com/article/us-amazon-com-jobs-automation-insight-idUSKCN1MK08G.

［341］Diakopoulos N. Algorithmic Accountability Reporting：on the Investigation of Black Boxes［R］. New York：Columbia Journalism School, Tow Center for Digital Journalism, 2013.

［342］Diakopoulos N. Algorithmic accountability：Journalistic investigation of computational power structures. Digital Journalism, 2015, 3（03）：398 - 415.

［343］Distelhorst G, Hou Y. Ingroup Bias in Official Behavior：A National Field Experiment in China［J］. Quarterly Journal of PoliticalScience, 2013, 9（02）：203 - 230.

［344］Drosio S, Stanek S. The Big Data concept as a contributor of added value to crisis decision support systems［J］. Journal of Decision Systems, 2016, 25：228 - 239.

［345］Dunleavy P, Margetts H, Bastow S, Tinkler J. New Public Management is Dead—Long Live Digital-era Governance［J］. Journal of Public Administration Research and Theory,

2005, 16: 467 – 494.

[346] Elling S, Lentz L, Menno de Jong et al. Measuring the Quality of Governmental Websites in a Controlled Versus an Online Setting with the 'Website Evaluation Questionnaire' [J]. Government Information Quarterly, 2012, 29 (03): 383 – 393.

[347] Esarey A, Xiao Q. Political Expression in the Chinese Blogosphere: Below the Radar [J]. AsianSurvey, 2008, 48 (05): 752 – 772.

[348] Eulau H, Karps P D. The Puzzle of Representation: Specifying Components of Responsiveness [J]. Legislative Studies Quarterly, 1977, 2 (03): 233 – 54.

[349] European Commission. Ethics guidelines for trustworthy AI [EB/OL]. https: // digital-strategy. ec. europa. eu/en/library/ethics-guidelines-trustworthy-ai.

[350] Floridi L, Cowls J, Beltrametti M et al. AI4People—An Ethical Framework for a Good AI Society: Opportunities, Risks, Principles, and Recommendations [J]. Minds and Machines, 2018, 28 (04): 689 – 707.

[351] Garson G D. Public Information Technology and E-Governance: Managing the Virtual State, Raleigh [M]. North Carolina: Jones and Bartlett Publishers, 2006.

[352] Giest S. Big Data for Policymaking: Fad or Fast Track? [J]. Policy Sciences, 2017, 50 (03): 367 – 382.

[353] Ginsberg J, Mohebbi M H, Patel R S et al. Detecting Influenza Epidemics Using Search Engine Query Data [J]. Nature, 2008, 457 (7232): 1012.

[354] Greg Distelhorst Diana et al. Performing Authoritarian Citizenship: Public Transcripts in China [J]. Perspectives on Politics, 2019.

[355] Guy P B, John P. Governance Without Government? Rethinking Public Administration [J]. Journal of Public Administration Research and Theory, 1998, 8 (02): 223 – 243.

[356] Hammer M, Champy J. Reengineering the Corporation: A Manifesto for Business Revolution. In Harper C, Thomas D H. Process Innovation: Reengineering Work through Information Technology [M]. Harvard Business School Press, 1993.

[357] Hardt M. Equality of Opportunity in MachineLearning [EB/OL]. https: // ai. googleblog. com/2016/10/equality-of-opportunity-in-machine. html.

[358] Hartley J. Innovation in Governance and Public Services: Past and Present [J]. Public Money & Management, 2005, 25 (01): 27 – 34.

[359] Hassan M H, Lee J. Policymakers' Perspective about E-Government Success Using AHP Approach: Policy Implications towards Entrenching Good Governance in Pakistan [J].

Transforming Government People Process and Policy, 2019, 13 (01): 93 – 118.

［360］Hassid J. China's Responsiveness to Internet Opinion: A Double-Edged Sword ［J］. Journal of Current Chinese Affairs-China Aktuell, 2015, 44 (02): 39 – 68.

［361］HildebrandtM, Vries K D. Privacy, Due Process and the Computational Turn: philosophers of law meet philosophers of technology, 2013.

［362］Ho T K. Reinventing Local Governments and the E-government Initiative ［J］. Public Administration Review, 2002, 62 (04): 434 – 444.

［363］Holzer M, Kim S T. Digital Governance in Municipalities Worldwide: An Assessment of Municipal Web Sites throughout the World. Newark, NJ: National Center for Public Productivity, 2004.

［364］Jaeger P T. Assessing Section 508 Compliance on Federal E-government Web Sites: A Multi-method, User-centered Evaluation of Accessibility for Persons with Disabilities ［J］. Government Information Quarterly, 2006, 23 (2), 169 – 190.

［365］Jaeger P T. The Endless Wire: E-government as Global Phenomenon ［J］. Government Information Quarterly, 2003, 20 (04): 323 – 331.

［366］Jansen J, Vries S D, Schaik P V. The Contextual Benchmark Method: Benchmarking E-government Services ［J］. Government Information Quarterly, 2010, 27 (03): 213 – 219.

［367］Janssen M, Helbig N. Innovating and Changing the Policy-cycle: Policy-makers bePrepared! ［J］. Government Information Quarterly, 2018 (35): 99 – 105.

［368］Jiang J, Meng T G, Zhang Q. From Internet to Social Safety Net: The Policy Consequences of Online Participation in China ［J］. Governance, 2017, 32 (03): 531 – 546.

［369］Jobin A, Ienca M, Vayena E. The global landscape of AI ethics guidelines ［J］. Nature Machine Intelligence, 2019, 1 (09): 389 – 399.

［370］Johnson K L, Misic M M. Benchmarking: A Tool for Web Site Evaluation and Improvement ［J］. Electronic Networking Applications and Policy, 1999 (09): 383 – 392.

［371］Jones C I, Tonetti C. Nonrivalry and the Economics of Data. NBER working paper, 2020, No. 26260.

［372］Jorgenson D W, Vu K M. The ICT Revolution, World Economic Growth, and Policy Issues ［J］. Telecommunications Policy, 2016, 40 (05): 383 – 397.

［373］Joy B. Why the Future Doesn't Need Us ［EB/OL］. https: //www. wired. com/ 2000/04/joy – 2/.

［374］Karkin N, Janssen M. Evaluating Websites from a Public Value Perspective: A

Review of Turkish Local Government Websites [J]. International Journal of Information Management, 2014 (34): 251 – 363.

[375] Kaylor C, Deshazo R, Eck DV. Gauging E-government: A Report on Implementing Services Among American Cities [J]. Government Information Quarterly, 2002, 18 (04): 293 – 307.

[376] Kooiman J, Jentoft S. Meta-governance: Values, Norms and Principles, and the Making of Hard Choices [J]. Public Administration, 2010, 87 (04): 818 – 836.

[377] Kowalski R. Algorithm = logic + control [J]. Communications of the ACM, 1979, 22 (07): 424 – 436.

[378] Landry P, Davis D, Wang S. Elections in Rural China: Competition Without Parties [J]. Comparative Political Studies, 2010, 43 (06): 763 – 790.

[379] Lash S. Power After Hegemony: Cultural Studies inMutation? [J]. Theory, Culture & Society, 2007, 24 (03): 55 – 78.

[380] Lepri B, Oliver N, Letouze E et al. Fair, Transparent, and Accountable Algorithmic Decision-making Processes [J]. Philosophy & Technology, 2018, 31 (04): 611 – 627.

[381] Lessig L. The Architecture of Privacy: Remaking Privacy in Cyberspace [J]. Vanderbilt Journal of Entertainment and Technology Law, 2016, 56.

[382] Li H B, Zhou L. A. Political Turnover and Economic Performance: The Incentive Role of Personnel Control in China [J]. Journal of Public Economics, 2005, 89 (9 – 10): 1743 – 1762.

[383] Lipsky M. Street-level Bureaucracy: Personal Confusion in public Service [M]. New York: Russell Sage Foundation, 1980.

[384] Lu J, Shi T J. The Battle of Ideas and Discourses Before Democratic Transition: Different Democratic Conceptions in Authoritarian China [J]. International Political Science Review, 2014 (03): 1 – 22.

[385] Lu Y D, Pan J. Capturing Clicks: How the Chinese Government Uses Clickbait to Compete for Visibility [J]. Political Communication, 2021, 38 (01).

[386] Meng T G, Yang Z. Variety of Responsive Institutions and Quality of Responsiveness in Cyber China [J]. The ChinaReview, 2020, 20 (03).

[387] Meng T G, Pan J, Yang P. Conditional Receptivity to Citizen Participation: Evidence From a Survey Experiment in China [J]. Comparative Political Studies, 2017, 50 (04): 399 – 433.

[388] Meng T G. Responsive Government: The Diversity and Institutional Performance of

Online Political Deliberation Systems ［J］. Social Science in China, 2019, 40 （04）: 148 – 172.

［389］ Milakovich M E. Digital Governance: New Technologies for Improving Public Service and Participation ［M］. New York: Routledge, 2011.

［390］ Miller C C. When Agorithms Discriminate ［EB/OL］. https: //www. nytimes. com/ 2015/07/10/ upshot/when-algorithms-discriminate. html.

［391］ Mittelstadt B D, Allo P, Taddeo M et al. The Ethics of Algorithms: Mapping the Debate ［J］. Big Data & Society, 2016 （02）: 1 – 68.

［392］ Mojsilovic A. Introducing AI Explainability 360 ［EB/OL］. https: //www. ibm. com/ blogs/research/2019/08/ai-explainability – 360/.

［393］ Moore M, Hartley J. Innovations in Governance ［J］. Public Management Review, 2008, 10 （01）: 3 – 20.

［394］ Niels Netten, Susan van den Braak, SunilChoenni. A Big Data Approach to Support Information Distribution in Crisis Response ［C］//The 9th International Conference on Theory and Practice of Electronic Governance, 2016: 266 – 275.

［395］ O' Brien K, Li L J. The Politics of Lodging Complaints in Rural China ［J］. The China Quarterly, 1995, 143: 756 – 783.

［396］ Page B I, Shapiro R Y. Effects of Public Opinion on Policy ［J］. American Political Science Review, 1983, 77 （01）, 175 – 190.

［397］ Papadomichelaki X, Mentzas G. A Multiple-item Scale for Assessing E-government Service Quality, Electronic Government, 2009.

［398］ Paul O. Broken Promises of Privacy: Responding to the Surprising Failure of Anonymization ［J］. UCLA Law Review, 2010, 57: 1701 – 1778.

［399］ Pei Z, Pan Y, Skitmore M. Political Efficacy, Social Network and Involvement in Public Deliberation in Rural China ［J］. Social Indicators Research, 2018, 139 （02）.

［400］ Polgreen P M, Yiling C, Pennock D M, Nelson F D. Using Internet Searches for Influenza Surveillance ［J］. Clinical Infectious Diseases, 2008, 47 （11）: 1443 – 1448.

［401］ Powell G B. Elections as Instruments of Democracy: Majoritarian and Proportional Visions ［M］. New Haven, CT: Yale University Press, 2000.

［402］ Reddick C G, Zheng Y. Determinants of Citizens' Mobile Apps Future Use in Chinese Local. Governments: An Analysis of Survey Data ［J］. Transforming Government: People, Process and Policy, 2017, 11 （02）: 213 – 235.

［403］ Roberts A, Kim B Y. Policy Responsiveness in Post-communist Europe: Public

Preferences and Economic Reforms [J]. British Journal of Political Science, 2011, 41 (04).

[404] Rochet J C, Tirole J. Platform Competition in Two-sided Markets [J]. Journal of the European Economic Association, 2003, 1 (04): 990 – 1028.

[405] Rorissa A, Demissie D, Pardo T A. Toward a Common Framework for Computing E-government Index. Proceedings of the 2nd International Conference on Theory and Practice of Electronic Governance, 2008.

[406] Sharkey A. Robots and Human Dignity: A Consideration of the Effects of Robot Care on the Dignity of Older People [J]. Ethics and Information Technology, 2014, 16 (01): 63 – 75.

[407] Shen Y, Yao Y. Does Grassroots Democracy Reduce Income Inequality inChina? [J]. Journal of Public Economics, 2008 (92): 2182 – 2198.

[408] Signorini A, Segre A M et al. The Use of Twitter to Track Levels of Disease Activity and Public Concern in the U. S. during the Influenza A H1N1 Pandemic [J]. PLos One, 2011, 6 (05): e19467.

[409] Siskos E, Askounis D, Psarras J. Multicriteria Decision Support for Global E-government Evaluation [J]. Omega, 2014, 46: 51 – 63.

[410] Stamati T, Papadopoulos T, Anagnostopoulos D. Social Media for Openness and Accountability in the Public Sector: Cases in the Greek Context [J]. Government Information Quarterly, 2015, 32 (01): 12 – 29.

[411] Stowers G. Becoming Cyberactive: State and Local Governments on the World Wide Web [J]. Government Information Quarterly, 1999, 16 (02): 111 – 127.

[412] Suzanne J P, Rosenbloom D H. Nonmission-Based Values in Results-Oriented Public Management: The Case of Freedom of Information [J]. Public Administration Review, 2002, 62 (06): 643 – 657.

[413] Tavana M, Zandi F, Katehakis M N. A Hybrid Fuzzy Group ANP-TOPSIS Framework for Assessment of E-government Readiness from a CIRM Perspective [J]. Information & Management, 2013, 50 (07): 383 – 397.

[414] Tsai L L. Solidary Groups, Informal Accountability, and Local Public Goods Provision in Rural China [J]. American Political Science Review, 2007, 101 (02): 355 – 372.

[415] Tsamados A, Aggarwal N, Cowls J et al. The Ethics of Algorithms: Key Problems and Solutions [J]. AI & Society, 2021: 1 – 16.

[416] Turing A M. Computing Machinery and Intelligence [J]. Mind, 1950, 59 (236):

433 – 460.

[417] United Nations. E-Government Survey 2020 [EB/OL].

[418] Valentino N A, Gregorowicz K, Groenendyk E W. Efficacy, Emotions and the Habit of Participation [J]. Political Behavior, 2009, 31 (03).

[419] Wexler J, Pushkarna M, Bolukbasi T et al. The What-if Tool: Interactive Probing of Machine Learning Models [J]. IEEE Transactions on Visualization and Computer Graphics, 2019, 26 (01): 56 – 65.

[420] Woodward J. Management and Technology [M]. London: H. M. S. O, 1958.

[421] Zhao Q. E-government Evaluation of Delivering Public Services to Citizens Among Cities in the Yangtze River Delta [J]. International Information and Library Review, 2010, 42 (03): 208 – 211.

[422] Zheng S, Meng T G. The Paradox of Responsiveness and Social Protest in China [J]. Journal of Contemporary China, 2020: 1 – 21.

[423] Zheng S, Meng T G. Selective Responsiveness: online public demands and government responsiveness in authoritarian China [J]. Social Science Reseach, 2016, 59 (09): 52 – 67.

[424] Zuboff S. Big other: Surveillance Capitalism and the Prospects of an Information Civilization [J]. Journal of Information Technology, 2015, 30 (01): 75 – 89.

后　记

　　数字智能技术深刻地影响着国家治理的形态、过程和机制，技术的快速迭代正在以前所未有的速度推进人类社会数字化进程。数字政府建设是推进国家治理现代化进程的重要力量，是中国式现代化的内生驱动力，将成为中国引领全球政府改革的新引擎。《中华人民共和国国民经济和社会发展第十四个五年规划和 2035 年远景目标纲要》强调要加快数字政府建设，推进治理方式的数字化变革。2022 年 6 月国务院出台《关于加强数字政府建设的指导意见》，首次提出数字政府建设的五大体系，为数字政府建设提供了顶层设计与战略指南，有效促进了我国数字政府建设的实践创新。2023 年 2 月，中共中央和国务院发布《数字中国建设整体布局规划》，擘画了数字化转型在经济、政治、文化、社会、生态文明建设"五位一体"格局中的重要作用，政府数字化转型驱动和引领着数字中国战略的实施进程。在此背景下，各级地方政府积极探索，不断推进数字政府实践创新，形成了"一网通办""接诉即办""一网统管"等实践经验，有力地推进了国家治理现代化，为中国式现代化提供了治理保障，也向国际社会展示了数字时代社会治理的新模式。

　　清华大学计算社会科学与国家治理实验室是教育部首批哲学社会科学实验室，它着力促进学科发展，为各相关学科提供计算社会科学研究的关键基础设施。作为清华大学学科交叉融合的综合支撑平台与创新基地，实验室充分整合校内资源，将先进数字技术、工具和方法应用于计算社会科学交叉学科建设，不断探索以原创性理论和方法解决国家经济社会发展和治理中的重大问题。清华大学社会科学学院数据治理研究中心（Center on Data and Governance, CDG）是一所融合社会科学、数据科学、计算科学等跨学科力量、服务于国家治理现代化战略的跨学科研究机构。中心诞生于数字时代兴起之际，发展于数字化发展之时，致力于为数字时代的治理现代化提供理论视角和实践支撑。《中国数字政府发展研究报告》是中心为响应当前时代数字政府发展需求而编撰的系列丛书，是孟天广和张小劲教授带领中心团队长期耕耘、呕心沥血的集体结晶。在延续 2021 年版论述风格的基础上，本书（2023 年版）不仅针对各地数字政府建设情况进行评估，而且围绕众多学者所开展的数字政府建设的基础理论和实证研究进行汇聚，将实践界的发展情况和理论界的学术成果予以全面展示，以飨读者。

本书围绕数字政府建设主题，分为理论篇、应用篇和评估篇。具言之，理论篇主要围绕数字政府的基础理论展开探讨，包括数字政府建设的理论热点、数字政府相关理论迭代、数字政府的演化过程、智能治理的兴起、数字政府评估指标体系以及数字化改革的理论意义等；应用篇主要围绕数字技术在政府数字化转型各领域、各环节的典型应用展开研究，包括技术赋能、主体回应、公众参与、治理算法、治理数据以及伦理关切；评估篇主要依据数据治理研究中心原创设计的中国数字政府发展指数评估指标体系对各地数字政府建设情况展开分析，并在 2020 年首轮评估和 2021 年第二轮评估的基础上，进一步优化指标体系，对 2022 年我国 31 个省级和 333 个地级市数字政府发展水平进行实证评估，为数字政府发展提供理论指引和实践参考。

本书的撰写和出版得到了学术界、实践界以及数字政府研究共同体的大力支持与帮助，感谢关心本书出版的各位业界同仁以及经济科学出版社的支持！由于时间仓促，书中难免存在遗漏乃至错误之处，倘有任何意见和建议，敬希读者不吝赐教。

本书编写组

2024 年 12 月